ビリー・グラハムと「神の下《もと》の国家」アメリカ

福音伝道者の政治性

相川裕亮

新教出版社

Billy Graham

装幀　今垣知沙子

目次

序章　ビリー・グラハムとアメリカ

アメリカ合衆国は「宗教的」な国家であるか。この問題は多くの政治学者、宗教学者を悩ませてきた。アメリカは文化や科学、テクノロジーの分野で最先端を走っている。この側面から見ると、アメリカを世俗的な国家と評したくなる。一方、二〇一四年の調査によると、アメリカのキリスト教徒は人口の七〇パーセントほどを占めている。(1) アメリカでは最新の技術と宗教が両立している。

このような「宗教的な」側面を持つアメリカにおいて、宗教的な勢力が国政選挙に影響力を持ってきた。例えば、ドナルド・トランプ前大統領の票田の一つとして「福音派」（evangelicals）と呼ばれる保守的なキリスト教徒たちの存在がクローズアップされた。しかし、福音派は二一世紀の今日に突然現れた勢力ではない。これまでもメディアは彼らが国政選挙、特に大統領選挙に与える影響力に注目してきた。一九七六年の大統領選挙において、全国的な知名度のなかったジミー・カーターは自身の信仰を語ることで、多くの福音派の票を獲得した。この年はギャラップによって「福音派の年」（Year of the Evangelical）と呼ばれている。(2) また一九八〇年大統領選挙では、福音派たちはジェリー・ファルウェル（Jerry Falwell）牧師の「モラル・マジョリティ」（Moral Majority）という政治団体に率いられ、ロナルド・レーガン候補を熱烈に支持した。一九八八年大統領選挙では、のちに「キリスト教連合」（Christian Coalition）を創設するパット・ロバートソン（Pat Robertson）が共和党から大統領候補に名乗りを上げた。メディアは彼らを「キリスト教右派」（Christian Right）、あるいは「宗教右派」（Religious Right）と呼んだ。

以上のような保守的なキリスト教徒と政党の関係に注目が集まったのは、一九七〇年代後半と言えよう。しかし、この協闘には前史があった。この関係を構築する前提となった政治文化、アメリカを「神の下の国家」（one Nation under God）と規定する政治文化は第二次世界大戦の終了直後から形成されてきた。アメリカの宗教指導者の多くは共産主義国家ソヴィエト連邦を意識しつつ、アメリカをキリスト教国にしようと試みたのである。その最たる人物が、本書の主人公であるビリー・グラハム（Billy Graham, 1918-2018）である。

グラハムは「福音伝道者」（evangelist）として、人々にイエスの「福音」を宣べ伝えようとした。彼の伝道方法はクルセード（crusade）と呼ばれる大伝道集会を開催し、多くの人々の注目をイエスに向けることであった。クルセードは欧米諸国に限らず、アジア、ラテンアメリカ、アフリカで開催された。

グラハムは日本にも立ち寄っており、最初の来日は朝鮮半島へ向かう際に立ち寄った一九五二年であった。グラハムは主にアメリカ軍の士官や宣教師たちと会食して過ごした。(3) 以降もグラハムは一九五六年、一九六七年、一九八〇年、一九九四年の四回来日している。現在でもグラハムのチームと日本のいくつかの教派は協力関係にあり、息子フランクリン・グラハム（Franklin Graham）や孫ウィル・グラハム（Will Graham）が来日している。(4)

またグラハムは早い段階で共産圏の国々を訪れている。特に北朝鮮はグラハムの妻ルース（Ruth

Bell Graham）が宣教師であった父の都合で幼少期を過ごした地であり、グラハム夫妻は訪朝を望んでいた。グラハムの自伝は「二人の大統領」というタイトルのチャプターで始まるが、そのサブタイトルは「一九五〇年のハリー・S・トルーマンと一九九二年の金日成」である。[5]

以上のような伝道に加えて、グラハムは福音派の国内外の組織運営に尽力した。国内的には、グラハムは福音派のオピニオン誌である『クリスチャニティ・トゥデイ』（*Christianity Today*）誌の創刊に尽力し、重要な組織である「アメリカ福音派協会」（National Association of Evangelicals: NAE）と協力関係を築いた。国際的には、グラハムは福音派の協力と一致を目指す運動を推進し、ベルリン会議やローザンヌ会議を主導した。[6] この一連の会議はリベラル派の「エキュメニズム」（ecumenism）、すなわち一九一〇年のエディンバラ宣教会議に遡る、教派の違いを超えて国際的な協力を推し進めた運動を意識したものであり、福音派版の「エキュメニズム」とでも呼べるものであった。その「活躍」ゆえ、グラハムはリベラル派の神学者だけでなく、自身が属する保守派の牧師たちからも批判を受けた。グラハムを論じることは、二〇世紀のキリスト教史を語ることでもある。

グラハムの成功は宗教の世界に留まらない。ハリー・トルーマンとはプライベートな会話を記者に漏らして絶縁されたが、グラハムはアメリカの歴代大統領と親交を持った。それは閣僚や特別な役職への就任を打診されるほどであり、特に南部出身のリンドン・ジョンソンやリチャード・ニクソンとの友情はメディアにも注目されるものだった。またジョージ・H・W・ブッシュ元大統領は、ノースカロライナ州シャーロットに建設されたビリー・グラハム図書館（Billy Graham Library）の二〇〇七年開館式において、グラハムを「アメリカの牧師」（America's Pastor）と呼んで讃えた。[7] 同時にグラハムと権力者の関係は政教の混淆と見なされ、新正統主義の神学者ラインホールド・ニーバー（Reinhold Niebuhr）から批判を受けることになる。[8] しかし、グラハムは二〇一八年に亡くなったあと四人目の市民として国葬（Lie in Honor）されたが、そのことはアメリカ社会に対する彼の影響力が大きかったことを物語っているだろう。[9]

本書は福音伝道者ビリー・グラハムの神学と政治思想を描き出し、それが彼の政治行動にどのように結びついていたかを明らかにする試みである。彼の政治思想に注目するがゆえ、本書が対象とする時期はグラハムが全国的な知名度を獲得した一九四〇年代後半から一九七四年までに限定される。「グラハムはウォーターゲートで酔いがさめた」[10] と表現されたように、グラハムは盟友ニクソンのスキャンダルを機に政界から明確に距離を取るためである。

では、これまでグラハムの政治行動はどのように論じられてきたのだろうか。[11] 現段階での最新のグラハム論集は、アンドリュー・フィンステューエン、アン・ブルー・ウィリス、グラント・ワッカー編『ビリー・グラハム』（二〇一七年）[12] である。この本に寄稿した著者たちがグラハム論をリードしてきたと言える。

まずはグラハムの伝記を取り上げてみよう。グラハムに関する「公式」のプロフィールは、彼が設立した「ビリー・グラハム伝道協会」（Billy Graham Evangelistic Association: ＢＧＥＡ）が紹介している。[13] しかし、本書はグラハムの伝記的な事実は、最新のグラハム論集の寄稿者の一人ウィリアム・マーティンの手による『名誉ある預言者』（初版一九九二年、改訂版二〇一八年）[14] に依拠した。マーティンはグラハムの協力を得て伝記を執筆しており、現代でも多くの研究者が依拠している。マーティンは自身に先行するものとしてジョン・ポラック（一九六五年）[15]、ウィリアム・マクラフリン（一九六〇年）[16]、マーシャル・フレディ（一九七九年）[17]、パトリシア・ダニエル・コーンウェル（一九八三年）[18]の手による伝記を挙げている。またマーティンはスタンリー・ハイ（一九五六年）[19]やインタビュアーでもあるデイヴィッド・フロスト（一九九七年）[20]に言及している。[21]また先に挙げた最新のグラハム本の編者の一人、ワッカーは二〇一四年、二〇一九年にグラハムの伝記を出版している。[22]これらの伝記も適宜参照していく。

次に具体的な争点を論じたものを挙げてみたい。まずグラハムと政治の関係を論じたものとして、ナンシー・ギブスとマイケル・デュフィの『説教者と大統領たち』（二〇〇七年）[23]が挙げられる。ジャーナリストの手によって、グラハムとトルーマンからジョージ・W・ブッシュにいたる各大統領のエピソードが描かれている。またグラハムと政治家、特に共和党の関係を分析する際、先に挙げた最新のグラハム論集の寄稿者の一人スティーヴン・ミラー『ビリー・グラハムと南部共和党の勃興』（二〇〇九年）[24]は重要である。さらにグラハムと公民権運動を論じたマイケル・ロング（二〇〇六年）[25]、グラハムをアメリカ史に位置付けたD・G・ハート（二〇一一年）[26]やマーク・ノール（二〇〇一年）[27]、グラハムのレトリックに注目したティモ・ポッキ（一九九九年）[28]やティモシー・シャーウッド（二〇一三年）[29]も適宜参照したい。

最後にグラハムの「神学」を論じたものを挙げてみたい。グラハムの説教や著書を「神学」と呼べるかどうかは一つの論点になり得るが、[30]本書はグラハムのそれを「神学」と呼びたいと思う。トマス・ポール・ジョンストン（二〇〇三年）[31]はグラハムの神学をトピックごとにまとめている。しかし、最も重要な研究はアンドリュー・フィンステューエン『原罪と日常のプロテスタントたち』（二〇〇九年）[32]である。フィンステューエンは先に挙げた最新のグラハム論集の編者の一人でもあり、「罪」という概念を中心にグラハムを論じた。本書が最重視する研究であり、第二章で詳細に検討する。

この「罪」の神学は重要であるが、それだけではグラハムの思想・政治行動の全てを明らかにできない。「罪」の語り方は、グラハムが天職と見なした「福音伝道者」の役割と結びついていた。本書は神学を踏まえた上で、彼の職務観に注目したい。誰もがグラハムが福音伝道者であることを等閑視しているためか、従来の分析は十分なものではない。例えば、リチャード・ピラードの研究（一九八〇年）[33]は参照に値するが、福音伝道者の職務を消極的に描いている。グラハムの政治的意図は彼の職務観に結びついており、福音伝道者であることの積極的な意義が提示されねばならないのである。

本書は以下のように議論を進める。

第一章では、グラハムの略歴と、彼の登場した背景を見る。まず二〇世紀初めの「ファンダメンタリスト・モダニスト論争」（fundamentalist-modernist controversy）から生じた保守派とリベラル派の対立を取り上げ、その文脈でグラハムがどのように登場したのかを描く。

第二章では、本書全体を貫くフレームワークを提示する。その際のキーワードが「罪」と「福音伝道者」である。第一節では、近年の研究がグラハムの神学をどのように評価しているかを取り上げる。注目すべきはグラハムが「罪」という概念を強調したことである。続く第二節では宗教社会学の知見などを用いて、グラハムが自認した「福音伝道者」なる職務を論じる。本書ではその特徴を「説得」と「制約」に見出す[34]。グラハムは自身の天職を、人々をイエスに従うよう説得し、かつ自らの職務の制約ゆえにほかの指導者との協力を推し進めていくものだと解していたのである。以下の章では「罪」を強調する神学と「福音伝道者」の職務観とがグラハムの中でいかに結びついたかを、具体的な例を用いて描き出していく。前者を第三章で、後者を第四章と第五章で扱う。

第三章では、「罪」に対するグラハムの洞察の深まりの過程を、彼の反共主義の変化とともに描き出す。その際、カール・マッキンタイア（Carl McIntire）との比較を試みる。同時代の保守的なプロテスタントの思想を梃子にして、グラハムの思想的変遷を見たい。

第四章では、「福音伝道者」の「説得」の側面を見る。グラハムは、罪を負うがゆえに弱い人々をイエスに従うよう説得しなければならなかった。保守反動の時代と言われたニクソン政権期に、グラハムが誰をどのように説得しようとしたのか、彼の終末論の語り方の変化に注目しつつ明らかにする。

第五章では、「福音伝道者」の「制約」の側面を見る。グラハムは権力者を諫めることをはじめ多くの役割を期待されたが、自身の使命がメッセージの伝達のみに制約されていることをことあるごとに強調した。この自らの職務に対する認識ゆえ、彼は教会の聖職者や預言者と呼ばれる人々との協力の必要性を訴えた。「神の下の国家」という政治文化が危機に瀕していた一九七〇年代初頭、グラハムが自分やニクソンを批判したマーク・O・ハットフィールド（Mark O. Hatfield）上院議員を自陣に組み入れようとしたモチベーションを探る。

結論では、本書の議論を要約し、一九七四年以後の「酔いがさめた」グラハムについて若干述べたい。また本書がアメリカ政治史を見る上でどのような視点を提供するかも述べる。

注

（1） "Religious Landscape Study," Pew Research Center, https://www.pewforum.org/religious-landscape-study/ (accessed 4 October, 2021).

（2） Steven P. Miller, *The Age of Evangelicalism: America's Born-Again Years* (New York: Oxford University Press, 2014), p. 19.

（3） Billy Graham, *Just as I Am: The Autobiography of Billy Graham*, Revised and Updated Edition (New York: Harper One, 2007), p. 194.

（4） ビリー・グラハム伝道協会『Messengers of Hope――日本に希望の福音を』（いのちのことば社、二〇一四年）。

（5） Graham, *Just as I Am*.

（6） Billy Graham, "Why the Berlin Congress?" *Christianity Today* (11 November, 1966), pp. 3-7; Billy Graham, "Why the Lausanne?" *Christianity Today* (13 September, 1974), pp. 4-12.

（7） Grant Wacker, *America's Pastor: Billy Graham and the Shaping of a Nation* (Cambridge, Massachusetts: The Belknap Press of Harvard University Press, 2014), p. 23.

（8） またこの種の批判は、ビリーの息子フランクリンにも向けられている。フランクリンは明確にトランプを支持し、就任式で祈りを捧げている。Laurie Goodstein, "Billy Graham Warned Against Embracing a President. His Son Has Gone Another Way," *New York Times* (26 February, 2018), https://www.nytimes.com/2018/02/26/us/billy-graham-franklin-graham-trump.html (accessed 3 October, 2021).

（9） ほかの三名は一九九八年に首都ワシントン銃撃事件で亡くなった二人の警察官、公民権運動の指導者ローザ・パークスである。またこの四名に、二〇二一年一月の議会議事堂襲撃事件および四月の自動車が議会議事堂検問に突撃した事件で亡くなった二人の警官も付け加えられた。Emily Cochrane, "Billy Graham to Lie in Honor at the U.S. Capital," *New York Times* (22 February, 2018), https://www.nytimes.com/2018/02/22/us/politics/

billy-graham-capitol-rotunda.html (accessed 1 October, 2021); “Individuals Who Have Lain in State or in Honor,” History, Art & Archives, https://history.house.gov/Institution/Lie-In-State/Lie-In-State-Honor/(accessed 1 October, 2021).

（10）グラハムはその後の大統領たちと友好関係を続けたが、新約聖書が「世のすべての国々とその繁栄ぶり」（マタイ4・8）と呼ぶものに自身が魅入られることを許さなかった。William Martin, *With God on Our Side: The Rise of the Religious Right in America*, Revised Version (New York: Broadway Books, 2005), p. 147.

（11）日本語の研究については適宜紹介するが、次のものが主な邦語のグラハム論である。古屋安雄「ピールとグラーム」『キリスト教国アメリカ――その現実と問題』（新教出版社、一九六七年）七四－八九頁、宇田進「アメリカ人の宗教意識、福音派、ビリー・グラハム」『福音主義キリスト教と福音派〔増補版〕』（いのちのことば社、一九九三年）一六七－七九頁、田上雅徳「ビリー・グラハムとアメリカ」『三色旗』第六九六号（二〇〇六年）一六－二一頁。

（12）Andrew Finstuen, Anne Blue Willis, and Grand Wacker ed., *Billy Graham: American Pilgrim* (New York: Oxford University, 2017).

（13）“Billy Graham,” Billy Graham Evangelistic Association, https://billygraham.org/about/biographies/billy-graham/ (accessed 4 October, 2021).

（14）William C. Martin, *A Prophet with Honor: The Billy Graham Story*, Updated Edition (Grand Rapids, Michigan: Zondervan, 2018).

（15）John Pollock, *The Billy Graham Story*, Revised and Updated Edition (Grand Rapids, Michigan: Zondervan, 2003). ポラックの伝記は日本でも早い時期に翻訳されている。ジョン・ポラック（清水汜訳）『ビリー・グラハム〔上〕〔下〕』（みくに書店、一九六七年）。

（16）William Gerald McLoughlin Jr, *Billy Graham: Revivalist in a Secular Age* (New York: The Ronald Press Company, 1960).

（17）Marshall Frady, *Billy Graham: A Parable of American Righteousness* (New York: Simon & Schuster, 2006).

（18） Patricia Daniels Cornwell, *Time for Remembering: The Ruth Bell Graham Story* (San Francisco, California: Harper & Row, 1983). そのアップデート版と言えるのが次のものである。 Patricia Cornwell, *Ruth A Portrait: The Story of Ruth Bell Graham* (Colorado Springs, Colorado: WaterBrook Press,1997).

（19） Stanley High, *Billy Graham: The Personal Story of the Man, His Message and His Mission* (New York: McGraw-Hill Book Company, Inc., 1956).

（20） David Frost, *Billy Graham: Candid Conversations with a Public Man* (Colorado Springs, Colorado: David C Cook, 2014).

（21） その最新版（二〇一八年）でもマーティンの著作のアップデートを試みたデイヴィッド・アイクマン（二〇〇七年）への言及はない。 David Aikman, *Billy Graham: His Life and Influence*, Large Print Edition (Detroit, Michigan: Gale Cengage Learning, 2010).

（22） Wacker, *America's Pastor*; Grant Wacker, *One Soul at a Time: The Story of Billy Graham* (Grand Rapids, Michigan: William Eerdmans Publishing Company, 2019). またワッカーの読書案内（三〇一－八頁）も参照のこと。

（23） Nancy Gibbs and Michael Duffy, *The Preacher and the Presidents: Billy Graham in the White House* (New York: Center Street, 2007).

（24） Steven P. Miller, *Billy Graham and the Rise of the Republican South* (Philadelphia, Pennsylvania: University of Pennsylvania Press, 2009).

（25） Michael G. Long, *Billy Graham and the Beloved Community: America's Evangelist and the Dream of Martin Luther King, Jr*. (New York: Palgrave Macmillan, 2006). また以下の編著もある。 Michael G. Long ed., *The Legacy of Billy Graham: Critical Reflections on America's Greatest Evangelist* (Louisville, Kentucky: Westminster John Knox Press, 2008).

（26） D. G. Hart, *From Billy Graham to Sarah Palin: Evangelicals and the Betrayal of American Conservatism* (Grand Rapids, Michigan: William B. Eerdmans Publishing Company, 2011).

（27） Mark A. Noll, "The Significance of Billy Graham," *American Evangelical Christianity: An Introduction* (Malden,

Massachusetts: Blackwell Publishers, 2011), pp. 44-55.

（28）Timo Pokki, *America's Preacher and His Message: Billy Graham's View of Conversion and Sanctification* (Lanham, Maryland: University Press of America, 1999).

（29）Timothy H. Sherwood, *The Rhetorical Leadership of Fulton J. Sheen, Norman Vincent Peale, and Billy Graham in the Age of Extremes* (Lanham, Maryland: Lexington Books, 2013).

（30）かつて熊野義孝は日本のキリスト教史を描く際、アメリカの自由主義神学の影響を受けつつ、自給独立を目指したがゆえに教派的基盤を欠くそれを「神学」ではなく「神学思想」と表現した。グラハムのものは「神学思想」と呼び得るかもしれないが、ここでは「神学」と見なすことにする。熊野義孝「日本キリスト神学思想史の意義」『熊野義孝全集〔第一二巻〕』（新教出版社、一九八二年）三－七頁。

（31）Thomas Paul Johnston, *Examining Billy Graham's Theology of Evangelism* (Eugene, Oregon: Wipf and Stock Publishers, 2003).

（32）Andrew Finstuen, *Original Sin and Everyday Protestants: The Theology of Reinhold Niebuhr, Billy Graham, and Paul Tillich in an Age of Anxiety* (Chapel Hill, North Carolina: University of North Carolina Press, 2009).

（33）Richard V. Pierard, "Billy Graham and the U.S. Presidency," *Journal of Church and State*, Vol. 22, No.1 (1980). またピラードは次のような「市民宗教」論を著している。リチャード・V・ピラード、ロバート・D・リンダー（堀内一史、犬飼孝夫、日影尚之訳）『アメリカの市民宗教と大統領』（麗澤大学出版会、二〇〇三年）。

（34）Graham, *Just as I Am*, p. xvi-vii.

第一章　ビリー・グラハムという人物
――ファンダメンタリストと「福音派」

はじめに

ビリー・グラハムは全米、全世界を股にかけて活躍した福音伝道者である。ここでは改めて彼の経歴と、彼が登場するに至ったアメリカの舞台を描き出したい。

第一節では、グラハムがいかなる文脈で登場したのかを描く。その起点は二〇世紀初めの「ファンダメンタリスト・モダニスト論争」から生じた保守派とリベラル派の神学的対立である。そこでは「ファンダメンタリスト」（fundamentalist）とその系譜に連なる「福音派」（evangelicals）と呼ばれる保守的なキリスト教徒の、聖書的価値と現代的価値の妥協を許さない姿が見られるだろう。

第二節では自伝『いさおなき我を』（*Just as I Am*）を中心に、グラハムの略歴を概観する。その際、本節では、言及した箇所を本文中にJAI, p. nと表記する。グラハムの生涯、福音伝道者としてのキャリア、そして政治家との交流を描きたい。ただし、それは本書が注目する一九七〇年代前半までに限定され、グラハムの後半生は本書の最後に言及することにする。

第一節　前　史

（1）キリスト教史

グラハムは「福音派」の指導者と評されることがある。では、この「福音派」とは誰のことを指すのだろうか。[1] 歴史家マーク・ノールは「福音派」を定義する三つの方法を挙げる。[2] 一つ目の方法は、個人が伝統的に「福音派」が強調してきた聖書や新生といった信条を持っているかに注目する。これはギャラップなどの世論調査が用いる方法であるという。二つ目の方法は、個人が歴史的に福音主義とつながりのある、あるいは信仰復興運動と関連が深い教会に属しているかに注目する。三つ目の方法は、個人が自らを「福音派」と認識しているか、つまり自己認識に注目する。

ここではノールの言及する前者二つ、すなわち神学・信仰の在り方と歴史に注目した福音派の理解を取りたい。福音派を定義する第一の方法に関して、ノールは英国の歴史学者デイヴィッド・ベビントンの研究に言及する。[3] ベビントンが「福音主義」の鍵となる要素として挙げているのは、「聖書主義」（Biblicism）、「アクティヴィズム」（Activism）、「十字架中心主義」（Crucicentrism）、「回心主義」（Conversionism）の四点である。[4] 前者三点はわかりやすいだろう。「福音派」は聖書を重視し、伝道を含めた積極的な行動力を持ち、イエスの十字架上での死を人類の贖罪だと解する。最後の「回心主義」というのは、神との個人的な経験を通して「生まれ変わった」ことを重視するものである。かつてのニューイングランドの植民地においても「回心」を語ることが重要であったが、[5] ジョージ・ブッシュが回心を経てボーン・アゲインし、アルコール依存症を克服したと主張したことは記憶に新しい(6)。このベビントンの定義は一部の例外を除いて、研究者の中でコンセンサスを得ていると言えよう(7)。

第二の定義に関して、ノールは福音派の起源を一八世紀初期の信仰復興運動に求める。この運動は「大覚醒」(Great Awakenings) とも呼ばれ、その担い手はイングランドでは国教会内で新たな運動を開始したジョンとチャールズのウェスレー兄弟 (John Wesley & Charles Wesley)、アメリカ大陸ではジョナサン・エドワーズ (Jonathan Edwards) やジョージ・ホイットフィールド (George Whitefield) であった。この信仰復興運動の伝統を受け継いだ伝道者として、奴隷制度を批判したチャールズ・フィニー (Charles Finney)、グラハムも尊敬していた都市伝道者ドワイト・ムーディ (Dwight Moody)、反知性主義的なビリー・サンデー (Billy Sunday)、さらに「社会的福音」(Social Gospel) のワシントン・グラッデン (Washington Gladden) やウォルター・ラウシェンブッシュ (Walter Rauschenbusch) の名が挙げられる。これらの「伝統」をどのように解釈するのかをめぐるものこそ、「福音派」が登場した直接の原因である二〇世紀初頭の「ファンダメンタリスト・モダニスト論争」である。

前世紀の初め、アメリカのプロテスタントの中で問題になったのは聖書の読み方と進化論である。この論争は北部のバプテストや長老派の教会で生じていた。この経緯を歴史家ジョージ・マースデンに依拠しつつ概観していく。

マースデンは論争の一陣営である「モダニズム」、あるいは「リベラリズム」を「プロテスタンティズムを守ろうと意図された運動」として描く(8)。ここで言う「リベラリズム」が政治的な傾向ではなく、神学的な傾向に関するものであることには注意が必要である。では、彼らはプロテスタントを何から守ろうとしたのか。一八六五年から一九一七年において、プロテスタントは「ダーウィニズム」、「高等批評」（higher criticism）、一連の心理学から挑戦を受けた。これらの挑戦を受けとめたのはリベラルなキリスト教徒たちであった。第一に、ダーウィニズムと自然科学が歴史を解釈し、聖書をユダヤ民族の経験を綴った書物に還元してしまうことに対抗し、リベラルたちはユダヤ人の経験とそれが綴られた聖書に神の意志を見出し、歴史における神の働きを強調した。歴史過程の神格化である。第二に、教義ではなく倫理や「イエスの教え」が強調され、日曜学校における道徳教育が説かれた。マーステンはこれら倫理の強調という側面を、グラッデンやラウシェンブッシュが信仰の社会的メッセージを強調したことや、チャールズ・シェルドン（Charles Sheldon）の「イエスならどうなさるか？」（What would Jesus do?）という問いに見出す。第三に、リベラルたちはドイツのフリードリヒ・シュライアマハーに従い、理性が知ることのできない「心」、感情を宗教の中心に据えた。

他方で、アメリカにおいてダーウィニズムへの反応は一様ではなかった。ジョン・フィスク（John Fisk）のように「進化」を神の御業と捉えて、ダーウィニズムを受け入れたリベラルな者もいれば、チャールズ・ホッジ（Charles Hodge）のようにダーウィニズムが「創世記」と相容れないために「それは無神論である」と断言する保守派もいた。ただし保守派の中にもダーウィニズムに関しては意見が分かれており、むしろ彼らの関心は聖書の権威に向けられていた。問われたのは「聖書が間違っていたら、プロテスタント、「聖書のみ」の宗教は何に依拠するのか」、「聖書には科学的な、あるいは歴史的な間違いがあるのか」ということであった。プリンストン神学校（Princeton Theological Seminary）のアーチボルド・ホッジ（Archibald Alexander Hodge）やベンジャミン・ウォーフィールド（Benjamin

Breckinridge Warfield）らは、聖書が霊感を受けている（inspired by the Holy Spirit）ために「絶対的に誤りがない」（absolute errorless）という「無誤性」（inerrancy）あるいは「無謬性」（infallibility）[9]を教義の中心に据えた。この聖書に対する信頼はのちの福音派まで続くと言える。

さて、二〇世紀初めまでに北部の神学校はリベラル派に占められていった。他方、保守派もただ黙っているだけではなかった。マースデンは保守派の革新運動として「ホーリネス運動」（Holiness Movement）と「ペンテコスタリズム」（Pentecostalism）[10]に加えて、「ディスペンセーショナル・プレミレニアリズム」（dispensational premillennialism）を挙げている。[11]第三の運動は二つのイズムの混合物であるが、マースデンは「プレミレニアリズム」、すなわち「前千年王国説」と「ディスペンセーショナリズム」とを区別せず使っている。ここでは順を追って説明したい。[12]まず前者は「ヨハネの黙示録」二〇章に基づき、再臨したイエスが王国を千年間統治すると説くものである。「前千年王国説」は南北戦争後に登場し、「前」という形容詞から分かるように「後千年王国説」（postmillennialism）と対になっている。後千年王国説は千年王国が霊的・道徳的進歩から生じると主張するが、前千年王国説は教会と文化が衰退した後、イエスが再臨して王国を統治すると説く。前千年王国説は教会の発展の先にキリストの再臨があるという考えを批判し、また「キリスト教国」（Christendom）あるいは「キリスト教文明」（Christian civilization）が幻想でしかないと否定し、人間の行為が再臨に寄与しないと主張した。この前千年王国説は一つの聖書解釈であるのだが、この説に従う者たちは自身たちこそ聖書を「字義通り」（literal）に読んでいると主張したのである。

「ディスペンセーショナリズム」はこれに歴史の区分を追加する。この考え方によれば、現在は

「恵み」あるいは教会の時代と呼ばれる第六区分にあり、いつか第七区分である千年王国へと移行する。時代の移行には一定のパターンがあり、各時代は人間が神の試験に合格できなかったがゆえに崩壊し、次の時代へと移行するということを繰り返してきた。例えば、第一の区分は堕罪の結果としてエデンの園からの追放により、第二の区分は大洪水により、第三の区分はバベルの塔により終わったという具合に説明される。この考え方に共鳴する者たちは、現在が戦争や災害などの苦難を伴う崩壊へと向かっていると主張する。ここで注意したいのが、彼らが自分たちが正しいキリスト教徒であるがゆえに「携挙」(rapture)に与れると楽観的に考えていることである。「携挙」は「テサロニケの信徒への手紙一」第四章の解釈に基づく考え方で、再臨するイエスによってキリスト教徒が空中に挙げられることによって苦難そのものを避けることができると説く。逆に言えば、正しくないキリスト教徒は苦難の中、世界に取り残されることを意味し、この考え方はティム・ラヘイ(Tim LaHaye)らの宗教小説『レフト・ビハインド』(*Left Behind*)やハル・リンゼイ(Hal Lindsey)の著作を通して、今日のキリスト教徒にも影響を与えている。

この歴史解釈はイギリスに由来するが、アメリカではドワイト・ムーディをはじめルーベン・A・トレイ(Reuben A. Torrey)、ジェイムズ・M・グレイ(James M. Gray)、C・I・スコフィールド(C. I. Scofield)、ウィリアム・J・アードマン(William J. Erdman)、A・C・ディクソン(A. C. Dixon)、A・J・ゴードン(A. J. Gordon)らが同調し、シカゴのムーディ聖書学院(Moody Bible Institution)などの聖書学校が拠点となった。彼らは「モダニスト」に反対し、一九一〇年から一九一五年までに『ファンダメンタルズ』(*The Fundamentals*)という一二冊の本を出版した。マースデンは「ディスペンセーショナル・プレミレニアリズム」を「モダニズムの鏡像」と評する。曰く、モダン・カルチャーに対する態度に加え、「モダニズムは聖書を人類史のレンズを通して解釈する。ディスペンセーショナリストは人類史をただ聖書のレンズを通してのみ解釈する」というのである。

この歴史解釈を伴う、保守派とリベラル派の論争を考える際、第一次世界大戦の影響は無視できない。[13] ほとんどの聖職者は愛国心の高まりに逆らうことはせず、リベラル派の中にもキリスト教と民族宗教(folk religion)とを混同せずとも、戦争が世界の民主化に寄与すると安易に考えた者がいた。他方、保守派はキリスト教とナショナリズムを混同し、ビリー・サンデーなどは「キリスト教と愛国主義は同意語である」とすら言ってのけた。またニューウェル・ヒリス(Newell Dwight Hillis)はドイツの残虐性を批判し、「キリスト教文明と残虐で野蛮なフン族」という対立構図を創り出した。ドイツへの感情が悪化したことで、国内ではドイツ語が禁じられ、カトリックやプロテスタント、正教の移民たちの「アメリカ化」が進められた。この排外主義は戦後も継続してしまった。少なくないプロテスタントはロシア革命に対する「赤狩り」、ノルディック系ではない人々に対する反感から再組織された「クー・クラックス・クラン」に加わったのである。

加えて、戦後に登場した新しい道徳観は保守派にとって頭痛の種であった。[14]「モラルにおける革命」(revolution in morals)と呼ばれた一九二〇年代の新しい価値観は性やフロイトを論じ、ダンスを楽しむことを良しとした。「ヴィクトリア朝の伝統とメソディズムの慣習」に代表される伝統が失われていくことに対して、リベラル派は楽観的であったが、保守派は悲観的であった。

この両者の対立の延長にあったのが一九二〇年代のファンダメンタリスト・モダニスト論争であ

る。どちらの陣営も組織や制度を整え、徐々に敵陣への攻撃を激しくしていった[15]。保守派は一九一九年に前千年王国説を掲げる「世界キリスト教ファンダメンタリスト協会」（World's Christian Fundamentals Association）を組織し、翌年に北部バプテストの保守派が「ファンダメンタルズ」を組織した。「ファンダメンタリスト」という用語はここから広まったという。ファンダメンタリストたちはディスペンセーショナリズムを広めるため、聖書学校や伝道キャンペーンを続けるとともに、『スコフィールド注釈付聖書』（*Scofield Reference Bible*）（一九〇九年）を用いた。この論争の舞台は保守派が多数を占める南部バプテスト連盟（Southern Baptist Convention）や南部の長老派などではなく、北部バプテストと北部長老派であった。以下、この二つの教派を中心に見ていこう。

マースデンがファンダメンタリスト側のスポークスパーソンとして挙げるのが、プリンストン神学校の新約聖書学者ジョン・G・メイチェン（John Gresham Machen）である[16]。メイチェンは「このニュー・リベラリズムは、人類の救済が人類の贖罪のためのキリストの死という歴史的事実に基づくことを否定するために、まったくキリスト教ではなく、新しい宗教である」と断罪した。有能な神学者を手に入れたファンダメンタリストはいくつかの論争で勝利を収めた。しかし、各教派の穏健派たちはファンダメンタリストたちの主張を必ずしも受け入れたわけではなく、モダニストが追放されるということも余りなかった。

ファンダメンタリストたちは自らの教派をモダニストの手から守るだけでなく、アメリカ社会を「不信」（infidelity）から守ろうとしていた[17]。彼らの敵はマルクス主義とドイツ主義であり、フリードリヒ・ニーチェの思想とダーウィニズムであった。ファンダメンタリストは公立学校をダーウィニズムから守るべく、特に南部で進化論教育を禁じる法の制定を進めていった。マースデンはファンダメンタリストの反進化論の取り組みが「本質的に政治的」であり、神学的に保守的な福音主義的プロテスタントの中核よりも広く支持者を惹きつけたと評価する。その一つの帰結がテネシー州の反進化論法の是非を問うた、一九二五年の「スコープス裁判」(Scopes Trial)である。ジョン・スコープス(John Scopes)は公立校で進化論を教えることを禁じた州法に反したとして罪に問われた。ファンダメンタリストを代表して元国務長官のウィリアム・ジェニングス・ブライアン(William Jennings Bryan)が、スコープスの弁護人としてクラレンス・ダロウ(Clarence Darrow)が登場した。判決はファンダメンタリストの意に沿うものであった。進化論を教えたスコープスは有罪となったのである。しかし、メディアによる「田舎者」(rubes and hicks)というカリカチュアが彼らに深刻なダメージを与えたという。

実際、一九二五年以降のファンダメンタリストの活動は、エイミー・マクファーソン(Aimee Semple McPherson)のようなものを除いて、全国的な注目を浴びることはなかった。たしかにファンダメンタリストたちは一九二八年大統領選挙で民主党候補のアル・スミス(Al Smith)をローマ・カトリックの信仰ゆえに攻撃した。しかし、彼らは政治や文化に影響を与えたり北部の教派闘争に加わったりするのではなく、むしろ福音伝道と地域教会の整備に力を入れていった。ファンダメンタリズムの再編が進められたのである。(18)

このような状況でファンダメンタリズムから新しい勢力が台頭してきた。それが「新福音派」(neo-evangelicals)である。(19) マースデンはメイチェンの弟子であるハロルド・オッケンガ(Harold Ockenga)に言及しつつ、「彼らはファンダメンタリズムの意見が少しでも和らげられたならば福音主義的キリスト教は「アメリカを手に入れられる」と信じていた」と指摘する。新福音派は超教派的なアメリカの福音主義の伝統、ムーディ、フィニー、エドワーズ、ホイットフィールドらの伝統に自らが立っていると信じていたという。マースデンは二〇世紀の白人「新福音派」も教派を超えて一致しており、「モダニスト」の神学的刷新と文化の変更に対するリアクションであったと評している。

「新」という形容詞が付けられていることからも明らかなように、新福音主義の依拠する「福音主義」(evangelism) という言葉は新しいものではなかった。[20] 一九三〇年代にはこの言葉はあまり使用されるものではなかったが、論争の両陣営は自らを「福音派」と考えていた。では、従来考えられてきた「福音主義」とこの時点で登場したものとは何が違うのだろうか。マースデンは「ファンダメンタリズム」に従来の福音主義と異なる、建設的な衝動 (positive impulse) と否定的な衝動 (negative impulse) の二つを見出す。否定的な衝動は「モダニストの神学と文化の変更とに対する好戦性」である。彼らは「妥協しない」(no compromise) という標語の下、リベラルが牛耳る自らの教派を去った。他方、建設的な衝動は「魂を救う」という信仰復興の伝統である。これはファンダメンタリストの分離主義的な傾向を弱め、多くのファンダメンタリストに自身の教派に残る選択を選ばせたという。後者の要素に突き動かされた者たちが福音主義的なネットワークを組織し、ラジオを利用した。『昔ながらの信仰復興の時間』(*The Old Fashioned Revival Hour*) のチャールズ・E・フラー (Charles E. Fuller) はかつて戦闘的なファンダメンタリストだったが、今や論争や分離主義を強要されることを拒否し、建設的なファンダメンタリストの立場を受け入れたという。

この「建設的な」ファンダメンタリストたちは独自の組織を発展させていった。[21] その例として、ジャック・ワイツェン（Jack Wyrtzen）とパーシー・クロフォード（Percy Crawford）による「ユース・フォー・クライスト」（Youth for Christ: ＹＦＣ）、Ｊ・エルウィン・ライト（J. Elwin Wright）やオッケンガによって組織されたＮＡＥを挙げることができる。特に後者はマーステンによって「多様な福音派の教派と個人による緩やかな関係」であると評され、ホウィートン大学（Wheaton College）やムーディ聖書学院、ダラス神学校（Dallas Theological Seminary）、ゴードン神学校（Gordon College）といった諸機関と協力関係を結んでいた。このタイプの運動は南部バプテスト連盟やウィリアム・Ｂ・アードマン出版社（William B. Eerdmans）などを中心にしつつ、フラー、そしてグラハムらの支持者と協力関係にあった。[22]

しかし、ファンダメンタリストの中には新福音主義に批判的だった勢力もいた。[23]その代表格がメイチェンの弟子であるカール・マッキンタイアである。彼は「厳格」なファンダメンタリストであり、「キリスト教会アメリカ協議会」（American Council of Christian Churches: ＡＣＣＣ）を結成した。ここで言う「厳格」というのはペンテコステ派、「連邦教会協議会」（Federal Council of Churches: ＦＣＣ）に属する教派を除外することを意味する。彼はリベラル派との妥協を徹底的に攻撃した。このマッキンタイアのグラハム批判は第三章で取り上げる。

新福音派とマッキンタイアの関係はファンダメンタリストの内紛とも言えるが、マーステンはそれを単に否定的な衝動と建設的な衝動、分離主義者と包括主義者の対立としてのみ理解するのではなく、ディスペンセーショナリズムに対する距離の取り方としても理解する。[24]すなわち、建設的な衝動に突き動かされる一部のファンダメンタリストたちは第二次大戦後の世界におけるアメリカのリーダーシップを「キリスト教文明を再構築する稀有な機会」と捉え、「近年開発されたより狭いディスペンセーショナリストの教えを促進するよりも、ファンダメンタリズムの主張をより広範なアウグスティヌス的正統（Augustinian orthodoxy）の伝統の中に位置付けるよう」主張していった。この潮流を代表する者は『クリスチャニティ・トゥディ』編集長カール・ヘンリー（Carl Henry）やグラハムその人であった。

ヘンリーらにとって、ディスペンセーショナリズムの反知性主義（Anti-intellectualism）も問題であった。[25] その問題に対処すべくカリフォルニア州に、フラーの資金提供の下でフラー神学校（Fuller Theological Seminary）が設立された。この学校にはオッケンガを筆頭にヘンリー、エドワード・J・カーネル（Edward J. Carnell）、ウィルバー・M・スミス（Wilbur M. Smith）、エヴェレット・ハリソン（Everett Harrison）、グリーソン・アーチャー（Gleason Archer）、ハロルド・リンゼル（Harold Lindsell）、ジョージ・E・ラッド（George E. Ladd）、ポール・K・ジュウェット（Paul K. Jewett）などが名を連ねた。彼らは聖書の読解の仕方など、ファンダメンタリストの遺産を受け継ぎつつ、ディスペンセーショナリズムを過度に強調しなかった。

このようなファンダメンタリストの建設的な衝動を受け継いだものとして登場したのがグラハムであった。[26] グラハムはアイゼンハワーやニクソンら政治指導者やサン・オイルのJ・ハワード・ピュー（John Howard Pew）といった保守的なビジネスリーダーから信頼され、アメリカ人から尊敬を勝ち取った。他方でマースデンはグラハムの「活躍」がファンダメンタリストの分裂をもたらしたと指摘する。グラハムがリベラルな教派・教会との協力を厭わなかったことが、厳格なファンダメンタリストは気に食わなかったというのである。それ以後、「ファンダメンタリズム」という言葉は「教会的分離主義」（ecclesiastical separatism）を求める人々によってのみ使われるようになり、彼らはかつての同盟者たちを「新福音派」と呼んだ。他方でファンダメンタリストの改革者たちは自身を単に「福音派」（evangelicals）と呼ぶようになっていったという。その知的な手引きが、福音派のオピニオン誌である『クリスチャニティ・トゥディ』誌であり、その創刊に際してはグラハムが広告塔になり、ヘンリーが編集長、オッケンガが幹部を務め、ピューが経済的に支えた。(27)

以上で見てきたように、「ファンダメンタリスト」や「福音派」という呼称は、主に神学的な論争によって生み出されてきたものであった。しかし、ファンダメンタリストが進化論をめぐって南部の立法や司法に介入したように、保守的なキリスト教徒たちは否応なしに政治という現世の所業に関与してきた。彼らは神の国の市民であると同時にアメリカ合衆国の国民でもあった。次に連邦レベルの宗教と政治の関係を見ていこう。

（2）政教の歴史

上述したように、ファンダメンタリストはスコープス裁判以降、組織の整備や伝道に力を入れていった。しかし、彼らは政治や経済、社会とのかかわりを絶ったわけではなかった。歴史家ケヴィン・クルースは、これらの保守的なキリスト教徒と政財界のつながりを指摘する。(28)戦後アメリカの宗教信仰復興は冷戦という文脈が強調されがちであるが、クルースはその起源を一九三〇年から四〇年代に求め、その要素が独立宣言一七五周年記念に進められた「神の下の自由」（freedom under God）というモットーに埋め込まれていると述べる。すなわち、フランクリン・ローズヴェルト大統領に対抗すべく、ビッグビジネスのリーダーたちは保守的な聖職者と手を組み、自由企業体制（free enterprise）を志向する「クリスチャン・リバタリアニズム」（Christian libertarianism）を促進していったというのである。

このイデオロギーは一九五〇年代になり、本書の主役であるグラハム、「朝食祈祷会」（National Prayer Breakfast）[29]を提案したエイブラハム・ヴェレイディ（Abraham Vereide）というリーダーを獲得した。その中で登場したのがドワイト・アイゼンハワー大統領であった[30]。アイゼンハワーと宗教の関係といえば、一九五四年に忠誠の誓い（Pledge of Allegiance）に挿入された「神の下の国家（国民）」（one Nation under God）、あるいは一九五四年に切手、翌年に紙幣に刻まれ、さらに一九五六年にモットーとなった「我々は神を信じる」（In God We Trust）というフレーズが想起されるだろう。初期冷戦の時代に政界・財界・宗教界を巻き込んだ「神の下の国家」アメリカという政治文化の構築が進められたのである。

しかし、この政治文化の基盤は頑強なものではなかった。連邦司法が立ちはだかったのである。一九六〇年代の公立校祈祷問題をめぐる一連の最高裁判決によって、政教問題に関するアメリカ世論は変わっていった。この最高裁判決の影響力の大きさを知るために、少し遠回りだが、ここで憲法の条文を見てみたい。最高裁が政教関係の問題を裁く際に依拠するのは憲法修正第一条であり、特に「合衆国議会は、国教を樹立する法律もしくは自由な宗教活動を禁止する（…）法律を制定してはならない」[31]と規定する宗教条項である。

この宗教条項は国教樹立を禁じた「公定制条項」（Establish clause）と信教の自由を保障した「自由実

践条項」（Free Exercise clause）の二つから構成されているが、それらをどのように解釈するかが議論の的となってきた。ここでは、グラハムの伝記作家でもある歴史家マーティンの議論に依拠して条文の解釈の歴史を見てみよう。(32) マーティンは公定制条項を説明する際に、建国の父祖の一人トマス・ジェファソンの見解を取り上げる。ジェファソンはコネティカット州ダンベリーのバプテストから、居住する州が特定の教派を優遇しているという苦情を受けた。ジェファソン大統領はバプテストに共感し、一八〇二年の手紙で「教会と国家の間の分離の壁」（wall of separation between Church & State）という比喩を用いて公定制条項を説明した。すなわち、政府と教会は結びついてはならないと。

しかし、この公定制条項の対象は連邦議会であった。各州はこの条項に従うべきなのか。一九四七年の「エヴァーソン対ユーイング教育委員会」（*Everson v. Board of Education of Ewing Township*）判決では、ニュージャージー州が公立学校だけでなくローマ・カトリックの私立学校へ通う生徒に交通費を払い戻すことの是非が争われた。交通費の支払いは全ての生徒が対象となっていたため認められた。しかし、多数派のヒューゴー・ブラック（Hugo Black）判事はジェファソンの「壁」のメタファーに言及しつつ、公定制条項により州が特定の宗教を優遇することを違憲だと判断した。この判決によって宗教条項が州にも（憲法修正第一四条の、いわゆるデュー・プロセス条項を通して）適用されることが明らかになった。しかし、違憲となる基準は必ずしも明確ではなかった。この点をめぐって争われたのが一九六〇年代の初頭の公立校祈祷問題を扱った最高裁判決である。

「エンゲル対ヴィターレ」（*Engel v. Vitale*）判決（一九六二年）では、ニューヨーク州が公立学校の生徒に、非宗派・非教派的な祈りを捧げることを義務付けたことが違憲と判断された。最高裁のこの決断はマーティン・ルーサー・キングやジョン・ケネディ大統領から好意的に受け取られた。しかし、グラハムやニューヨーク大司教のフランシス・スペルマン（Francis Joseph Spellman）ら保守的なキリスト教徒から反対にあった。他方、続く「アビントン学区対シェンプ」（*Abington School District v. Schempp*）判決（一九六三年）では、公立学校で聖書を注釈なしに一〇節にわたって朗読することを命じたペンシルヴァニア州法が問題となった。保護者の要望があれば学生は聖書朗読を免除されたが、この州法は違憲と判断された。州の行為が合憲となるためには「世俗的な立法目的を持っていて、その主たる効果が宗教を促進も抑制もしない」ことが必要とされた。

これら二つの最高裁判決で「目的」と「効果」という二つの基準が示された。さらに「レモン対カーツマン」（*Lemon v. Kurtzman*）判決（一九七一年）によって第三の基準が付け加えられた。この事件はペンシルヴァニア州が私立学校で世俗的な科目を教える教員の給料を補助することの是非をめぐるものであったが、最高裁はこれらの私立学校のほとんどがローマ・カトリックによるものであり、特定の宗教を優遇するものとして違憲判決を下した。政教関係に関する立法が合憲となるための条件として、「目的」・「効果」に加えて政府が「宗教と過度の関わり合いを促進してはならない」という条件が明示された。いわゆる「レモン・テスト」（Lemon Test）である。この「過度の関わり合い」（excessive entanglement）という語が何を意味するのかという議論はあったが、レモン・テストはアメリカの司法界にある程度受け入れられていった。

これら一連の最高裁判決はアメリカ世論にも深く影響を与えた。クルースは「神の下の国家」アメリカという政治文化が説得力を失っていき、一九六〇年代後半におけるリチャード・ニクソンによるその復活の試みは失敗したと指摘する。[33] しかし、問題はそこで収まらない。福音派内部で分裂が生じてきたのである。

マースデンは一九六七年までに「アメリカの福音主義」と呼ばれる集団の結束力が弱まってきたと指摘する。[34]「新福音派は分裂し、その用語が意味を失った」。彼らは政治と教義をめぐって分裂し、「一九七〇年代後半までに、誰一人として、ビリー・グラハムですら、その分裂した連合の中心に立っていると主張できるものはいなかった」というのである。

福音派分裂の原因は二つ挙げられている。[35] 一つは国内の政治的危機である。一九五〇年代までの新福音派は「共和主義のキリスト教版」(Christianized version of Republicanism) の社会政策を志向したが、次の世代はより革新的な社会政策を志向した。この対立の犠牲となったのが『クリスチャニティ・トゥディ』編集長カール・ヘンリーであった。福音派内の保守派とリベラル派はベトナム戦争をめぐって対立し、福音派にアメリカと資本主義への忠誠を求めるピューのような者にとって、ヘンリーは十分「戦闘的」ではなかった。その結果、ヘンリーは一九六八年に編集長を解任されたのである。代わりに編集長の座に坐ったのは「ニクソン時代のスピロ・アグニュー (Spiro Agnew) のレトリックのキリスト教版を示した」と評されるリンゼルであった。マースデンはこの解任劇に福音派「エスタブリッシュメント」の戦闘的で保守的な政治スタンスを見出した。しかし、この保守派の攻勢は意図せず、福音派内に芽生えつつあった左派の萌芽を刺激した。例えば、トリニティ神学校 (Trinity Evangelical Divinity School) は福音主義エスタブリッシュメントの中心であったが、一部の学生が権威に立ち向かい始めた。その代表格は「ピーポーズ・クリスチャン・コアリション」(People's Christian Coalition) と

『ポスト・アメリカン』（*The Post-American*）（のちの『ソジャナーズ』（*Sojourners*））であり、現在までジェンダーの平等、パシフィズム、そして社会正義の革新主義の側面を提示している。その支持者は政界にも存在し、グラハムの盟友でありニクソンの政敵でもあるハットフィールド共和党上院議員はこの運動を好意的に捉えていた。

福音派の分裂の原因の二つ目は聖書の無誤性（inerrancy）をめぐるものである。[36] 新福音派のエスタブリッシュメントはファンダメンタリズムの改革を説きつつも、依然として聖書の無誤性にこだわっていた。しかし、次世代は福音を理解する上で歴史的文脈を重視し、より社会的なインプリケーションを聖書から引き出そうとした。ここに再び世代間の対立の構造が見える。リンゼルは一九七六年に「無誤性」を福音主義にとって第一の問題として提示した。この論争は一九七〇年初頭に南部バプテスト連盟やルター派ミズーリシノッド（Lutheran Church-Missouri Synod）といった教派にも波及していった。

このように一九六〇年代、七〇年代はアメリカのキリスト教、「福音派」にとって危機の時代であったと言えよう。しかし、福音派の指導者たちも崩壊を手をこまねいて見ていただけではなかった。福音派のアイコンを担いつつ「神の下の国家」アメリカという政治文化の崩壊を押し留めようと孤軍奮闘した人物こそ、グラハムその人であったのである。そもそも政界進出を渋るアイゼンハワーを、テキサスの石油貴族シド・リチャードソン（Sid Richardson）とともに説得し、大統領朝食祈祷会（Presidential Prayer Breakfast）（のちの朝食祈祷会）を始めるよう進言するなど、グラハムはアイゼンハワー政権の宗教政策に大きく貢献したのであった。[37]

次節では、福音伝道者としてイエスの福音を宣べ伝える仕事に従事しつつも、アメリカの政治文化の形成に大きく寄与したグラハムの人生を語ろう。まずグラハムの自伝『いさおなき我を』に沿いつつ、ニクソン政権の成立直前までのキャリアを追う。

第二節　グラハムの登場

(1)「福音伝道者」としての召命

後に「ビリー」と呼ばれる、ウィリアム・フランクリン・グラハム・ジュニア（William Franklin Graham, Jr.）は一九一八年一一月七日にノースカロライナ州シャーロットに生まれた。彼の祖先はスコッチ・アイリッシュであり、独立戦争以前にカロライナに移住してきた。[38] 彼は南部人であり、両祖父は南軍のために戦い、両親の農場には黒人たちが働いていた。グラハムは真面目に働く黒人たちを尊敬していたし、「彼の子供たちと祈っていた」と回想している（JAI, p. 12）。

またグラハム家はスコットランド系長老派に属しており、ビリーは母モロー（Morrow Graham）からウェストミンスター小教理問答（Shorter Catechism）を記憶させられたと回顧している（JAI, p. 13）。またグラハムの父は回心を経てメソディストに属しており、息子のビリーにも説教者になってほしいと願っていた（JAI, p. 24）。異なる教派に出自を持つ両親の下、グラハム家が改革派・長老派教会（Associate Reformed Presbyterian Church）に通っていたのはある意味で妥協の産物であった。

ビリーは信仰熱心な少年ではなく、メジャーリーガーから伝道者になったビリー・サンデーの集会に父と参加したこともあったが、将来は野球選手になることを夢見ていた（JAI, p. 18）。しかし、ビリー少年の意識を変える出来事が起きた。一九三四年に伝道者モルデカイ・ハム（Mordecai Ham）がシャーロットにやってきたのである。ハムは反ユダヤ主義や教派主義的であると噂される一方、南部のバプテストから支持されていた。

ハムがシャーロットの高校での不道徳を攻撃したために、学生が集会に乗り込む計画を立てているという噂がたったとき、グラハムは興味本位でハムの集会に向かった。そこでハムの説教を聞いているとき、グラハムは不思議な体験をする。「ドワイト・L・ムーディが説教をしたときよく言われたように、私は何か別の声を聴いていた。聖霊の声である」（JAI, p. 26）。彼は集会に通う中で「私は自らの罪深さと反逆」（sinfulness and rebellion）を深く自覚した。そして、グラハムはハムの招きに従ったのである。このときビリー少年は「真にイエス・キリストに帰依した」ことを自覚した（JAI, p. 30）。

グラハムは進学先としてノースカロライナ大学を考えていた。しかし、ファンダメンタリストのボブ・ジョーンズ（Bob Jones）が高校に講演に来たことをきっかけに彼の進路はかわり、グラハムは一九三六年にテネシー州のボブ・ジョーンズ大学（Bob Jones College）に入学した。しかし、グラハムは創立者のことは好きでも、そこでの厳しいルールには辟易していた。彼は体調を崩し、フロリダ聖書学院（Florida Bible Institute）、現在のフロリダ州トリニティ・カレッジ（Trinity College of Florida）へと転入した。フロリダの地はグラハムの心身を癒した。加えて、グラハムはフロリダの地で、いわゆる「ゴルフコースの経験」をする（JAI, p. 53）。グラハムは芝生にひれ伏し、「おお、神よ」「もしあなたが私に奉仕を望むならば、私はそうしましょう」と泣き崩れた。彼の祈りに対して何らのしるしも現れなかったし、声も聞こえなかったが、グラハムは自分が伝道の道に召命されていることを確信した。

グラハムは長老派に属していたが、南部バプテストのペニエル・バプテスト教会（Peniel Baptist Church in Palatka）で按手された（JAI, p. 57）。この教派の移動は、第二章で論じる、彼の「罪」をめぐる神学に重要な影響を与えていた[39]。しかし、ここで強調したいのは、按手されたことでグラハムが福音を説教するために召されたと確信したことである。

グラハムは一九四〇年に聖書学院を卒業すると、彼の説教を聞いた聴衆の知り合いに誘われてイリノイ州のホウィートン大学へ入学した。グラハム曰く、この大学は「ファンダメンタリスト」的ではなかったが、学生に厳しい規則への従順と保守的な神学的声明への承認を求めていた（JAI, p. 63）。グラハムは人類学を専攻し、在学中に後の盟友となるハロルド・リンゼル、カール・ヘンリーらと交友を結び、さらにルース・ベルという最愛の人と出会った。父ネルソン・ベル（Nelson Bell）医師が中国で長老派の伝道に従事していたこともあり、ルースは高校時代を平壌で過ごしていた。ルースはビリーに、ともにチベットでの伝道に従事するよう請う（JAI, p. 73）[40]。しかし、グラハムは卒業後にウェスタン・スプリングスのヴィレッジ教会（Village Church of Western Springs）の牧師に就任することを選んだ。

ヴィレッジ教会の牧師をしているとき、グラハム自身が「人生のターニングポイント」と語る出来事が生じた（JAI, p. 84）。それはトリー・ジョンソン（Torrey Johnson）からラジオ『ソングズ・イン・ザ・ナイト』（*Songs in the Night*）の枠を譲り受けたことである。グラハムはジョージ・ベバリー・シェー（George Beverly Shea）を誘い、ラジオ放送をやり切った。この放送は好評だったようであり、グラハムは一九四四年の三月からの二か月間、日曜のモーニング・サービスの時間の放送枠を確保することができた（JAI, p. 87）。

さらにジョンソンはグラハムに次の仕事を依頼した。それはジョンソンが主催するシカゴにおけるＹＦＣの初日に説教をするという大役であった。[41] 知名度のなさにもかかわらず、シカゴでの彼の説教はうまくいった。その後も、グラハムはジョンソンに連れられて、インディアナポリス、フィラデルフィア、デトロイトのＹＦＣにも参加した。その間、グラハムは陸軍のチャプレンのプログラムに応募するも、体重不足、そしておたふくかぜのために、チャプレンの学校があったハーヴァードに行くことができなかった（JAI, pp. 89-90）。

そんな折、ジョンソンは各地のＹＦＣの結びつきの弱さを克服し、それを全米、カナダの規模で行いたいとグラハムに相談した。グラハムはウェスタン・スプリング教会を辞任すると同時に、軍のチャプレンへのチャレンジをあきらめ、一九四五年の一月にＹＦＣに腰を落ち着けることとなった（JAI, p. 93）。グラハムはＹＦＣの一員として一九四六年から翌年にかけて、トロントのＹＦＣのオーガナイザーであり、のちに激しく論争する伝道者チャールズ・テンプルトン（Charles Templeton）らとともに渡欧した。グラハムはイギリスで伝道者スティーヴン・オルフォード（Stephen Olford）から影響を受けたことを回顧している（JAI, p. 111）。

この時期、グラハムは二足の草鞋を履いていた。一つはＹＦＣの説教者であり、もう一つはミネアポリスにあるキリスト教系のノースウェスタン大学（Northwestern Schools）の副学長という仕事である。この仕事はファンダメンタリストのウィリアム・Ｂ・ライリー（William B. Riley）から依頼されたが、グラハムは福音の伝道こそが自身の天職であると考えていたため乗り気ではなかった。しかし、ライリーの説得を受け、グラハムは学士の学位しか持たず、かつ当時の最年少であったため「臨時の学長」(interim president)に就任した(JAI, p. 116)。在職中、グラハムは自身が大学の管理職にいるべきか苦悩する。結局、彼はフルタイムの伝道者になるために、一九五〇年の六月に辞意を示し、一九五二年の二月に副学長を辞任した。そこで学んだ知識は「ビリー・グラハム伝道協会」を組織する際に活かされたという(JAI, pp. 121-2)。

フルタイムの伝道者となったグラハムの真骨頂は大伝道集会、すなわち「クルセード」にある。しかし、当初の大伝道集会は順風満帆とはいかなかった。シンクレア・ルイス(Sinclair Lewis)の描いた福音伝道者エルマー・ガントリー(Elmer Gantry)のような、いわゆる大衆伝道は人々から奇異の目で見られていた。そこで、カリフォルニア州モデストでのYFCの大伝道集会で「モデスト・マニフェスト」(Modesto Manifesto)が作成された(JAI, p. 126)。グラハムたちのチームは金銭、性的不品行、地域教会との結びつき、広告という四つの争点をまとめてマニフェストを作成したのである。これが、いわゆる「グラハム・ルール」(42)と呼ばれるものである。またそのころ、若者たちだけに焦点を絞るYFCを超えて、当初「キャンペーン」と呼ばれた大伝道集会が行われるようになった(JAI, p. 129)。グラハムは全てのアメリカ国民に福音を宣べ伝えたいと願ったのである。

おそらくグラハムの名が全米に知れ渡ったのは、一九四九年のロサンゼルス・クルセードであろう。グラハム一行はビジネスマンのグループから招待されたが、可能な限り多くの教派、多くの教会から支援を得るという条件を提示された(JAI, p. 144)。グラハムはこの条件をのんだ。彼もこのコミュニティに教会を打ち立てることを目標にしていたためである。グラハムのクルセードは成功し、ロサンゼルスでは多くの支援者が現れた。その一人が新聞王ウィリアム・ランドルフ・ハースト（William Randolph Hearst）であり、彼の側近からグラハムは次のような言葉を受けた。「あなたはたった今、ウィリアム・ランドルフ・ハーストにキスされました」（JAI, p. 149）。ジョゼフ・ピューリツァー（Joseph Pulitzer）に並ぶメディア界の大物からの支持は、グラハムの未来を明るいものにしたと言えよう。また『タイム』誌も、一九四九年一一月一四日にグラハムのこのクルセードを報じている。結局、クルセードは一一月二〇日まで続いた。

その後、グラハムはクルセードの開催と併行して色々なことにチャレンジする。例えば、大学での講演である。彼はサウスカロライナやニューイングランドの各大学で講演する。その中でグラハムは核兵器や道徳の退行における「不安」（anxiety）の中で生きる学生たちが霊的飢餓に陥っていることを発見した（JAI, p. 165）。またグラハムはメディアの活用にも挑戦した。一九五〇年代（特にポートランドにおけるクルセード中）には、『ポートランド物語』（*The Portland Story*）や『ミスター・テキサス』（*Mr. Texas*）といった映画を制作するワールド・ワイド・ピクチャーズ（World Wide Pictures）という映画会社の設立（JAI, p. 174）、宗教番組に枠を売らないという先例を覆したラジオ番組『決断のとき』（*The Hour of Decision*）（JAI, p. 176）がその例として挙げられる。またクリフ・バローズ（Cliff Barrows）、グラディ・ウィルソン（Grady Wilson）、ジョージ・ウィルソン（George Wilson）らとともにＢＧＥＡを設立したのもこの時期である（JAI, p. 182）。

またグラハムは印刷メディアの重要性を重んじ、コラム「わたしの答え」（*My Answer*）（JAI, p. 282）や著作『神との平和』（JAI, p. 283）の執筆に力を注いだ。またリベラル派の『クリスチャン・センチユリー』（*The Christian Century*）誌に対抗すべく、グラハムは一九五六年に『クリスチャニティ・トゥディ』誌を創刊した（JAI, p. 284）。また一九六〇年の一一月から出版が開始した『決断』（*Decision*）誌も忘れてはならない（JAI, p. 295）。

もう二つ、グラハムのクルセードに関するエピソードに言及したい。一つは一九五四年のロンドン・クルセードである。一九四六－七年にＹＦＣの一員としてロンドンに滞在した経験や、その地で福音伝道者の先達ホイットフィールドやウェスレー、ムーディらが活躍したことから、グラハムはロンドンを特別な場所だと考えていた（JAI, p. 208）。グラハムはイギリス福音主義同盟（Evangelical Alliance of Britain）などから誘いを受け、一九五四年三月からロンドン・クルセードを開催することを決めた。しかし、一行が渡英する直前、問題が生じた。『ロンドン・デイリー・ヘラルド』（*London Daily Herald*）誌がハンネン・スワッファー（Hannen Swaffer）のグラハム批判の記事を掲載したのである（JAI, p. 214）。それはＢＧＥＡが米国で配布したカレンダーの「ヒトラーが爆撃で達成できないことを、社会主義（Socialism）は悪魔を伴って、瞬く間に達成してしまった」という記述を、イギリス労働党への批判と解釈したものであった。そのカレンダーの記述はイギリスの事情に疎い者が「世界の社会主義」（world socialism）と書いたものらしい。この箇所を「世俗主義」（secularism）と修正する以前に、さらに小文字の「s」が大文字の「S」に変えられ、ロンドンの新聞社の手に渡ってしまった（JAI, p. 215）。グラハムは労働党のジェフリー・ド・フレイタス（Geoffrey de Freitas）に直接謝罪した。イギリスでは出鼻を挫かれたグラハムだが、神学者ジョン・ストット（John Stott）と会合し、ウィンストン・チャーチルと共産主義に対する意見交換も行った。チャーチルから「我々の会話はプライベートのものだね」と念を押され、グラハムはトルーマンとの面談の失敗を思い起こしながら、「イエス、サー」と答えたという（JAI, p. 237）。

もう一つのエピソードは一九五七年のニューヨーク・クルセードのものである。グラハムは以前にもニューヨークでのクルセード開催を提案されたが、今回はより広い教会から支援を得ることができると考えて引き受けた（JAI, p. 298）。しかし、クルセードは開催する以前から多くの批判を受けた。例えば、リベラル陣営の『クリスチャン・センチュリー』誌やラインホールド・ニーバーからの批判である。ニーバーのグラハム批判は第二章で詳述するが、その焦点はグラハムの神学が「シンプル過ぎる」ことに向けられていた。グラハムはニーバーに直接会おうとコンタクトを幾度となく取ったが、断られた（JAI, p. 301）。

ニューヨーク・クルセードはユダヤ教コミュニティやローマ・カトリックからも批判されたが、グラハムが最も心を痛めた批判はファンダメンタリスト陣営からのものであった（JAI, p. 302）。ボブ・ジョーンズ、カール・マッキンタイア、ジョン・R・ライス（John R. Rice）らが気に入らなかったのは、クルセードが多くのリベラル派を包括するニューヨークのプロテスタントたちから支援を受けていることであった。ここにもファンダメンタリストたちの頑迷な姿を読み取ることができる。

グラハムはこれらの批判にどう対処したのだろうか。彼は歴代の福音伝道者、ホイットフィールド、ウェスレー、ムーディ、サンデーらが左右両極から批判されたことに鑑み、自身への批判を受け流すことにした。第三章で再び取り上げるが、グラハムは一九五五年に、マッキンタイアへの手紙の中で同趣旨のことを書いている（JAI, p. 302）。

いざニューヨーク・クルセードがマディソン・スクエア・ガーデンで始まると、『タイム』誌をはじめ、多くのメディアが特集を組むほど盛況となった。ある夜には公民権運動の旗手マーティン・ルーサー・キングがオープニングを飾り（JAI, p. 314）、また「積極的思考」の創設者ノーマン・ヴィンセント・ピール（Norman Vincent Peale）が応援した（JAI, p. 315）。さらにＡＢＣでテレビ放送も試みられた（JAI, p. 316）。ヤンキースタジアムでの最終日である七月二〇日には、ニクソン副大統領がプラットフォームに同席した。これは国家レベルの政治指導者がクルセードに出席した初めての事例であった（JAI, p. 319）。ニューヨーク・クルセードは九月一日のタイムズ・スクエアで終結した。しかし、グラハムはクルセード以後のフォローアップ、具体的には教会が新規の回心者たちを導けるよう鼓舞し、訓練するシステムを構築することにも尽力した（JAI, p. 323）[43]。

以上のように、グラハムのキリスト教界における活躍は輝かしいものであった。またグラハムは多くのキリスト教の指導者たちと交流した。その中には幸福な出会いも不幸な出会いもあったが、ここでは『いさおなき我を』で言及される、カトリックのテレビ伝道者フルトン・シーン（Fulton J. Sheen）、神学者のエミール・ブルンナー（Emil Brunner）とカール・バルト（Karl Barth）[44]、カンタベリー大主教マイケル・ラムゼー（Michael Ramsey）の名を挙げるにとどめる（JAI, pp. 699-703）。ほかにも一九五九年のモスクワ訪問、一九六六年のポーランドと一九六七年のユーゴスラビア訪問も注目に値するが、詳細はグラハムの反共主義を論じる第三章に譲る（JAI, p. 378）。

次にグラハムとアメリカ政治の関係を概観しよう。

(2)「スピリチュアル・カウンセラー」へ

国内外における一連のグラハムの活躍は多くの人々の目を引きつけた[45]。グラハムはトルーマン大統領とは良好な関係を築けなかったが、一九五〇年のサウスカロライナ州のコロンビア・クルセードで、州知事のストロム・サーモンド（Strom Thurmond）や『タイム』誌のヘンリー・ルース（Henry Luce）と知己を得た。また一九五二年の首都で行われたワシントン・クルセードも重要であった。グラハムはテレビ伝道師パット・ロバートソンの父A・ウィリス・ロバートソン（A Willis Robertson）上院議員、若きリチャード・ニクソンやリンドン・ジョンソンと知り合っている。またグラハムはサム・レイバーン（Sam Rayburn）下院議長の口利きで国会議事堂の階段で宗教行事を行うことができた。首都でのクルセードの前年、一九五一年には、グラハムはテキサス州のフォートワース・クルセードで『ミスター・テキサス』のモデルとなったと言われるシド・リチャードソンと出会う。リチャードソンの存在がなければ、レイバーンの口利きも不可能であったし、一九五二年にヨーロッパ滞在中のアイゼンハワーとの面会も実現しなかっただろう。

一九五二年は大統領選挙の年であり、アイゼンハワーはその候補者と目されつつ、出馬表明どころか政党所属すら明らかにしていなかった。リチャードソンはグラハムがアイゼンハワーを高く評価していることを知り、両者の手紙のやり取り、続くヨーロッパでの会合をお膳立てした。グラハムはアイゼンハワーに「私は公的な政治的声明を発することはできない」と述べたと自伝に記しているが、実はグラハムはリチャードソンからアイゼンハワーに出馬を促す指令を受けていたという[46]。アイゼンハワーが共和党から指名を獲得すると、グラハムは選挙戦のスピーチに関する宗教的な助言を行った

（JAI, p. 191）。またグラハムは「私はアメリカの人々が、教会に属していない、あるいは出席していない大統領には幸せを感じないと思いますよ」と述べ、アイゼンハワーに教会へ通うことも勧めた。

両者の関係は大統領選挙後も続き、アイゼンハワーは就任のスピーチで、グラハムに教わった「もしわたしの名をもって呼ばれているわたしの民が、ひざまずいて祈り、わたしの顔を求め、悪の道を捨てて立ち帰るなら、わたしは天から耳を傾け、罪を赦し、彼らの大地をいやす」（歴代誌下７・14）という聖書の一節に言及している（JAI, p. 199）。グラハムはアイゼンハワーの「我々は霊的な信仰復興を必要としている」という言葉を受け、国民の祈りの日（national day of prayer）を提案した。

実際のアイゼンハワーの信仰は特定の教派・教会にこだわらない素朴なものだったと言われる[47]。神学者の栗林輝夫はアイゼンハワーの「素朴ではあるが深い宗教的な敬虔と愛国の情」が「リベラルな知識人はともかく、ごく普通のアメリカ国民」に届いたと述べている。この「素朴」にキリスト教と愛国心を織り交ぜるアイディアが、アイゼンハワーをして「神の下の国家」という政治文化を目指す姿勢に帰着したのだろう。

さて、アイゼンハワーはグラハムに信仰のことだけでなく政治的な助言を請うたこともあった。もっとも有名なものはリトルロックをめぐるものだろう。アーカンソー州リトルロック・セントラル高校は、「ブラウン対トピーカ教育委員会」（*Brown v. Board of Education of Topeka*）判決によって公立学校の分離教育が違憲となったのを受け、黒人生徒九人を受け入れた。しかし、白人生徒の父兄らが暴徒となり、黒人学生の入学を妨害した。また同州知事オーヴァル・フォーバス（Orval Faubus）は州兵を用いて入学を阻止し、空挺師団を送って学生の入学を守らせたアイゼンハワーを、州権擁護を名目に痛烈に批判した。これが一九五七年のリトルロック校事件である(48)。

南部における人種差別をグラハムはどのように見たのだろうか。彼の自伝によれば、グラハムは南部で生まれつつも、父の農場にいた黒人を尊敬していたし、ホウィートン大学では黒人の友人を持った。また彼は聖書を読んでいる中で「人種的不平等は間違っているだけでなく、特にキリスト教徒は全ての人々への愛を実践しなければいけない」という結論に至り、差別を是正する行動に出た（JAI, pp. 425-6）。例えば、一九五三年のテネシー州チャタヌーガでのクルセードでは、人種を隔てているロープを取り除いた。またグラハムは公民権運動の指導者キングとも親交があった。かつてリオデジャネイロでのバプテスト・ワールド・アライアンス（Baptist World Alliance）に参加した際、グラハムは「我々自身のものである南部での黒人と白人との架け橋」を目指し、キングとの会食に南部バプテストの指導者たちを招待した（JAI, p. 360）。またグラハムはキングから「ビリー、君はスタジアムに留まるべきだ」と助言された。「なぜなら君はストリートで行進するよりも、そこにいるホワイト・エスタブリッシュメントにインパクトを与えられるからだ。加えて君には、私の言うことは聞かないが、君の言うことなら聞く支持者たちが、特に白人の中にいる」というのである（JAI, pp. 425-6）。また、グラハムはジョンソンから依頼されてアラバマ州のタスキーギ・インスティテュート（Tuskegee Institute）を含めてラリーを行った。一九六五年の夏にも、グラハムは暴動の起こったカリフォルニア州ワッツに黒人牧師のE・V・ヒル（E. V. Hill）とともに訪れている。またこの関連で記す価値があることは、グラハムが一九五六年に訪問したインドにおいて自身が欧米の代理人ではないことを強調し、イエスが「アジアとアフリカとヨーロッパが出会う場所」で生まれたことを強調したことである（JAL, pp. 265）。

以上のものは、グラハム自身の評価である。歴史家のマイケル・ロングはグラハムの語る上記のようなエピソードが「選択的」であると述べ、グラハムが語らなかったキングとの関係を論じている。[49] 例えば、グラハムはチャタヌーガ以後も人種ごとに座席を配置したクルセードを開催し、またキングらの市民的不服従にも否定的であった。さらに彼はブラック・パワーを暴力的なものとして無碍に扱った。しかし、グラハムはキングとは異なる方法で南部の人種差別に挑戦したことも事実である。彼が語りかけたのはリベラルな人々ではなく、保守的な人々、特に南部の白人であった。ロングによれば、グラハムは「リベラル」なキングが相手にしなかった白人たちの聖書誤読を正し、共産主義の脅威やアメリカの政治・法秩序への忠誠心を説くことで、人種差別を止めようとした。

このような両義的な人種観を持つ南部人グラハムはリトルロック事件をどう見たのか。そもそもリトルロック事件は人種問題の分水嶺であった。この事件は連邦政府が南部州の人種政策に介入するかどうかのテストケースとなった。グラハムによれば、アイゼンハワーはグラハムがクルセードで人種別の座席を廃止したことを知っていたため、連邦軍を派遣する前にニューヨークのグラハムに電話をかけた（JAL, p. 201）。グラハムは「人種差別は阻止されねばならない」と答え、続く副大統領ニクソンからの電話にも同じ答えを返したという。グラハムは翌年の一九五九年にリトルロックへ赴き、人種に関係ない座席を用いて説教を行った。残念ながらフォーバス知事は空いている座席を見つけられず、座れなかったという。このときにグラハムの説教を聞いていた少年がビル・クリントンであった。[50]

グラハムはアイゼンハワー政権の副大統領ニクソンとも良好な関係を築いていた。しかし、続く一九六〇年大統領選挙では、ニクソンはジョン・F・ケネディに敗北した。第四章でも触れるが、この選挙では「宗教」が一つの焦点となった。ケネディがローマ・カトリック教徒であることが問題になり、一部のプロテスタントの指導者はグラハムを反カトリック陣営に引き入れようとしたのである。ケネディ自身もこのことを自覚しており、民主党の予備選挙の段階で、グラハムからローマ・カトリックに対する言明を欲していた（JAI, p. 389）。

ケネディは選挙に勝利するとグラハムをゴルフに誘った。グラハムは新大統領に貢献するつもりであった。それは選挙で敗れたニクソンの願いでもあった。グラハムはケネディが大統領に就任する数日前の一九六一年一月にフロリダのパームビーチにあるケネディ家を訪問した。グラハムは新大統領の父ジョセフ・ケネディ（Joseph Kennedy）と面会した。彼はドイツ滞在中にグラハムの説教を聞いたことがあり、大統領に就任した息子ジョンにグラハムとの面会を促したという。ジョゼフ・ケネディはグラハムが選挙戦での「宗教的問題をめぐる分裂を癒すのを助ける」だろうと考えたためであった（JAI, p. 394）。グラハムは次期大統領ケネディとゴルフを楽しんだ後、一九六〇年代が「挑戦と約束、そして問題に満ちている」こと、アイゼンハワーの「ドミノ理論」が正しいと信じていること、イエスの再臨などを語り合った。このとき初めてベトナムについて聞いたと、グラハムは回顧している。その後のホテルで開かれた会見で、グラハムはケネディの言葉に度肝を抜かれた。ケネディは突然グラハムに宗教的なことを語るよう促したのである。グラハムは「ミスター・ケネディは私を彼自身の目的のために利用しようとしていた」ことに気づいていたが、ケネディを宗教ではなく政治的能力で判断し、「我々の新しい大統領を信頼し、支援すべきだ」と記者に向かって述べた（JAI, p. 396）。

ケネディは国内では人種問題、国外ではベトナム戦争やキューバ危機などに直面したが、グラハムは前政権ほど関与しなかった。おそらくグラハムとケネディの関係は、ニクソンとの親しい関係もあり、微妙なものであったのだろう。ケネディとの最後の会合は一九六三年の朝食祈祷会であった（JAI, p. 399）。グラハムはケネディからホワイトハウスで話したいと請われるが、風邪をひいていたため断っている。一九六三年の秋、グラハムはテキサス州知事ジョン・コナリー（John Connally）から、現地ではケネディの訪問に対して敵意が渦巻いていることを聞く。ケネディはバリー・ゴールドウォーター（Barry Goldwater）共和党候補に対抗すべく、民主党の一致を求めテキサスを訪問する予定であった。グラハムは一一月の二週目に不安を覚え、フロリダ選出のジョージ・スマザーズ（George Smathers）上院議員に大統領への取次ぎを頼んだが、遂にケネディに「テキサスに行ってはいけない」と伝えることは叶わなかった（JAI, p. 400）。

グラハムはケネディの訃報を聞いた直後、ラジオで大統領のために祈ろうと呼びかけた。グラハムは自伝の中で、葬儀へ出席したこと、またケネディ図書館の資金集めのイベントでジョンの母ローズ・ケネディ（Rose Kennedy）と会話したことを記している。「私たちはカトリックだけれども、あなたが聖書に関して私たちが同意できないことを言っているのを聞いたことがないわ」（JAI, p. 401）。グラハムはこの言葉を嬉しく思い、多様なキリスト教徒の共通の基盤は「神の言葉、我々の信仰の究極的な権威に注目すること」であると自伝に綴っている。

ケネディのあとを継いだのは、リンドン・ジョンソンであった。ジョンソンは公民権法や投票権法が制定されたときの政治的にリベラルな大統領であると記憶されているが、彼は南部人でもあった。それゆえジョンソンとグラハムは同じ南部人同士、気が合ったようである。グラハムの自伝のジョンソンの章は、一九七一年二月の大統領図書館の除幕式に招待されたエピソードから始まる。グラハムはジョンソンから「君はいつか私の葬儀で説教をするだろうな」と言われた。この会話から二年も経たない一九七三年一月二五日、グラハムは元大統領の埋葬に立ち会ったのである（JAI, p. 403）。

グラハムは、「ちょっといいかい、説教者」と気軽に自分を呼び止めるジョンソンの信仰が両義的であると考えていた。一方で、ジョンソンは真面目なキリスト教徒であった。グラハムはその真面目さを彼の家系に結びつける（JAI, p. 405）。グラハムはジョンソンの曽祖父がフロンティアの伝道者であったこと、祖父ジョージ・ワシントン・ベインズ（George Washington Baines）がバプテストの牧師であると同時に、ベイラー大学（Baylor University）の学長であったことを指摘している。またジョンソン自身も定期的に教会に通うキリスト教徒（churchgoer）であった。ジョンソンは南部バプテストからクリスチャン・チャーチに移っていたが、妻レディ・バード・ジョンソン（Lady Bird Johnson）が属していた聖公会の教会や、ローマ・カトリックを含む多様な教派の教会に通っていた。グラハムは教会に通うジョンソン大統領が多くの人々の見本になると期待していたのである（JAI, p. 405）。またジョンソンが一九六四年の二月に開催された朝食祈祷会で信仰の重要性を強調したこと、一九六五年一一月のヒューストン・クルセードに参加したことも、グラハムは高く評価している。とくに後者は在職中の大統領として初めてのことであった。

他方で、グラハムはジョンソンの信仰があいまいであると考えていた。ジョンソンに説教者として接したときのエピソードの中で、グラハムは「ミスター・プレジデント、あなたはイエス・キリストをあなた自身の救い主として受け入れていますか」と問うた。ジョンソンの返答はあいまいなものであった。「受け入れていると思う」「子供のころの信仰復興の会合でそうした」「何度かそうしたと思う」など（JAI, p. 412）。グラハムはジョンソンの信仰を信じたかったが、実は疑っていたのだろうか。

またグラハムはジョンソンが「聖人」ではないこと、彼の中に矛盾や問題点を抱えていたことを指摘する（JAI, p. 405）。グラハムはジョンソンと衝突したエピソードを語る。グラハムは一九六七年九月のカンザスシティでのジョンソンの演説を聞いた後、クルセードでその問題点を指摘した。これをメディアが「説教者は大統領の誤りを正した」と報道したためか、ジョンソンはグラハムに抗議の電話を入れたという。また娘のアン（Anne Morrow Graham）がゴールドウォーター共和党候補を支持していると報道された直後、グラハムはジョンソンから怒りの電話を受け取った。これはジョンソンとのエピソードの一つであるだけではなく、グラハムが「政治の世界には嵌ってしまった」ことを示している（JAI, p. 407）。さらに一九六四年には『スクリップス・ハワード』（*Scripps Howard*）誌はグラハムが大統領選挙に出馬を考えていると報じ、幾人かの共和党員が支援を申し出るという事態が生じてしまった（JAI, p. 410）。

グラハムは政党政治と距離を置こうとするが、政治には関心を抱いていた。グラハムはジョンソンがケネディから受け継いだプログラムを「偉大な社会」（Great Society）で実現しようと努力している姿を見ていたし、マイノリティと貧しい人々に真剣な関心を寄せていることを知っていた。グラハムはジョンソンがキリスト教の観点から政治を語ることを好ましく思っていた。ジョンソンはイエスに言及し、不正を糺し、アメリカの全ての人に住居や食料を提供することの重要性を強調していた。大統領は信仰の最善の表現が人々を手助けすることだと考えていたというのである（JAI, p. 412）。

またグラハムはジョンソンに政治的な助言をしてしまったこともある。一九六四年の民主党全国大会が開かれているとき、グラハム夫妻とジョンソン夫妻はホワイトハウスで会食をした。その際、グラハムはジョンソンから副大統領候補のリストを見せられ、「君だったら誰をランニング・メイトにするかい」と尋ねられた。妻ルースから「あなたは自身を道徳的な助言と霊的な助言に留めるべきで、政治的な助言をすべきではないわ」と諫められたが、妻がレディ・バードとともに退室すると、グラハムはジョンソンから「で、本当のところ、君はどう思うんだい」と問われ、ヒューバート・ハンフリー（Hubert Humphrey）と答えた（JAI, p. 411）。これは明らかに政治的な助言であった。

グラハムは政治に直接関与することは避けていた。グラハムは長年、上院議員やノースカロライナ州知事へ出馬しないかと促されたし、ジョンソンからどこかの国の大使か政権の要職に就かないかと打診されたこともあった。ジョンソンは「ビリー、私は君に大統領に出馬してほしいと思うんだ」というジョークを飛ばした。グラハムは喜びつつも「神は私に説教するよう求めているし、生きている限りほかのことをするつもりはありません」と答えた。「神は、召命が地上での任命よりも上位にあることを、私に確信させ続けている」というのである（JAI, p. 414）。

グラハムはジョンソンの「スピリチュアル・カウンセラー」（spiritual counselor）であり続ける努力をした（JAI, p. 414）。グラハムはジョンソンから信頼されていることを確信していた。それがわかるのが、ジョンソンから再選を目指さないことを打ち明けられたエピソードである。グラハムによれば、ジョンソンは反ベトナム運動の高まりも、ライバルとなり得たロバート・ケネディ（Robert Kennedy）も恐れてはいなかった。大統領はただ死を恐れていたという。ジョンソンがグラハムに告白したことは、彼が心臓発作を一度起こしており、医者にも言えていないが胸に痛みを抱えているということであった。「私は次回出馬しないつもりだ。出馬はアメリカ国民にフェアじゃないし、私の家族にフェアじゃない。そして、私自身にフェアじゃないからだ」。グラハムはこの秘密を守った（JAI, p. 414）。

一九六八年の大統領選挙はグラハムの旧友、ニクソンが勝利を収めた。ジョンソンがホワイトハウスで過ごす最後の週末、グラハム夫妻はゲストとして招かれた。そして迎えた月曜日、グラハムはニクソンの大統領就任の祈りを行ったのである。グラハムは自分が「ジョンソンからニクソンへと権威を移し替える道具」だと揶揄されていることに気づいていた。しかし、グラハムは新旧の大統領の友人として政権移行を手伝いはしたが、自身が政権の移行に関する公的な資格を持ち合わせていなかったと回顧している（JAI, p. 416）。

大統領職を退いてからも、グラハムはジョンソンとの友情を育んだ。一九七二年の大統領選挙において、グラハムはジョンソンがひそかにニクソンを応援していたのではないかと想像する。ジョンソンは民主党候補ジョージ・マクガヴァン（George McGovern）の訪問を受けた直後、グラハムに次のように電話で伝えた。「彼〔ニクソン〕に伝えてくれ。マクガヴァンの言っていることに反応することはない。あたかも彼が重要ではないかのように振舞いたまえ」。グラハムはジョンソンが一九七二年の自党の公認候補をリベラルすぎると考えていたのではないかと推測している（JAI, p. 417）。

そのジョンソンは一九七三年に亡くなった。グラハムはレディ・バードからワシントンでの葬儀かオースティンでの埋葬か、スピーチをするならどちらがいいかと尋ねられた。グラハムはジョンソンとの約束を守り、後者を選んだ（JAI, p. 417）。

以上、グラハムとアイゼンハワー、ケネディ、ジョンソンという三人の大統領との関係を素描してきた。どのエピソードも温かい思い出としてグラハムに記憶されている。しかし、それは政教関係の緩みであるという批判を呼んだ。次章以降でそのことを論じていこう。

おわりに

以上、本章はグラハムの登場した背景を概観し、彼自身の経歴を描いてきた。第一節で見たように、「福音派」を定義することは困難であるが、今日の彼らの直接の先祖は二〇世紀初頭に登場したファンダメンタリストたちであると言えよう。ファンダメンタリストたちは高等批評や進化論を批判し、それらを部分的に取り入れる「モダニスト」を痛烈に批判した。しかし、ファンダメンタリストも一枚岩ではなく、マースデンが「建設的」な、すなわち分離主義的でないと評したファンダメンタリストたちは細かい教義の違いを棚上げし、「新福音派」としてアメリカに登場したのであった。この系譜に属するのがグラハムであった。

第二節で見たように、グラハムはファンダメンタリストの教育を受けたが、YFCを経て、クルセードという大伝道集会を開催することで人々に福音を宣べ伝えた。その際、彼がリベラル派と協力したことはファンダメンタリストからの攻撃の的となる。しかし、グラハムは福音伝道者として知名度を獲得していく中で、アメリカの政財界の重鎮からも一目を置かれるようになる。ハーストをはじめとし、ピュー、ヘンリー・ルース、アイゼンハワー、ジョンソンらとグラハムは知己を得た。

全米、全世界で保守的なキリスト教徒の指導者として地位を確立していく中、グラハムはどのように振舞ったのだろうか。次章ではグラハムの行動原理を読み解くための、本書を貫く理論を提示したい。

注

（1）「福音派」の定義をめぐる論争に関しては以下、特に序章を参照のこと。青木保憲『アメリカ福音派の歴史――聖書信仰にみるアメリカ人のアイデンティティ』（明石書店、二〇一二年）。

（2）Noll, *American Evangelical Christianity*, pp. 29-30.

（3）Noll, *American Evangelical Christianity*, p. 13.

（4）David Bebbington, *Evangelicalism in Modern Britain: A History from the 1730s to the 1980s* (London: Unwin Hyman, 1989), pp. 2-17.

（5）増井志津代「ピューリタン回心体験ナラティヴ――『ケンブリッジ教会信仰告白』」遠藤泰生編『史料で読むアメリカ文化史①植民地時代　一五世紀末－一七七〇年代』（東京大学出版会、二〇〇五年）二六四－七五頁。

（6）栗林輝夫『アメリカ大統領の信仰と政治――ワシントンからオバマで』（キリスト新聞社、二〇〇九年）二二九－五四頁。

（7）もちろん例外もいる。例えば『ケンブリッジ・コンパニオン』の中で、ティモシー・ラーセンは「福音派」を定義づけるものとして、正統派プロテスタント、ウェスレーやホイットフィールドと関連する一八世紀の信仰復興運動、聖書を信仰と実践の最終的な権威としていること、イエスの十字架を通しての神との和解、聖霊を通しての回心と福音の伝道に参与する義務を含む神と他者への奉仕、という五点を挙げている。Timothy Larsen, "Defining and Locating Evangelism," in Timothy Larsen and Daniel J. Treier ed., *The Cambridge Companion to Evangelical Theology* (New York: Cambridge University Press, 2007), p. 1.

（8）George Marsden, *Understanding Fundamentalism and Evangelicalism* (Grand Rapids, Michigan: William B. Eerdmans Publishing Company, 1991), pp. 32-6.

（9）この「無誤」「無謬」の訳語については次を参照。宇田進『現代福音主義神学』（いのちのことば社、二〇〇二年）二三六―四〇頁、藤本満『聖書信仰――その歴史と可能性』（いのちのことば社、二〇一五年）二〇―一頁。

（10）ペンテコスタリズムについては以下を参照。A・E・マクグラス（佐柳文男訳）『プロテスタント思想文化史――一六世紀から二一世紀まで』（教文館、二〇〇九年）四二九―五三頁。

（11）Marsden, *Understanding Fundamentalism and Evangelicalism*, pp. 39-41.

（12）ここでの説明は以下も参照にした。青木『アメリカ福音派の歴史』八三―八頁。またイギリスにおける「千年王国説」については以下を参照のこと。岩井淳『千年王国を夢みた革命――一七世紀英米のピューリタン』（講談社、一九九五年）。

（13）Marsden, *Understanding Fundamentalism and Evangelicalism*, pp. 50-5. アメリカ社会におけるナショナリズムの高まりについては以下を参照。John Higham, *Strangers in the Land: Patterns of American Nativism, 1860-1925* (New Brunswick, New Jersey: Rutgers University Press, 2011).

（14）Marsden, *Understanding Fundamentalism and Evangelicalism*, pp. 55-6.

（15）Marsden, *Understanding Fundamentalism and Evangelicalism*, pp. 56-8.

（16）Marsden, *Understanding Fundamentalism and Evangelicalism*, pp. 58-9. J・G・メイチェン（吉岡繁訳）『キリスト教とは何か――リベラリズムとの対決』（いのちのことば社、一九七六年）、山本貴裕「福音主義的自由のために――ある長老主義者のリベラリズムおよび功利主義的国家との戦い」『アメリカ史研究』四三号（二〇二〇年）三九－五七頁。

（17）Marsden, *Understanding Fundamentalism and Evangelicalism*, pp. 59-60. 進化論争は現代まで続いている。以下を参照。藤本龍児「「進化論」論争に見るアメリカの基盤――トランプ政策に煽られる文化戦争」『シノドス』（二〇一九年四月一日）https://synodos.jp/international/22373（二〇二一年一〇月一日参照）。

（18）Marsden, *Understanding Fundamentalism and Evangelicalism*, pp. 60-1.

（19）Marsden, *Understanding Fundamentalism and Evangelicalism*, pp. 64-5. 青木保憲はオッケンガが多様性を包括した一体感を求めたと指摘している。青木『アメリカ福音派の歴史』二三〇頁。

（20）Marsden, *Understanding Fundamentalism and Evangelicalism*, pp. 66-8.

（21）Marsden, *Understanding Fundamentalism and Evangelicalism*, p. 69.

（22）グラハムとオッケンガの関係については以下を参照のこと。Graham, *Just as I Am*, pp. 159, 167-8.

（23）Marsden, *Understanding Fundamentalism and Evangelicalism*, p. 71.

（24）Marsden, *Understanding Fundamentalism and Evangelicalism*, pp. 71-2.

（25）Marsden, *Understanding Fundamentalism and Evangelicalism*, pp. 72-3. 藤本満はヘンリーを無誤論者ではなく、合理主義者として理解すべきと述べている。藤本『聖書信仰』一二七頁。

（26）Marsden, *Understanding Fundamentalism and Evangelicalism*, pp. 73-4.

（27）『クリスチャニティ・トゥデイ』誌の創刊に関するグラハム視点の説明は以下を参照のこと。Graham, *Just as I Am*, pp. 284-94.

（28）Kevin M. Kruse, *One Nation under God: How Corporate America Invented Christian America* (New York: Basic Books, 2015), p. xiv.

（29）日本では「国家朝餐祈祷会」という訳語も使用されている。「国家朝餐祈祷会」一般財団法人日本ＣＢＭＣ https://cbmc.jp/national_prayer_breakfast/（二〇二一年一〇月一日参照）。

（30）Kruse, *One Nation under God*, pp. xiii-xiv.

（31）土井真一訳「アメリカ合衆国憲法　修正第一条」高橋和之編『世界憲法集〔新版〕』（岩波書店、二〇〇七年）

七三頁。

(32) Martin, *With God on Our Side*, pp. 376-81. また以下も参照のこと。エドウィン・S・ガウスタッド（大西直樹訳）『アメリカの政教分離――植民地時代から今日まで』（みすず書房、二〇〇七年）八三―七、九七―九頁、松井茂記『アメリカ憲法入門［第七版］』（有斐閣、二〇一二年）三一九―二一頁、金原恭子「宗教と憲法」アメリカ学会編『アメリカ文化事典』（丸善出版、二〇一八年）一四二―三頁、佐々木弘通「政教分離」『アメリカ文化事典』二一六―七頁、藤本龍児『「ポスト・アメリカニズム」の世紀――転換期のキリスト教文明』（筑摩書房、二〇二一年）一三九―六三頁。

(33) ただしクルースが取り上げている最高裁判決は「エンゲル」、「アビントン」、そして「マレー対ボルティモア市学校委員会」（*Murray v. Board of School Commissioners of Baltimore City*）である。Kruse, *One Nation under God*, pp. 293-4.

(34) Marsden, *Understanding Fundamentalism and Evangelicalism*, p. 76.

(35) Marsden, *Understanding Fundamentalism and Evangelicalism*, pp. 74-5.

(36) マースデンはこの分裂がジェリー・ファルウェルら新しい勢力の登場に寄与したと指摘している。Marsden, *Understanding Fundamentalism and Evangelicalism*, pp. 74-5.

(37) 大統領朝食祈祷会に関するグラハム視点の説明は以下を参照のこと。Graham, *Just as I Am*, pp. 188, 202-3. ホワイトハウスでの祈りの会はビジネスマンと深く結びついていた。クルースはヴェレイディの祈りのグループのネットワーク作りとグラハムのクルセードとの連続性を強調している。Kruse, *One Nation under God*, p. 49.

(38) Martin, *A Prophet with Honor*, p. 57.

(39) Finstuen, *Original Sin and Everyday Protestants*, p. 130. グラハムはノースカロライナでは長老派教会に通いつつ、籍はダラスの第一バプテスト教会（First Baptist Church）に置いていた。Martin, *A Prophet with Honor*, p. 155.

(40) マーティンによれば、ルースはビリーが牧師職に就くことに懐疑的であり、彼が福音伝道に専念できないかもしれないと恐れていたという。Martin, *A Prophet with Honor*, p. 87.

(41) YFCという組織について、グラハムは「キリスト教青年会」(Young Men's Christian Association: YMCA)がリベラリズムに妥協し、若者たちが共産主義へと向かうことを止めることができなかったことから生じたと言う。このグラハムの見解からもわかるようにYFCは保守寄りの団体であり、ウィリアム・ハーストといった保守的なビジネスマンと結びついているという批判もあった。McLoughlin, *Billy Graham*, pp. 35-40.

(42) グラハムは自身がスキャンダルに巻き込まれることを嫌い、このルールを自分たちに課した。とくに女性と二人きりで食事をしないというルールは有名であり、グラハムはヒラリー・クリントンから昼食の誘いを受けたが断っている。また前副大統領のマイク・ペンスがこのルールに言及したこともあり、近年では「ペンス・ルール」とも呼ばれている。同時にそのルールが女性を軽視しているのではないかという批判も出ている。Gibbs and Duffy, *The Preacher and the Presidents*, p. 318; Laura Turner, "The religious reasons Mike Pence won't eat alone with women don't add up," *Washington Post* (30 March, 2017), https://www.washingtonpost.com/news/acts-of-faith/wp/2017/03/30/the-religious-reasons-mike-pence-wont-eat-alone-with-women-dont-add-up/ (accessed 8 February, 2022).

(43) どのような人がクルセードに参加していたのか、ということに関しては議論がある。グラハムたちは自らのクルセードによって人々が信仰を獲得、あるいは信仰へと回帰したことを強調するが、マクラフリンは早くも一九六〇年代に、グラハムの支持者が教会に定期的に通う熱心なキリスト教徒であることを指摘している。McLoughlin, *Billy Graham*, pp. 174-203. しかし、グラハムが弱き罪人を伝道の対象にしていたことは忘れてはいけない。「伝道」が誰を対象とするかに関して、アリスター・マクグラスは教会を純粋な体と考える人々と教会を聖徒と罪人の「混ざりあった体」と考える人々に分ける。その上で、伝道に対して、前者は教会が純粋だと考えるために「教会の外に向かって行う」が、後者は「集会それ自身の内部でなされねばならない」と述べる。この点を考慮すると、グラハムが教会に定期的に通う人々にも熱心に訴えかけたことは不思議ではないのかもしれない。アリスター・E・マクグラス(芳賀力訳)『神学のよろこび――はじめての人のための「キリスト教神学」ガイド［新装増補改訂版］』（キリスト新聞社、二〇一七年）三一〇－一頁。

（44）グラハムは自伝の中でバルトとの会合をポジティヴに捉えている。また『聖霊』（一九七八年）の「序」には次のようなエピソードが記されている。「何年か前に、私と妻は、有名なスイスの神学者カール・バルト博士の客として、スイスで短い休暇を過させてもらったことがある。博士と話していた時に、これから神学で強調されるのは何だとお考えですか、と尋ねてみた。博士は即座に「聖霊です」と答えた」。Billy Graham, *The Holy Spirit* (Dallas, Texas: Word Publishing, 1988), p. vii［島田礼子訳『聖霊』（いのちのことば社、一九七九年）五頁］。では、バルト側はどうだったのか。バルトは息子を通してグラハムと一九六〇年八月にヴァリス州で、またおそらく一九六二年にシカゴで対面している。エーバーハルト・ブッシュによるバルトの伝記によれば、「敬虔主義者」グラハムとの最初の面会は人間的に親しい雰囲気の中で行われた。しかし、バルトはグラハムの説教を聞いたのち、その評価を一転させた。「私は全く驚いてしまいました。彼は荒れ狂う人のように働きかけましたが、その講演の内容は、まったく福音というものではありませんでした」。「それはまるでピストル射撃のようなものでした。（…）それは律法の説教であり、喜びをもたらす使信ではありませんでした。彼は人々にショックを与えようとしたのです。脅迫――それはいつも何らかの強烈な印象をあたえるものです。人びとは喜びを与えられるよりも、むしろショックを与えられることを、はるかに願っているのです。人びとは、怖がらせれば怖がらすほど、ますます《走り出す》ものです」。クルセードの成功はグラハム流の説教を正当化し得ないし、福音を律法にしてしまうことも許されないし、「また商品か何かのように《売り歩く》ことも許されないのです。（…）われわれは、神の業を遂行する自由を、神さまにゆだねなければいけません」というのである。エーバーハルト・ブッシュ（小川圭治訳）『カール・バルトの生涯、一八八六－一九六八［第二版］』（新教出版社、一九九五年）六二五－六頁。

（45）Martin, *A Prophet with Honor*, pp. 132, 143, 147-50.

（46）Martin, *A Prophet with Honor*, pp. 151.

（47）栗林『アメリカ大統領の信仰と政治』一〇四頁。

(48) 猿谷要「リトルロック」、荒このみ、岡田泰男、亀井俊介、久保文明、須藤功、阿部斉、金関寿夫、斎藤眞編『[新版]アメリカを知る事典』(平凡社、二〇一二年)六七六頁。

(49) Long, *Billy Graham and the Beloved Community*, pp. 4-5, 80-99, 140-2; Martin, *A Prophet with Honor*, p. 239.

(50) クリントン少年はグラハムが、差別が残る南部においてクルセードに白人だけなく黒人を招き入れたことに感心していた。「それを実現させたビリー・グレアムを、わたしは敬愛した」。そして両者の関係はクリントンが大統領に就任した後も続いた。「親しく付き合うようになってからも、一九五八年のあの歴史に残る伝統集会のときと変わらず、ビリー・グレアムは揺るぎない信仰のもとに生きていた」。ビル・クリントン(楡井浩一訳)『マイライフ——クリントンの回想[上巻]アメリカンドリーム』(朝日新聞社、二〇〇四年)六四–六五頁; Frost, *Billy Graham*, pp. 111-2.

第二章　「罪」の神学と「福音伝道者」としての職務観
――理論的背景

はじめに

本章では、グラハムを理解する上で重要だと考えられる「罪」の神学と「福音伝道者」としての職務観を提示したい。この二つの要素は次章以降で具体的な事例を論じる際のフレームワークとなる。第一節では、グラハムの「罪」理解を明らかにする。その手引きはラインホールド・ニーバー（Reinhold Niebuhr, 1892-1971）のグラハム批判である。ニーバーのグラハム評価を踏まえた上で、今日のグラハム研究を紹介する。その中でも、本書が注目するのはアンドリュー・フィンステューエンの研究である。

第二節では、グラハムが自らの天職だと確信した「福音伝道者」という職務を定義する。まずこの職務を神学や宗教社会学の観点から眺めてみたい。続いて先行研究を吟味しつつ、グラハム自身による理解に沿って、有用な「福音伝道者」の像を提示したい。その際、鍵となるのは「説得」と「制約」という二つの側面である。

第一節「罪の神学」

(1) ニーバーのグラハム批判

福音伝道者ビリー・グラハムは十分な神学の教育を受けていない。第一章で触れたように、彼はホウィートン大学に入学するも、そこで得た学士号は人類学であった。またグラハムは従軍牧師のトレーニングを受ける機会を逃し、ノースウェスタン大学に在職中に神学の博士号を取得しようと試みたが断念した[1]。しかし、大学で学ぶだけがすべてではない。

グラハムはむしろYFCやクルセードで説教を準備する中で、キリスト教について理解を深めていった。フロストとのインタビューで、そのことが語られている。

第一に、私は神学校で神学的なトレーニングを受けていません。私は徐々に自身の神学を身に着けていきました。なぜなら私の仕事は福音伝道の説教に先立って学ぶことだからです。そして、私は学び成長し続けているでしょうし、おそらく、そして少なくとも希望としては、福音が本当に意味していること――つまり、人生において目的と意味を失い、困惑し、混乱している人への良き知らせ――をより深く理解しています[2]。

グラハムは自身が実践型の人間であることを自覚しているのだった。しかし、グラハムはアカデミアからの批判に直面する。

その最も辛辣な批判者がラインホールド・ニーバーである。彼は卓越したプロテスタント神学者であると同時に、同時代の政治や社会の問題にも深く関心を寄せた。そのニーバーの目にはグラハムはどのように映ったのか。[3] 以下では、ニーバーが一九五〇年代に執筆したグラハム論、「ビリー・グラハムのキリスト教と世界の危機」(一九五五年)、「ビリー・グラハムへの提案」(一九五六年)、「直解主義、個人主義、ビリー・グラハム」(一九五六年)という三つの論考を紹介したい。

「ビリー・グラハムのキリスト教と世界の危機」[4]と題された論考は、グラハムの渡欧に際して書かれたものであり、若き福音伝道者の問題点が指摘されている。ニーバーはグラハムが謙虚で魅力的な若者であることを認める。さらに若き福音伝道者がキリスト教の観点から人種差別を問題視しており、自身の南部の伝統に抵抗していると評価する。[5] しかし、ニーバーはグラハムのキリスト教が「罪に関する完全に個人主義的な概念」(wholly individualistic conceptions of sin)と「恩寵に関する完全主義的な考え」(perfectionist ideas of grace)に絡め捕られているがゆえに「集団的な問題」(collective problems)に対処できないと指摘する。例えば、ニーバーは、グラハムが水素爆弾を作った人間が抱える問題を「宗教的な回心で治癒できる」と考えていることを痛烈に批判した。ニーバーは社会構造の複雑さを問題にしているのであり、水素爆弾が「我々の文化全体の複雑さ」を示すと述べる。

ニーバーはグラハムのキリスト教理解を「我々の時代の道徳的、霊的な複雑さに対する、見当違いのキリスト教信仰の単純な個人主義的で道徳主義的なヴァージョン」と揶揄し、その原因として次の二点を挙げる。一つは「文明の集団的な悪」へ対処ができないことであり、もう一つは人間の「善」

(good) を無邪気に理解していることである。ニーバーによれば、グラハムは後者の問題ゆえに「戦争を避けるために思い切って戦争をするといった、より酷い悪を避けるために思い切ってやらざるを得ない悪がある」ということに気づかない。

ニーバーによればこの複雑さを解していたのがイギリス首相チャーチルであった。ニーバーはチャーチルに言及しつつ、現在の複雑な問題を、合理主義的な理想主義者の夢である世界政府だけでなく、グラハム流の回心でも解決し得ないと断じる。ニーバーは困難な問題を解決するために聖書に依拠し、困難に対して聖書が「我慢強く生きることを教えるだろう」と論を結ぶのである。

ここにニーバーのグラハム理解の要点が出ている。すなわちグラハムの個人主義的なキリスト教理解への批判である。この点は続く「ビリー・グラハムへの提案」[6]で詳しく論じられている。この論考は人種問題に焦点が当てられている。ニーバーによれば、奴隷制度反対論者でもあったチャールズ・フィニーの時代と同じく、二〇世紀半ばにも黒人は抑圧されている。憲法修正第一四条の「法の平等な保護」を掲げる政府と、奴隷制度の残滓を慣習にしている共同体が対立し、教会はこの悪習に挑戦しないというのである。

ニーバーはグラハムが誠実かつ謙虚であり、南部人であるにも拘らず人種問題に真剣に取り組んでいると評価する。しかし、その取り組みは不十分である。グラハムは聴衆に人種の境界を超える愛を求めないし、人種的偏見が罪であることを語らないし、尊厳をもって黒人と対峙するよう求めることもしない。

ニーバーはこれらの問題が福音主義キリスト教、特に「敬虔主義版の福音主義キリスト教」(evangelical Christianity in its pietistic version）の弱さに起因すると指摘する。ニーバーによれば、キリスト教信仰のこの形態は「回心とキリスト教の信仰の受け入れとを誘発する「危機」（crisis）を創り出すため」にイシューの過度な単純化を行う。この危機を引き起こす最善の方法は、道徳的規範を逸脱し、その結果として良心が不安になっている「個人の道徳的欠点に注意を向けること」である。そのため人種差別といった「共同体の慣習に埋め込まれた道徳的逸脱、つまり「各人」が犯したのではなく我々の共同体の容認を伴って我々が犯した罪」は、信仰復興運動に従事した者たちの関心から逸れてしまうというのである。そのため信仰復興のキリスト教は「集団的罪」（collective sin）に挑戦することなく、フロンティアに広がっても、その道徳的アピールは飲酒、不貞、安息日の冒瀆の非難に限定されていたという。炭鉱労働者のストライキが生じたケンタッキー州ハーランで出会った労働運動に関与しようとしない牧師を想起しつつ、ニーバーはこのような信仰復興が集団的罪を語らない「キリスト教的完全」（Christian perfection）を生み出すかもしれないと危惧していた。

ニーバーは、もし罪人が集団的罪に関与してしまった、すなわち愛の律法を侵害した社会的状況や構造に従ってしまったならば、そのことを分析しなければいけないと説く。この点において、グラハムは不十分であったのである。

以上のように、ニーバーはグラハムの問題点を指摘するが、他方で期待もかける。グラハムは世界中で集団的な問題を抱える状況を目撃しており、原子力の時代において伝統的な福音主義の完全主義の弱さを克服しうるかもしれないというのである。ニーバーはグラハムの才能と正義感を評価しつつ、「彼は正義——特に愛の命令（Love command）——を自身の信仰復興のメッセージに組み入れることができるかもしれない」と期待をかける。

その上でニーバーはグラハムに、「信仰復興のテクニック」に従わないよう忠告する。このテクニックは「道徳的問題の過度な単純化と感情的な危機を誘発するために個人主義化を必要」とするために集団的な罪を語らない。グラハムがこのテクニックに囚われなければ、「彼は単にフロンティアの宗教的伝統の最後の代表的人物になることをやめ、国家の道徳的・霊的な生活における活力となるだろう」というのである。

以上見てきたように、グラハムの個人主義の問題は信仰復興運動における伝道者たちの問題でもあった。ニーバーがこの問題点をリベラルなキリスト教徒と比較しつつ論じたのが「直解主義、個人主義、ビリー・グラハム(7)」である。

ニーバーは「キリスト教リベラリズム」(Christian liberalism)から論を進める。ニーバーはリベラリズムの「罪」の認識が不十分であると指摘する。その類のキリスト教は啓蒙主義の人間性の完成可能性(perfectibility)と歴史の発展(historical progress)に影響を受け、原罪の代わりに歴史的慣性(historical inertia)を探求するために「罪が人間の自由を堕落させること」を見過ごす。キリスト教リベラリズムは「理性と歴史」とを贖いの手段とするため、「聖書的な贖いの教義」の余地を残さず、また歴史をヘーゲル的な用語で解釈するために、「神の絶対的な言葉による歴史への介入」である啓示の余地を残さない。さらにニーバーはリベラルなキリスト教が古典的で聖書的なキリスト論から逸脱したと批判する。「聖書のキリストは贖いの近代的な計画において必要ない。近代よりもずっと昔から「十字架の宣教」は永遠にスキャンダラスであり続けたため、それ〔リベラルなキリスト教〕は神学からこのキリスト教学を簡単に取り除いた」というのである。当然、「罪」が軽視されれば、贖罪も位置を失う。

この十字架の宣教は「人類に対する神の裁きと赦しの啓示」であり、理性の命令を超えた信仰とコミットメントを求め、また「罪の認識、その必要条件である悔恨と、それに付随する信仰」を求める。十字架の宣教は「内在論的（immanental）思想」と道徳意識を問題視するものだった。ニーバーはキリスト教リベラリズムが十字架を取り除くことで、「福音の核心を犠牲に」し、啓蒙主義の精神に降伏していると批判するのである。

ニーバーはこのリベラルなキリスト教に「新正統主義」を対比させ、その源流をキルケゴールのヘーゲル批判、そしてカール・バルトに求める。ニーバーもこの潮流に自分が位置していることを自覚している。

さて、ニーバーはキリスト教リベラリズムを以上のように厳しく批判したが、同時代の神学的潮流である「直解主義的な正統主義」（literalistic orthodoxy）をより一層問題視した。その問題はこの類のキリスト教がリベラリズムの「宝」を忘れていることにある。では、その「宝」とは何か。その一つは、「信仰の聖書的基礎を探るよう教会を鼓舞する絶対的な誠実さ」（absolute honesty）である。ニーバーはキリスト教が「歴史的な宗教」であると指摘し、近代文化の産物であると見なされがちな「信仰の聖書的基礎への誠実さ」がキリスト教徒の信仰を純化する（purifying）手段でもあると述べるのである。

もう一つの「宝」は「社会的関心」であり、ニーバーはその代表例としてアメリカの「社会的福音」を挙げる。ニーバーによればこのリベラルなキリスト教も問題を抱える。社会的福音は愛の命令を個人やその生活圏を超えて適用すれば十分であると考える点で楽観的である。社会的福音は人間分析の点で不十分であり、「愛と正義、また正義のシステムにおいて考慮されるべき利益や権力という要素」を看過してしまうと批判される。「近代的な言葉で言えば、社会的福音は「リアリズム」を欠いている」というのである。しかし、社会的福音はそれに取って代わった「敬虔主義的な個人主義」（pietistic individualism）よりは現実的であると、ニーバーの批判の矛先は移る。

ニーバーによれば、アメリカの「敬虔主義的な個人主義」はフロンティアの福音伝道で発達し、アメリカの成長する産業主義における正義問題を単に「個人的な訓練の欠如の産物」（fruits of lack of individual discipline）と捉えるという問題を孕んでいる。さらに、この敬虔主義は「完全主義者の幻想」と常に結びついており、「贖われた者の人生における両義性を明らかにした福音の箇所の宗教改革による復古」（Reformation's restoration）に対して無知である。ニーバーはこれをアメリカの教会の福音主義的伝統に見出し、代表的な人物としてグラハムの名を挙げるのである。

ニーバーはグラハムの福音伝道や人種問題への取り組み、そして社会的正義への関心を評価する。しかし、グラハムは「敬虔主義的な道徳主義のフレームワーク」で思考していると指摘される。具体的な例として「彼は原子力爆弾の問題が人々をキリストに回心させることによって解決すると考えている」ことが挙げられる。グラハムは「罪」（guilt）と責任との深刻な複雑さ」、「キリスト教徒が直面せざるを得ない責任に結びついた罪の複雑さ」を認識していない。ここにもニーバー流の「罪」に対する問題意識が見て取れる。ニーバーは人間の苦境を解決できる人間の「善」（goodness）など存在せず、「神の赦しの福音」のみがただ唯一の答えであると言い切る。その上で、彼は「原子力の時代

――それは人間が自身の共同体と文明の正義と安定に対する責任を請け負いつつも、神の神聖さと人間の正義の不完全さとの距離を見極める恩寵を受けている時代――の問題に完全主義的な解決法は存在しない」と断言した。

ニーバーはグラハムの「七つの恐るべき罪」論を取りあげ、「貪欲」（avarice）を富めるアメリカの罪として指摘する点は正しいと留保しつつ、「『イエス・キリストの血』が我々をこの罪からも救うという保証とともに、キリスト教の救済を魔法の万能薬のようなもの（kind of magic panacea）として処方してしまっている」点に「社会意識に関する同じ個人主義」を見るのである。

さらにグラハムの大都市に対する態度にも「個人主義と敬虔主義の同じ弱さ」が露呈しているという。すなわち、グラハムは性の問題など、個人に関わる問題のみを挙げ連ねて大都市を告発するが、そこに生きる人々の努力を軽視している。大都市は「多少の聖人の完全主義的な献身」ではなく「宗教的な信仰に関心ある人とない人の献身的な奉仕」によって建設され、維持されている。ニーバーは大都市におけるキリスト教徒の非キリスト教徒への態度を重視する。「我々の安全に貢献する共通の礼儀正しさを持つ人々の正しさについて穏当さと謙虚さ」を踏まえた上で、「我々はキリスト教徒として、キリストのメッセージが、人間の存在における個人的な次元でも社会的次元でも、すべての人間への恩寵と真実の源泉であると主張する」べきであるというのである。

上記のキリスト教徒と非キリスト教徒を対立させて理解することを、ニーバーはグラハムに見出して以下のように批判する。

キリスト教徒として、また福音伝道者としてのグラハムの個人的な偉業は適切に評価されるべきである。しかし、それらは信仰とコミットメントに対する個人主義的なアプローチが、共同体の正義というとても複雑な問題を曖昧にし、「救われた者」（the saved）と「救われない者」（the unsaved）との輪郭を鋭くするという二つの危険を不可避的に冒すという事実をほとんど変えない。後者はイエスに従う決意表明にサインしていないかもしれないが、救われた者よりも大きな善意で人種的平等を受け入れるだろう。

福音伝道者の二元論的な思考が批判されたのである。

ニーバーは以上の問題を踏まえ、グラハムに次のことを提言する。「我々はキリスト教の福音伝道を、古典的なキリスト教の信仰の形態が理解したように我々の社会的義務の範囲と複雑さと調和させ、また同時に宗教改革の洞察に、さらにより良くは、贖われた者の徳の不安定さに関する聖書的真実に、一致させなければならない」。

この個人主義的な神学的傾向はグラハムだけに限らない。ニーバーは同時代の教会に提言を送る。それは「教会は福音を直解主義的な、あるいは個人主義的な用語へと単純化する誘惑に抗わねばならない」ということである。教会は近代のリベラルが生み出したものを受容しつつ、「宗教改革における贖いの聖書的メッセージの再発見において有効となったもの」を保持しなければいけない。では、どのようなメッセージなのか。ニーバーは以下のように言う。

そのメッセージは近代の敬虔主義が生み出した、贖われた者の徳目と贖われない者のそれとの鋭い対比を生み出さない。宗教改革はすべての人間が神の赦しを等しく必要としていることを知っている。そのキリスト教信仰の解釈は社会秩序や正義に関する複雑な問いに対するシンプルな回答を奨励しない。それはすべての人間の徳目の不完全な性質と人間の知識の不完全さを認識している。キリストに関するそのようなメッセージは、人間に共通のジレンマを取り除くシンプルな方法をキリスト教徒に提供するという想定なしで、原子力の時代の複雑さと密接な関係がある。それは、究極のジレンマが普遍的であり、キリストの裁きが常に正義と不正義とに密接に関連することを知っている。

ニーバーの提言は安易な道を選んでしまうすべてのキリスト教徒に向けられたものであった。

さて、ニーバーによるグラハム批判の論考を概観してきたが、ここでその主張をまとめたい。まずニーバーはグラハムの伝道者としての功績を認め、また人種問題を含めた社会問題への関心を評価する(8)。しかし、神学者ニーバーの目から見るとグラハムの神学、そこから生じる政治と社会の分析は問題を含むものであった。一連の論考に共通するのは、グラハムの「敬虔主義」、「完全主義」、「個人主義」に対する批判である。

ニーバーによれば、グラハムは「敬虔主義的な道徳主義のフレームワーク」で思考している。その特徴は個人の回心が人間社会の問題を解決するだろうと楽観的に想定していることにある。グラハムは回心を「魔法の万能薬のようなもの」として処方してしまっている。

ニーバーはグラハムも依拠するこの種のキリスト教が伝道のテクニックに依拠し、問題を過度に単純化して回心とキリスト教の信仰の受け入れとを誘発する「危機」を創り出すことを危惧する。グラハムは「罪と責任との深刻な複雑さ」、「キリスト教徒が直面せざるを得ない責任に結びついた罪の複雑さ」を認識していない。それゆえグラハムは人々が回心することで原子力爆弾や水素爆弾、人種問題が解決すると安易に想定してしまう。ニーバーが強調するのは、これらの問題が人間の善では解決せず「神の赦しの福音のみ」が答えであるということであり、「共同体の正義というとても複雑な問題を曖昧にし、「救われた者」と「救われない者」との輪郭を鋭くするという二つの危険」を冒さないように現世を生きることであった。

この一連の批判に見られるのは、グラハムの「罪」解釈の浅薄さの指摘であろう。神学者の鈴木有郷はニーバーのグラハム批判を次のようにまとめる。すなわち「悔い改めた人間も罪を背負っていかなければならないのであり、複雑極まりない様々な問題との取り組みには完全な解決は望むべくもなく、神の赦しを信じて相対的な判断を下していく以外に道はないというリアリスティックな認識は、グラハムにはない(9)」。

なぜニーバーはグラハムの「罪」理解を執拗に批判し続けたか。それは彼がナチズムをはじめとした眼前に立ちはだかる「罪」や「悪」といった問題に取り組んだためであると言えるだろう。もちろん「罪」という神学的概念が問題になるのは二〇世紀アメリカにおいてだけではない。西方教会において罪を考える上で欠かすことのできない存在は、自由意志をめぐってペラギウスと論争したヒッポのアウグスティヌスであろう。神学者のアリスター・マクグラスによれば、アウグスティヌスは「人間が人間本性の一部として罪への傾向をもって生まれ、罪を犯す行動へと向かう内在的な偏向性を持つと理解している」[10]。この一文が意味するのは、人間が「原罪」を負っているという理解である。

この教義は、旧約聖書の「創世記」に遡る。そこで語られるストーリーは、アダムが、蛇に誘惑されたイヴとともに、神から禁じられていた知恵の実を食し、エデンの園を追放されたというものである。神学者の佐藤敏夫はアウグスティヌスの「高慢」と「情欲」からの原罪の理解を、次のように説明する[11]。原初状態の人間は意志と神の恩寵によって罪を避けることができたが、アダムは高慢ゆえに神に依存せず、自己追求に走ったことで堕罪した。そしてアダムは人類の先祖でもあるゆえに、その子孫にも同じ罪の状態が受け継がれる。佐藤は「このようなわけで、一人の人によって罪が世に入り、罪によって死が入り込んだように、死はすべての人に及んだのです」（ロマ5・12）という新約聖書の一節を取り上げ、「原罪は生殖による罪の遺伝という角度から説明されることになった」と指摘するのである。

この原罪の教義は、マクグラスも指摘しているように、啓蒙主義者からの批判にあった。なぜなら「啓蒙主義者にとっては原罪の思想そのものが抑圧的なものであって、人類がそれから解放されるべきものであった[12]」からである。啓蒙主義から多大な影響を受けた近現代のプロテスタンティズム、特に「リベラリズム」を奉じる人々もまた、原罪の教義を軽視しがちである[13]。ニーバーが「キリスト教リベラリズム」論の中で十字架の宣教がスキャンダラスなものとなってしまったと嘆く所以である。

ニーバーは改めて原罪の克服不可能性を強調した。その論じ方はグラハムのような浅薄な、個人主義的なものではなかった。ニーバーは人間が罪を負った存在であり、多分に誤り得ることを認めるが[14]、同時に人間が行動を起こさねばならないときがあることを強調する。それゆえニーバーは次のように告白するのである。「戦争を避けるために思い切って戦争をするといった、より酷い悪を避けるために思い切ってやらざるを得ない悪がある」。

ここでは「悪」を制するために人間は行動すべしとニーバーが説いた二つの事例を紹介したい。一つはニーバーと弟H・リチャード（H. Richard Niebuhr）との論争である。兄弟は満州事変を起こした日本に対してアメリカが制裁を課すべきかどうかをめぐって論争を繰り広げた。神学者のS・P・ペイスによれば、兄弟は「社会的福音運動の中心思想にあった愛、理想主義、素朴さなどに対する幻滅感」を共有しつつ、リチャードは「来るべき神の国は結局のところ神の行為によるものであって、人間は自分自身の力を行使して世界のために何かをすることができるというのではない」と考えていたのに対し、ラインホールドは「キリスト者は弱者や虐げられた人々の側に立って、権力者に対抗しなければならない」と考えていた[15]。弟は、人間は神に頼り静観すべしと説いたのに対し、兄は悪を見逃さず行動すべしと説いたのである。

もう一つの例は、第二次世界大戦におけるアメリカの参戦に関するニーバーの議論である。政治学者の田上雅徳によれば、ニーバーはナチスという現実の罪と真正面から取り組むために、罪を「絶対的」な視点から論じるとともに、「相対的」な視点でも論じていた[16]。すなわち、「ナチスの罪深さとアメリカの罪深さを並べた上で、神という「絶対的」な視点からすればどちらも罪深さという点では変わらない」が、「「相対的」に、アメリカはナチスにモノをいえる立場にある」とニーバーは考えていたというのである。

ニーバーは罪を克服不可能なものと見なすと同時に、現世で人間が行動することの意義をも強調していた。ニーバーの目から見れば、一見「罪」を強調しているグラハムの態度も「敬虔主義的な道徳主義者」のそれと変わらなかったのだろう。このニーバーのグラハム批判は広く共有されてきた。日本でも一九六七年には神学者の古屋安雄がニーバーに言及しつつ、グラハムをして「罪を初めとしてすべての問題が、個人の敬虔の問題に還元されてしまっている」[17]と指摘している。

しかし、実践型のグラハムはクルセードの中で成長していく[18]。グラハムの「罪」の神学を再評価したのが、本書が最も注目するアンドリュー・フィンステューエンの研究である。このことを次に見よう。

（2）グラハムの「罪」理解の深まり

フィンステューエンの著作は『不安な時代におけるラインホールド・ニーバー、ビリー・グラハム、そしてパウル・ティリッヒの神学』というサブタイトルの下、グラハムをニーバーと神学者パウル・ティリッヒ（Paul Tillich）と並べて論じている。議論の中心は、W・H・オーデン（W. H. Auden）の詩から「不安な時代」と呼ばれた一九四五年から一九六五年である。

第一章で触れたように、一九五〇年代はアイゼンハワーによるアメリカの「神の下の国家」の建立の時代であり、現代の保守的なキリスト教徒はその時代にノスタルジーを感じている[19]。しかし、同時に一九五〇年代はソ連の脅威、特に核の脅威を含めた第三次世界大戦の脅威に晒された時代でもあった。

この「不安な時代」におけるキリスト教熱の高まりを、フィンステューエンはニーバーらの同僚でもあった神学者ジョン・ベネット（John C. Bennett）らの議論に言及しつつ次のように説明している[20]。不安を抱えたアメリカ人はプロテスタント教会に集まり、「大覚醒」のようなプロテスタントの復活が起きた。そこには二つの潮流があった。一つは「宗教的な活動」への関心の高まりであり、アメリカの文化を称揚し、十字架なし、つまり裁きなしの愛の福音を強調した。この文化に「囚われた」(captive)、あるいは「信仰の文化への同化」(assimilation of faith to culture) の潮流における典型的な人物は、「積極的思考」のノーマン・ヴィンセント・ピールである。もう一つの潮流は神学的な信仰復興であり、人間の状況を深く診断するキリスト教であり、神の赦しの福音を強調した。この潮流はヨーロッパにおけるカール・バルト、ディートリヒ・ボンヘッファー (Dietrich Bonhoeffer)、エミール・ブルンナー、アメリカにおけるニーバーとティリッヒらの神学から引き出されるものであり、文化からキリスト教信仰の自立を強調する。

このように二つの潮流を説明した上で、フィンステューエンはグラハムを後者の神学的な信仰復興の潮流に組み込む。彼自身もこれが論争的であることを認める。フィンステューエンによれば、グラハムはむしろピールのような「囚われた」信仰復興に連なる者と見なされてきたし、彼は実際に福音をナショナリスティックに語ってきた。それでもフィンステューエンは以下のように指摘する。

実際、福音主義的な罪の神学の結果、グラハムはアメリカの文化を鋭く批判し得たし、批判した。こうして、ニーバーやティリッヒとの比較において神学的に平凡であるにもかかわらず、グラハムは人間に関する確固とした神学を進めたのである。それはアウグスティヌスのような教父や彼自身の聖書の解釈から引き出されたものだった。[21]

このようにして、フィンステューエンはグラハムを神学的潮流に分類することを正当化するのである。

そして、フィンステューエンは二つの潮流が「不安な時代」に異なるものを提供したと述べる。ピールのような「囚われた」信仰復興は「勝利のメッセージ」を提示し、対照的にニーバー、グラハム、ティリッヒらの神学的な潮流はアメリカの生活の約束と危機とを罪の文脈の中に置いた。後者にとって文化の中にある不安は罪の機能であったが、また個々の罪の繁栄の結果でもあったのである。

このように「不安な時代」という背景を設定した後、フィンステューエンはグラハムの神学を記述する。その際、彼は『神との平和』（一九五三年）、『七つの恐るべき罪』（一九五五年）[22]という二つの著作と『世界は燃えている』（一九六五年）との間に、グラハム神学の進展を見る。

グラハムは一九五〇年代に著した二冊で「罪」を語っている。例えば、『神との平和』では「罪」（Sin）というチャプターがある（第二版では「罪の恐ろしい事実」（The Terrible Fact of Sin））。グラハムは罪の記述を「ローマの信徒への手紙」五章に依拠しつつ、「創世記」から始める。[23] アダムは神から「最も高価な賜物——自由の賜物——を与えられた」「完全な人間」であり、かつ「罪を知らない人間」であった。アダムは知恵の実を食べるよう蛇に誘惑される、すなわち、「自由意志で正しい道を選ぶか、正しくない道を選ぶか」という「試験」を受け、「彼の欲する方」を選んでしまった。「アダムは選択の自由を与えられており、その上で、神の真理に耳を傾けるよりも、誘惑者の偽りに耳を傾けた」というのである。

アダムの物語に続いて、今日のアメリカ人も罪を負っていることが説明される。(24)「大統領が決断するとき、それは、全アメリカ人の決断である」という比喩が語られ、「人類全体のかしら」であるアダムが道を誤ったとき、「まだ生まれていなかった子孫も彼とともに堕落した」。「罪はアダムを通して人類に入ってきた」。グラハムは人類が「罪に制限された知力」、例えば「教育、哲学、宗教、政治によって、腐敗と罪との頸木を取り去ろう」とする努力を評価するが、「我々の動機は善であり、それらの努力には称賛に値するものがあっても、それらは全て、はるかに目標から遠く離れていた」と指摘する。なぜなら「我々はアダムが犯した失敗を今も同じように繰り返している」、すなわち「我々は神の律法に従おうとせず、我々自身の権力と力によって王となろうと努めている」からだ。

グラハムはこのように「創世記」から論を起こし、同時代人にも罪が入り込んでいることを警告する。この罪を具体的に語ったのが『七つの恐るべき罪』であり、教皇グレゴリウス一世の分類に従い高慢（pride）、怒り（anger）、嫉妬（envy）、不品行（impurity）、暴食（gluttony）、怠惰（slothfulness）、貪欲（avarice）が論じられている。

フィンステューエンはこの一九五〇年代のグラハムの罪の理解を評価する。「最低限、グラハムも人間を有限だが自由な存在と見なす。確かにニーバーやティリッヒの概念の議論と比べると、グラハムの分析には神学的な深みはない。それでもグラハムは人間の自由と善を罪による制限する力の文脈に置く」。しかし、フィンステューエンはグラハムの問題点、その一貫性のなさを指摘する。長老派のルーツと南部バプテストの福音主義神学との間で、グラハムは罪を「堕落（depravity）の状態、あるいはキリスト教の生活の中で克服される状態」と表現する。この点でグラハムはティリッヒやニーバーが確信した人間性の両義性を捉えきれていないというのである[25]。

確かに『神との平和』には罪に対して楽観的な記述がある。例えば、「罪」のチャプターの最後は[26]、「もしあなたが今日、信仰によってキリストを受け入れるなら、あなたは罪の縄目を断ち切ることができる。そして、キリストの愛によって、あなたの魂が罪から清められ、破滅から救われたことを知って、平安と自由との中に立つことができるだろう」という言葉で締めくくられている。また「新生」の章では[27]、「ローマの信徒への手紙」に言及しつつ、「新生を経験した瞬間、新しく生まれた瞬間、神から新しい性質を与えられた瞬間に、あなたは神の前に義と認められる」と述べられ、「あなたの罪は赦されたのだ」、「すべての罪は完全に拭い去られたのである」という楽観的な言葉が並ぶのである。

この楽観的な「神との平和」に田上は注意を促す[28]。「救済」を、個人が悔恨し、イエスを受け入れ、神との平和に至るという過程と捉えることは間違っていないと前置きしつつ、田上は「このような救済理解では、人間は神との和解を実現し・エデンの園で見られたような無垢な原初状態に立ち戻ることで良しとされる、そういう理解が強まることも否めない」と指摘する。「グラハムにあっては、個人がボーン・アゲインを経験して「神との平和」を回復するならば、そういう個人は以降ほとんどアンタッチャブルな存在になってしまう」というのである。

またニーバーが批判的に言及した『七つの恐るべき罪』も問題を孕んでいるかもしれない。それが典型的に表れているのは同書を締めくくる次の言葉である。「あなたは罪を悔い改め、主イエス・キリストを信じることができる。そうすれば、彼の血は、すべての罪を清めることができるのである。あなたの罪がたとえ何であれ――十字架の下において、驚くべき、栄光ある、幸いな罪の赦しをあなたは見出すことができる[29]」。

以上のように、一九五〇年代の『神との平和』と『七つの恐るべき罪』は「罪」理解に関する問題を孕んでいた。しかし、一九六〇年代に著された『世界は燃えている』は違う。フィンステューエンによれば、上記の著作や戦後の説教とは対照的に、『世界は燃えている』は罪や自由といった概念を記述するに留まらず精査している。キルケゴール、バルト、パスカル、さらにニーチェ、サルトル、カミュといった思想家への言及は自著の権威付けと見えるが、グラハムの思想が発展している証拠だとも言えるというのである。その一つはグラハムが「自意識／自己」(self-consciousness)を「人間の自由」の手掛かりとして語り、「動物は自己を対象化しない」と記していることである[30]。

さらにフィンステューエンは続ける。

またグラハムは人間の「パラドックス」を次のように描く。「一方の側には、空虚があり堕落があり罪がある。他方の側には、善意があり親切があり温和があり愛がある」。これらの能力の存在は「罪は、私たちの最初の両親から伝えられた」という事実を取り除かなかったが、それは人間が「選択による罪人でもある」ことを証明する。人間のシチュエーションのパラドキシカルな性質――善と罪の共存――に対するグラハムの注目は彼の思想をニーバーやティリッヒのそれへと近づけた。[31]

人間の中に善悪が共存していることを自覚したことが、グラハムの思想の発展において重要であったというのである。

おそらく同様に重要なのは、グラハムが「新しい人は完全ではない」と言い切っていることである。[32]すなわち、キリスト教徒は「新しい性質」だけでなく依然「古い性質」を持っており、「キリスト教徒が罪を犯すとき、それは一時的に古い性質に屈する」。グラハムはキリスト教徒の生活に緊張感を与えたと言えよう。第三章で詳述するが、罪に関する認識の展開はグラハムを冷戦期アメリカで単なる反共主義者を超えた存在にした。

この「罪」に関するフィンステューエンの研究は重要であるが、限界もある。第一に、彼の議論は「不安な時代」に限定されている点である。マーク・ノールが「燃え盛るような若い福音伝道者が威厳のある円熟した福音伝道者となった[33]」と評したように、グラハムの思想や行動は「不安な時代」以降も変化していった。例えば、終末論における強調点の変化である。グラント・ワッカーによれば、グラハムは神の裁きとイエスの再臨という二つの出来事から終末を語るが、その比重が前者から後者へとは徐々に移動していった。[34]またフロストのインタビューでも、グラハムは次第に（一九五四年と一九六〇年代とを比べて）「神の愛」を強調するようになったと答えている。[35]その理由を問われ、グラハムは本章冒頭の理由、すなわち「私は学び成長し続けているだろう」と答えた。

第二に、フィンステューエンの議論はグラハムの政治権力との関係を説明できない。グラハムは大統領に接近して党派政治に巻き込まれ、ときに特定の政策や現在の秩序をキリスト教の言葉で安易に正当化してしまった。このグラハム像は「人間のシチュエーションのパラドキシカルな性質」を解するフィンステューエンのそれと一致しないと言えるだろう。

では、なぜ「罪」という問題の根深さを理解するグラハムが安易にも政治に足を踏み入れてしまったのだろうか。大統領をはじめとする政治家との交流に力を入れた理由の一つとして、ナンシー・ギブスとマイケル・デュフィはグラハムが一個人では踏み込むことができない土地や領域、例えばラテンアメリカや共産圏などを訪れる際の力添えを期待していたのではないかと記している。[36]すなわち、「福音伝道者」という職務がグラハムに政治権力者との密接な関係を促したというのである。

次に論じるのは、グラハム自身が福音伝道者をどのように理解したのかということである。まず「福音伝道者」そのものがどのように語られてきたかを見たい。

第二節　「福音伝道者」

(1)「福音伝道者」とは誰か——ウェーバーを手掛かりにして

まずは「福音伝道」(evangelism)を考えてみよう。この言葉はギリシア語の「euangelion」という名詞、「euangelizomai」という動詞に由来する。[37]神学者の近藤勝彦は「伝道」を「イエス・キリストにおける神の救いの御業を宣べ伝える行為」と規定し、狭義の福音伝道を意味する「伝道」(Evangelism)と広義の伝道活動として教育・医療・社会事業・社会活動を含むとされる「宣教」(Mission)とを区別する場合もあると前置きしつつ、その歴史を次のように説明する。[38] 伝道は歴史神学に属する「伝道史」、実践神学の一学科の「伝道学」あるいは「宣教学」（Missionstheologie）、組織神学における弁証学において論じられてきた。

この近藤の議論を踏まえた上で、本書は「福音伝道」（evangelism）を「福音の宣べ伝え」に限定したい。ここではその他の活動は付随物と捉える。[39] 続いて「福音伝道」を担う者、「福音伝道者」という言葉に注目してみよう。この用語はキリスト教史においてどのように語られてきたのだろうか。

オックスフォード大学から出版されている『キリスト教辞典』の「福音宣教者（福音書記者、伝道者）」の項目には、「新約聖書において、この語は三度、巡回する宣教者を指している。おそらく特定の役職が指示されてはいない。大衆に説教する、プロテスタント教会の信徒がエヴァンジェリスト（伝道者）と呼ばれることもある[40]」とある。この三回というのは、「福音宣教者（伝道者）ピリポ」（使徒21・8）、「ある人を福音宣教者（伝道者）として」（エフェソ4・11）、「福音宣教者（伝道）の仕事に励み」（第二テモテ4・5）である。また同辞典の項目名が示す通り、マタイ、マルコ、ルカ、ヨハネら四福音記者（Four Evangelists）のことも述べられていると言えるだろう。

本書の関心は「大衆に説教する、プロテスタント教会の信徒」という説明の方にあるが、グラハムは度々、自らの職務をパウロのそれと重ねている。ここからグラハムの思考の中では、現代の福音伝道者は新約聖書におけるそれの延長にあると考えられる。

福音伝道者の仕事は「良い知らせ」（good news）を人々に宣べ伝えることであり、「大宣教命令」（Great Commission）に基づく。その職務は例えば聖書の以下の箇所から引き出される。

イエスは、近寄って来て言われた。「わたしは天と地の一切の権能を授かっている。だからあなたがたは行って、すべての民をわたしの弟子にしなさい。彼らに父と子と聖霊の名によって洗礼を授け、あなたがたに命じておいたことをすべて守るように教えなさい。わたしは世の終わりまで、いつもあなたがたと共にいる。」（マタイ28・18－20）

それから、イエスは言われた。「全世界に行って、すべての造られたものに福音を宣べ伝えなさい。信じて洗礼を受ける者は救われるが、信じない者は滅びの宣告を受ける。信じる者には次のようなしるしが伴う。彼らはわたしの名によって悪霊を追い出し、新しい言葉を語る。手で蛇をつかみ、また、毒を飲んでも決して害を受けず、病人に手を置けば治る。」（マルコ16・15－18）

どちらの箇所も命じていることは同じである。「福音」を人々に宣べ伝えよと。

聖書に右記のような記述があることからも「福音伝道者」という職務は重要であると言えるが、十分に論じられてこなかった。その一つの理由として、近藤によれば、教会に永久的に定められた制度ではないとして、「カルヴァン自身の時代の職制論からは「伝道者」は、「使徒」「預言者」とともに削除されている」ためである。[41] かつて社会学者マックス・ウェーバーが「祭司」や「預言者」を理念型として練り上げたのとは対照的に、「福音伝道者」は分析概念として構築されてこなかった。しかし、アメリカのキリスト教を特徴づける信仰復興を担ったのは伝道者たちであり、[42] この職務を議論することは「アメリカ」を理解する上でも必要不可欠である。

かつてニーバーはグラハムとニクソンを論じる際、グラハムを権力者に追従する「祭司」と見なし、政治権力を批判する「預言者」と対比させた。この論考は第四章で取り上げたい。また後述するリチャード・ピラードも「福音伝道者」と「預言者」を対置させて、グラハムを論じた。その意図はニーバーと同じく、グラハムが権力者ニクソンを諫める「預言者」でなく、政治を語らない「福音伝道者」であったことを指摘することにあった。両者が採用したのは、政治権力に追随する「祭司」あるいは「福音伝道者」と、政治権力を批判的に吟味する「預言者」という対比であった。「福音伝道者」という職務を「祭司」や「預言者」との比較から考えてみることは無駄ではないと言えよう。

ここでウェーバーの議論を概観する。ウェーバーは「召命」（Beruf）に焦点を当てつつ、「預言者」（Prophet）を聖職者である「祭司」（Priester）との対比で語る[43]。「祭司」とは「神聖なる伝統の名において権威を要求」し、「その職務によって救済財を施す者」であるのに対し、「預言者」は「みずからの使命によってある宗教的な教説ないし神命を告知するところの、もっぱら個人的なカリスマの所有者」と定義される。ウェーバーによれば、「預言者とその信徒一派に対する祭司的伝統の代表者たちという対立が生まれ、両者の間に緊張が生ずる」。なぜなら、ムハンマドやイスラエルの預言者たちは「日常儀礼をつかさどる技術者とは違って、彼らの預言者的カリスマそのものが信徒らに与える威光を充分に利用した。いいかえれば、ここでは新しい啓示の神聖さが伝統の神聖さに対抗したのである」。

ここでのポイントは正統性である[44]。ウェーバーは教会法学者ルドルフ・ゾームの名を挙げつつ、

「カリスマ（恩寵施与）」を原始キリスト教から借用して次のような議論を展開する。すなわちウェーバーは正当的（正統）支配を合法的支配・伝統的支配・カリスマ的支配とに分類し、最後のものを「ある人物およびかれによって啓示されるか制定された秩序のもつ、神聖さとか超人的な力とかあるいは模範的資質への非日常的な帰依に基づく」と定義する。そのカリスマ支配は「被支配者による自由な承認であるが、これは、証しによって——はじめはいつも奇跡によって——確保され、啓示への帰依、英雄崇拝、指導者への信頼から生まれてくる」。このカリスマによって自身の正統性を担保する者こそ「預言者」であった。

ウェーバーは二つの職務を理念型として提示する際、祭司の依拠する正統性を「神聖なる伝統の名」に、預言者が依拠する正統性を「個人的なカリスマ」に求めた。このウェーバーの議論とニーバーの議論とを考慮すれば、グラハムが自認した「福音伝道者」なる職務を「祭司」や「預言者」と比較する際のポイントは次の二点であると言える。すなわち、正統性と政治権力への態度である。この二つの要素がグラハム自身の行動や発言と親和性がどの程度あるのかを以下で議論したい。

まず「福音伝道者」は祭司的なのだろうか。正統性の観点から言えば、この問いに対する答えは否である。ウェーバーは祭司の正統性が「神聖なる伝統の名」に依拠すると描いたが、グラハムは福音伝道者を「決して教会から引き出されるものではない(45)」と断言している。グラハムは特定の教会や教派とのつながりを、自らの正統性を担保するものとは見なさなかったのである(46)。では、政治権力への態度に関してはどうか。第一章で言及したジョンソンとのエピソードに典型的であるが、グラハムはときに政治権力者を批判している。福音伝道者は必ずしもコンフォーミストではないと言えよう。

では、「福音伝道者」は預言者的なのだろうか。これを問う前に今一度ウェーバーの議論を確認したい。なぜならウェーバーは預言者の二つの類型を提示するからである。[47] 一つはゾロアスターとムハンマドに代表される「倫理的預言」であり、「神の委託を受けてその神の意志を――具体的な命令であれ、抽象的な規範であれ――告知する道具となり、そしてこの委託にもとづく倫理的義務として、服従を要求する」。他方でブッダに代表される「模範的預言」は「みずからの範例を通じて他の人々に宗教的な救いへの道を指し示す」のであり、「ただ彼自身と同じ救済の道を歩まんと希求する人々自身の関心にのみ向けられる」。ウェーバーは前者の西南アジアの宗教が「超世界的にして人格的、倫理的な神」を持つのに対して、後者がそれを持たないと指摘している。

ニーバーらが期待した預言者は、神の意志を「告知する道具」としての倫理的預言者であろう。この理念型は注目に値する。なぜならグラハムは「福音伝道者」を神の道具として理解していたためである。この点を論じるために、グラハムが「カリスマ」、すなわち「聖霊の賜物」（gift of holy grace）を論じた『聖霊』（一九七八年）を取り上げてみたい。グラハムは自身に福音伝道者の「カリスマ」が与えられたことを自認しているが、その議論の中で彼が自身の職務と預言者との共通項を指摘しているように読める箇所がある。

第一に、グラハム自身が福音伝道者と預言者の類似性を指摘している箇所がある。[48] 曰く「新約聖書の預言者は、むしろ伝道者に似た働きをした。彼らは神の言葉を宣べ伝え、人々に罪を悔い改めるように求めた。彼らは罪のうちにある人々の心を動かした」。ただしグラハムが福音伝道者の共通性を見ていた預言者は、旧約聖書ではなく新約聖書の登場人物であったことに注意が必要である。グラハムは旧約聖書の預言者が「未来を予知した」と述べる一方で、「コリントの信徒への手紙一」一四章における「預言する者は教会を造り上げます」というパウロの議論に言及しつつ、福音伝道者と新約聖書の預言者とをパラレルに論じるのである

第二に、ウェーバーの定義する預言者のように、グラハムが自らの職務を「道具」という言葉を用いて説明している箇所である。[49] ウェーバーは資本主義の精神の誕生へとつながる「世俗内禁欲」を語る際に、「神の栄光を増す」ために現世で行動するカルヴァン派、そして自らを神の「武器」であると考えていたカルヴァン自身の姿を描いた。[50] グラハムもまたカリスマ、聖霊の賜物を「教会の益」となるよう用いられるべき「道具」(tool)、「器具」(instrument)と見なし、聖霊により「キリストの体が機能を発揮するのに用いるべく、人々に与えられている」と考えていた。そして、各人は自身の賜物を「神の栄光のために用いる」べきであり、グラハム自身、「私が伝道の賜物を持っていながら、それを用いなければ、それは私の罪になるだろう」と述べている。ここで描かれる福音伝道者は、字義的にはウェーバーの倫理的預言者に近似していると言えよう。

では、改めて問いたい。「福音伝道者」は預言者的なのだろうか。正統性の観点から言えば、この問いに対する答えは否である。ウェーバーは預言者を「個人的なカリスマの所有者」と定義し、彼らと祭司たちとの間に緊張が生じると指摘している。しかし、グラハムが重視していたのは個人的カリスマを支える個人の能力ではなく、メッセージそのものだった。「方法は何百でも異なったものを用いることができるが、重要なのはメッセージの内容である」。[51] 加えて、グラハムが福音伝道者を軽視している教会を嘆き、むしろ両者の協力を説いていることにも注目したい。[52] グラハムはアメリカをキ

リスト教国家と見なし、同時代の「世俗化[53]」を問題視していた[54]。この危機感がグラハムにキリスト教徒の一致を希求するよう促したと言えるだろう。

では、政治権力への態度に関してはどうか。第一章で見たように、彼は権力者に人種問題や宗教問題に関する助言もすれば、批判もしている。この意味でグラハムは非政治的なアクターではなかった。しかし、グラハムは政治権力を諫めるという役目が福音伝道者の仕事であるとは考えていなかった。それは『クリスチャニティ・トゥディ』のインタビューに見える[55]。記者はニクソンの政治的不正、ウォーターゲート事件に関する特集の中で、グラハムに「我々の福音主義の友人の中にはナタンのようにホワイトハウスに乗り込み、大統領を公的に叱咤しなかったのだろうかと思う人がいる。あなたの反論はどうか」と問いかけている。イスラエルの王ダビデを諫めた預言者ナタンのように、あなたも大統領を諫めるべきであったのではないか、というのである。グラハムは次のように答えた。「私が「ナタン」でないことを思い出そう。ダビデは「神の民」の指導者だったのであり、今日の世俗的なアメリカの状況と全く異なっている。より良い比較は古代ローマにおけるパウロと皇帝の関係だろう」。ここでグラハムは自身に期待された権力者を諫めるという役割を拒否している。

以上の議論を考慮すれば、「福音伝道者」を議論する際、正統性や政治権力への態度以外の要素に注目しなければいけない。本書はグラハムが「福音伝道者」という職務をどのように考えているのか、特に現世における役割と限界をどのように規定しているのかに注目する。次に「福音伝道者」としてのグラハムを論じた研究を取り上げよう。

(2)「福音伝道者」とは誰か——グラハム研究からの視座

おそらくグラハムが「福音伝道者」であると述べることに反対する者はいない。政治家や知識人に限らず、多くの神学者たちも福音伝道者がグラハムの天職であることを認めていた。それはあの批判者ニーバーですらそうであった。

加えて、グラハム自身の確信もある。『クリスチャニティ・トゥデイ』でのインタビューに留まらず、グラハムはフロストとのインタビューでも同様のことを答えている。[56]「ほかの説教者になく、あなただけが持っている才能は何か」というフロストの問いに、グラハムは「福音伝道者」と答え、その職務を神から召し使ったと述べている。また「神に質問できるとすれば、何を聞くか」というフロストの質問に対して、グラハムは「なぜ私をこの特別な職業に選んだのか」と答えたという。

グラハムはこの強い職業意識、召命観を持っていた。しかし、グラハムが福音伝道者であることを認めつつ、彼の思想・思考や行動原理がこの職業意識に基づいているとと指摘しているものは少ない。フィンステューエンが「原罪」を中心に論を組み立てたように、思想的なものだけでグラハムを捉えようとする傾向がある。またワッカーの著作の目次には「福音伝道者」はない。これらの研究が重要であることは間違いないし、福音伝道者としての職務を看過したわけではない。しかし、これらの研究はグラハムの職務をテーゼの中心に置いたわけでもない。グラハムが「罪」という教義を重視したこと、それに加えて「福音伝道者」としての召命を確信したこと、この二つの要素がグラハムと政治の関係を理解するためには必要なのである。

では、これまで「福音伝道者」グラハムはどのように理解されてきたか。ここでは三つの議論を紹介したい。

一つ目はウィリアム・マクラフリンの研究である。マクラフリンの研究は一九六〇年に出版されたものであるが、グラハムの政治観を論じる際に言及すべき点がある。[57] マクラフリンによれば、グラハムは「専門の福音伝道者」(professional evangelist)であり、魂の救済のために教会を一致させることに関心があった。むしろ彼は政治への言及が危険であることを承知していたという。グラハムは現代の問題を解決するのに人間的手段では不十分であり、政治を「神が任命した指導者」(God-appointed leader)を任命することであると考えていた。しかし、グラハムは神権政治のみを認めるのではなく、人々の政治参加の意義を強調した。人間が「神が任命した指導者」を選び得るか、そもそものような人物がいるのかという問題を孕みつつも、「グラハムは普通のアメリカの選挙過程に満足しているようだった」。

グラハムがキリスト教徒の政治家を選ぶことに満足していたという意見は先行研究に広く見られる。[58] スティーヴン・ミラーによれば、グラハムは政治や法律が社会的問題を最終的に解決することに対しては懐疑的であったが、「キリスト教徒の政治家」(Christian statesmen)を選ぶことの重要性を強調していた。回心した個人が政治家となることで、福音主義的なやり方であるが、個人的なことが政治的なことになるというのである。グラハムが認めた政治家の代表例がアイゼンハワーであり、ニクソンであり、後述するマーク・O・ハットフィールド上院議員であった。たしかにグラハムはキリスト教徒である政治家を好んでいたが、ときには意見を伝えるなど政治家に妄従していたわけではない。

二つ目の研究はリチャード・V・ピラードによるものである。[59] ピラードによれば、グラハムは政治指導者をよい秩序の提供者として評価し、その存在が自らの伝道に対する人々の関心を集めるのに寄与すると考えていた。さらにピラードはグラハムがジョンソンやニクソンの霊的カウンセラーとなり得たのは、彼が権力者に政治的責任を追及しなかったためであると辛辣に評する。グラハムは自らを「旧約聖書の預言者ではなく新約聖書の福音伝道者」、「皇帝のローマ帝国における非政治的な伝道者パウロ」として捉えていたため、「政治指導者たちは自身の行動を彼から非難されることを覚悟する理由がほとんどなかった」。グラハムは権力者にとって自分の政策を批判しない都合の良い駒となっていたというのである。

ピラードの理解は福音伝道者と預言者を対置するものである。「預言者」との対比を通して「福音伝道者」の非政治性を強調したとき、それはグラハムが罪を中心とした信仰の在り方を抱き、少なくとも『世界は燃えている』の段階では驕り高ぶるアメリカ国民に悔い改めを求めていたことを見落としてしまう。またニクソンの眼前で行われたグラハムの説教の中に宗教による政治の正当化を見出したピラード自身の批判も、グラハムを非政治的と判断することを妨げる材料になると思われる。すなわち、「アメリカを讃える日」(Honor America Day)におけるグラハムの説教は「神とアメリカの夢」を強調し、ニクソンの対ベトナム政策に批判的な人々には決して屈服しないよう聴衆に暗に求めた市民宗教的なものだったという指摘である。[60] ここではむしろ「福音伝道者」に固有の性質に注視せねばならない。

三つ目の議論は田上雅徳によるものである。[61] 彼の議論は「説得」に注目するものである。田上はニーバーのグラハム批判を手掛かりに、福音伝道者の戦略を論じる。田上によれば、グラハムはクルセードにおいて公的な事柄を語るが、それは神学的に不十分なものであった。なぜなら「福音伝道者として、彼は第一に個人の救済に関心がある」ため、「クルセードにおいて個人的な事柄を強調することとは彼の福音伝道の第一の戦略であり、公的な問題を論じることはそうではなかった」という。田上はグラハムが旧約聖書よりも新約聖書、特にパウロ書簡を用いることにも注目し、「各人の罪を指摘し、罪人を救うキリストの恩寵を示し、そして最後に各人を真のキリスト教徒になると決断させるよう説得を試みる」ことは「巨大スタジアムやボールパークで熱の入らないキリスト教徒たちを「ここで、今」復活させたい福音伝道者にとって論理的に有用なものであった」と指摘する。

田上の議論もまたグラハムの召命観を重視し、彼が何を優先したのかを指摘する点で、他の論者と共通している。グラハムが政治や社会の出来事より個人の救済に関心を払ったという指摘は正しい。彼は福音伝道のために自らの力を注ぎ、また周囲のリソースを利用してきた。ギブスらによれば「彼は自身の政治的ミニストリーが霊的なそれにいかに役立つか理解していた」[62]。

また田上が人々を「説得」するグラハムの戦略に焦点を当てている点は評価できる。なぜなら本書も福音伝道者の「説得」の契機に注目しているためである[63]。しかし、田上の議論では「説得」の契機がグラハムの非政治性と結びついて理解されている。むしろ本書ではグラハムが人々を説得するために政治と結びついたと論じる。

では、満を持してここでグラハム自身の「福音伝道者」観を見てみよう。ここで少し長いが、自伝『いさおなき我を』の「序文」にある三つのパラグラフを引用したい。

最後に、私は「福音伝道者」としての自らの召命について一言付け加えたい。福音伝道者という言葉はギリシア語で「良き知らせを告げるもの」を意味する言葉に由来する。この動詞形はギリシア語聖書の中で五〇回以上見出される。そして、福音伝道者はテレビのニュースキャスターや新聞や雑誌の記者のようなものである――ただし福音伝道者の使命は福音という良いニュースしか伝えないけれども（実際ゴスペルという言葉は「良い知らせ」を意味するのである）。

聖書において、福音伝道者は福音、つまり良き知らせを告げるために神によって送り込まれた人間である。彼あるいは彼女は霊的賜物（spiritual gift）を持っており、それは決して教会から引き出されるものではない。手法は異なるが、依然として中心となる真理がある。それは福音伝道者が良い知らせをいまだ受け取っていない人々にそれを告げるために召命され、特に神によって供えられた人物であるということである。彼らの目的は人々を悔恨と信仰においてイエスへと向け、イエスの意志を奉じることでイエスに従うよう促すことである（the goal of challenging them to turn to Christ in repentance and faith and to follow Him in obedience to His will）。福音伝道者は教会や世界で神が望むすべてのことをなすよう召命されていない。むしろ、福音伝道者の召命は非常に限定されたもの（very specific）である。

福音伝道者は、ニュースキャスターがニュースの内容を自由に変えることができないように、メッセージを変えることはない。我々のメッセージの最大の主眼はイエスに集中しており、イエスが死と復活をもって我々に何をなしてくれるのか、我々が自らの生を彼に委ねることで応答する必要性である。メッセージとは、キリストは我々が彼に向けば、我々を赦し、新しい生命と希

望とを与えるためにやってきたということである。(64)

グラハムはこのように「福音伝道者」の職を理解している。ここで第二パラグラフの二つの表現に注目したい。一点目は福音伝道者の目的が「人々を悔恨と信仰においてイエスへと向け、イエスの意志を奉じることでイエスに従うよう促すことである」と表現されている箇所である。本書はこの箇所をグラハムが「説得」を重視しているものと解する。二点目は福音伝道者の役目を「非常に限定されたものである」と表現している箇所である。本書はこの箇所をグラハムが「福音伝道者」の役割を「制約」されたものと見なしていたと解する。すなわち、福音伝道者の役割はイエスのメッセージを届けること、人々を説得することのみに制約され、他のカリスマとの協働を必要とする。これこそグラハムが多様な教派、リベラルなプロテスタント、ローマ・カトリック、ひいては他宗教との協力を辞さなかった理由かもしれない。

次にこの二つの表現、論点を掘り下げて論じていく。まずは「説得」の契機からである。既に論じたように、グラハムはキリスト教徒であっても「罪」の頸木から逃れることはできないと説く。彼は人間が罪を負うがゆえに弱い存在であることを確信していた。しかし、彼は「福音伝道者」として人々をイエスに向け、現世においてイエスに従うという厳しい道を歩むよう「説得」せねばならなかった。罪を負う弱い存在に、厳しいキリスト教徒としての生活を送るよう促す。このような困難な仕事をこなすためにグラハムはどのようにしたのだろうか。

グラハムの仕事、すなわち説教には一定の型があったといっていい。それは多くの研究者が認めていることである。[65] マイケル・S・ハミルトンは最新のグラハム論集の中で「決断」（decision）というキーワードを中心に論じている。[66] ハミルトンによれば、グラハムの説教を終える言葉は六〇年以上変わっていない。その上で、彼はなぜ人々がグラハムの招きに反応したかのかを問う。ハミルトンはその答えをグラハムがクルセードを訪れた人々の願望（desire）を喚起したことに求める。「願望が喚起されたならば、彼は願望を、それを満たす唯一の物事――キリストにおける新しい人生を開始するという決断――へと向けさせた」というのである。

ハミルトンはグラハムの説教の重要な要素として「彼は国家あるいは世界的な危機と個人の危機を縫い目のないように混ぜ合わせる」ことを挙げる。[67] グラハムが危機の中にある個人と社会が変化し得る可能性を語り、その必要条件として個人の「決断」を求めるというのである。「変化は可能である。そして、それはキリストの受け入れと従うことへの個人の決断から始まる」。ただし「グラハムは彼の聴衆に彼らの古い世界観を捨て去るよう要求しない。彼は単に彼らにそれを敷衍するよう求めるのである。彼が国家の堕落および危機というイメージと個人の失敗および危機とを混ぜ合わせたとき、グラハムを信頼している素直な聴衆はメッセージが個人に向けられているかのように聴いた」というのである。

つまり、グラハムの戦略の肝は聴衆の変化の願望に、そして彼らの古いキリスト教観に訴えかけ、決断を迫ることにあるというのである。この指摘はニーバーが批判した信仰復興のテクニックにもつながる。では、グラハムはどのように人々に訴えかけたのか。本書はグラハムが眼前のアメリカ国民の状況を分析し、その状況に見合った説得方法を取ったのだと推察する。それが顕著なのは、グラハムが終末の出来事を語るときである。

キリスト教徒が終末の出来事を語ること自体は不思議ではない。問題はその語り方である。ここではグラント・ワッカーの議論を取り上げたい。(68)ワッカーはグラハムの受け継いだキリスト教が「歴史の終わり」を二つの要素が絡み合ったものとして理解していると言う。一つは人間の罪を引き金として生じる差し迫った破滅という「脅威」であり、もう一つは突如とした起こる信仰復興とそこから生じるであろう救済という「希望」である。

ワッカーは執筆時期の異なる二つの著作に注目する。一冊目は『世界は燃えている』（一九六五年）である。グラハムは同書において、世界が炎に包まれている、危機が迫っているとの認識の下、アメリカ人たちに悔い改めを求める。(69)上述したように、グラハムは「罪」に対する認識を深め、キリスト教徒であるアメリカ人に対して「新しい人は完全ではない」と言い切り、神の裁きが間近まで迫っていると説く。「神による赦しと新しい命の提供は現在でも有効である。しかし、その扉はいつか閉じられ、いつか手遅れになるだろう」。ワッカーはここにグラハムが罪を起源とする危急の破滅を語る姿を見る。

ワッカーが注目する二冊目の著作は『暴風警報』（一九九二年）である。(70)グラハムは「歴史はハルマゲドンの戦場に突き当たるだろう。すでに、嵐雲がうごめくのが見えている。人類は自らを滅ぼしてしまうのだろうか。イエスが言うように、そうなりそうな状態までは行く。しかしその直前に、キリストが再臨するのである」と述べている。ワッカーによれば、グラハムはイエスの再臨まで罪が取り除かれることはないと留保しつつ「キリスト教の世界的な拡大と各国の若者の間の信仰復興」に「希望」を見出しているという。

ワッカーは上記二冊の著作を比較し、グラハムの強調点が「脅威」から「希望」へと変化していると主張する。二〇年以上の時を経て、グラハムはより希望を強く語るようになったというのである。本書はワッカーの分析を評価したい。たしかにグラハムは終末論の強調点を変えている。しかし、本書が見るところ、この変化は既にグラハムの一九七〇年代の著作に現れている。[71]『イエスの世代』(一九七二年)では「ヨハネの黙示録」に言及しつつ、「全世界における最も輝かしい真理は、イエス・キリストが再び地上に来られるということである。人々の心が厭世観に満たされ、陰気になって、一切のものが失われていくように思えるとき、このキリストの再臨ということは、素晴らしい将来の約束を我々に提示してくれる」と語る。再臨に先立つ戦争や地震といった予兆はあるが、「これはよきおとずれ(good news)である!　イエスの御言葉は、我々が今、上を見るべきであると提示している」と解釈する。そして、グラハムは「今は真に、生きるのにスリルがあり興奮のある時代である。私は、今以外のときに生きたいとは思わない」と断言する。ワッカー言うところの、グラハムにおける「希望」の強調はここに現れていると考えられる。

『世界は燃えている』における「神の裁き」の強調から『イエスの世代』における「イエスの再臨」の強調への変化は、七年という短い期間で生じた。なぜだろうか。本書は変化の要因をグラハムが「福音伝道者」として人々を「説得」しようと注力したことに求める。彼が説得するべき対象は罪を負った弱き存在であり、その目的を達成するために創意工夫が必要であった。第四章にて詳述するが、グラハムが説得しようとした対象は二つの著作が刊行された時期で性質を異にしていたのである。

『世界は燃えている』のとき、グラハムがイエスに従うよう説得を試みていた対象は、反共主義者たちであった。グラハムは自身が反共主義者であったことを認めつつ、同時代のアメリカ人たちが共産主義を批判するあまり、自由やそれに基づく「アメリカ的生活様式」といった価値にやみくもに従うことを問題視した。グラハムは彼らに己の罪を自覚させるため、「神が欧米に対する裁きとして共産主義を用いているのではないかと私は考えている」[72]という、共産主義を神と関連付けるというセンセーショナルな告白すらしたのである。

他方で『イエスの世代』のとき、グラハムが説得を試みたのは、彼の盟友ニクソン大統領が「サイレント・マジョリティ」と呼んだ人々であった。彼らはベトナム戦争によってアメリカへの信頼が揺らぐのを感じ、伝統的な価値観に挑戦するカウンターカルチャーを危惧していた。そんな保守的な人々にとって、神の裁きを過度に強調することは傷に塩を塗るようなものであった。グラハムは罪に対する神の裁きを語りつつも、上記の引用にあるようにイエスの再臨を強調することで人々の絶望感を和らげ、イエスに従うという厳しい道を進む人々を勇気づけたのである。

このようにグラハムは罪を負った人々の弱さを前提にし、彼らをイエスに従うという厳しい道へと促す福音伝道者として、終末論を語る際に強調点を変えたのである。グラハムは一九七〇年代に政治家、特にニクソンに媚び諂っているのではないかと疑われたが、むしろ彼の行動はその職務観に由来したのである。

では、二点目の論点、福音伝道者なる職務の「制約」の契機について見ていこう。その舞台は再びニクソン政権期の一九七〇年代である。この時代のアメリカはベトナム戦争やカウンターカルチャーをめぐって分裂しかかっていた。しかし、グラハムにとって何よりの問題は「神の下の国家」であるはずの合衆国の世俗化であり、人々のキリスト教への無関心であった。グラハムはアメリカを今一度キリスト教国家として再建すべく、様々な手段を講ずる。しかし、彼は自身の、そして自らが召命された「福音伝道者」の役割が「非常に限定されたもの」であると考えていた。それゆえグラハムは福音伝道者以外の職務との協力関係を望む。ここで再び『聖霊』のカリスマの議論に言及してみたい。

『聖霊』の中でも「福音伝道者」のカリスマが限定的なものであることが言明されている。グラハムは「伝道者は福音を宣べ伝える際に、教えたり牧師の働きをすることもあるが、彼の主要なメッセージはキリストの死、埋葬、復活、再臨、そうしてすべての人が悔い改めて信じる必要を中心としている」[73]と述べる。「福音伝道者」の役割はメッセージの伝達に収斂していた。

では、ほかの職業、カリスマについてはどうか。グラハムはカリスマの目的を論じる際、「エフェソの信徒への手紙」四章のパウロの言葉を取り上げる[74]。すなわち、「平和のきずなで結ばれて、霊による一致を保つように努めなさい。体は一つ、霊は一つです。それは、あなたがたが、一つの希望にあずかるようにと招かれているのと同じです。主は一人、信仰は一つ、洗礼は一つ、すべてのものの父である神は唯一であって、すべてのものの上にあり、すべてのものを通して働き、すべてのものの内におられます。しかし、わたしたち一人一人に、キリストの賜物のはかりに従って、恵みが与えられています」。この言葉を踏まえた上で、グラハムはパウロが「一つ」（one）という語を繰り返して「一致」を強調している点に注目し、「御霊の賜物は、決してキリストの体を分裂させるべきでなく、一致させる（unify）べきものである」と断言した。

グラハムにおける「一致」の必要性の大前提は、人間が罪を負った存在であることであった。キリスト教徒も現世では罪を免れ得ず、長く辛い現世でイエスに従う生活を送り続けることは困難である。彼らが信仰に基づいた生活を送れるようサポートが必要であり、その義務は霊の賜物を持つ者が負う。グラハムはこの義務を認識し、福音伝道者として人々がイエスに従うきっかけを作るだけでなく、彼らがキリスト教徒としてふさわしい教会生活が送れるよう地域のリーダーたちにも協力を要請した。グラハムはクルセード開催に際して地域の教会に協力を依頼し、参加者に自身の希望と一致する教会を紹介していたのである。ここからグラハムの想定する「福音伝道者」はその「制約」がゆえにキリストの体を構成するほかのカリスマの所有者と協働するものであったと言えよう。

以上の議論はキリストの身体、教会に関するものである。しかし、グラハムが「神の下の国家」アメリカの再建を試みるとき、この教会における「一致」の議論が念頭にあったことは想像には難くない。当時はカウンターカルチャーが勃興し、「世俗化」が叫ばれた時代である。グラハムはアメリカのキリスト教文化の瓦解を押し留め、「神の下の国家」を再建しようと試みる。しかし、自身の職務である「福音伝道者」には職務上の限界、「制約」があった。

その際、グラハムの目にとまったのがハットフィールド上院議員であった(75)。ハットフィールドは敬虔なバプテスト派の信徒であり、またアメリカのベトナム政策への批判者であった。彼はニクソン主催の朝食祈祷会で政権のベトナム政策を批判し、大統領の支持母体である保守的な人々にも悔い改めを求めた。ハットフィールドは旧約聖書の「預言者」に例えられ、政権を批判するキリスト教指導者の急先鋒であると見なされたのである。

グラハムはハットフィールドが敬虔なキリスト教徒であることを認めていた。しかし、福音伝道者の目には、批判された大統領も敬虔なキリスト教徒と映っていた。ニクソンは母親から受け継いだクエーカーの信仰を持ち、アイゼンハワーの副大統領として「神の下の国家」アメリカという政治文化を打ち立てることに貢献した。グラハムにとってニクソンはアメリカを再建するためのキーパーソンであった。加えて、グラハムは自信を失った保守的な人々を慰め、信仰生活を引き続き送るよう鼓舞するために、イエスの再臨を強調した。このようなグラハムの努力を、ハットフィールドの政権批判は台無しにしてしまいかねなかった。

ハットフィールドのニクソン、グラハム批判はピラードが対置した「福音伝道者」と「預言者」の構図であると言える。しかし、グラハムは自身の批判者である「預言者」に協力を仰いだ。グラハムからハットフィールドに送られた手紙には次のように書かれている[76]。「戦争批判者としてのあなたは大統領の方を振り向いて、ベトナムでの停戦に漕ぎつけた彼の決断と忍耐を賞賛することができたでしょうに。そして、それは今まさにこの国が切実に必要としている一致（unifying effect）をもたらしたでしょうに」。グラハムは自身の地位を脅かす預言者すら自陣に取り込み、「一致」を目指した。この「一致」はパウロの議論を下敷きにしながら、「神の下の国家」アメリカの再建を目指すものであったと言えよう。

グラハムは「預言者」のカリスマ、ハットフィールドを評価していたわけだが、具体的には何を期待したのだろうか。それは若者への模範である。当時の若者の中にはカウンターカルチャーに影響を受けつつも、彼らなりのやり方でキリスト教に帰依しようとする「ジーザス・ピープル」（Jesus

People）と呼ばれる者たちがいた。(77) しかし、ジーザス・ピープルの信仰の実践は問題を含んでいた。彼らに「正当」なやり方を教える必要があるが、「福音伝道者」の召命はあくまでメッセージを届け、教会での交わりを含めた信仰生活を送るよう説得することに限られている。そこで上院議員を長らく務め、敬虔なキリスト教徒でもあるハットフィールドに、グラハムは若者への模範を期待したのである。

さらにハットフィールドとの協力は「福音伝道者」の役割を果たすことにも一役買う。グラハムは伝道のカリスマがフルタイムで従事している者に限られないと考えていた。(78)「伝道者」と呼ばれたフィリポが教会内の雑務を担う執事であり、「ある意味では伝道者の職に召されていないすべてのキリスト教徒も伝道者の働きをするように召されている」という。グラハムは「わたしについて来なさい。人間をとる漁師にしよう」（マルコ1・17）というイエスの言葉を引用しつつ、「すべてのキリスト教徒に、私は伝道者のわざをするように――伝道を専門に行うか否かに関係なく――お勧めする」と述べるのである。求められているのはいわばアマチュアの福音伝道者であった。

ただし専門家以外が福音を宣べ伝える際、彼らは福音伝道者と同じく高い倫理的要求がなされる。(79) すなわち、「もしも伝道者が、主の栄光のために真に効果のある働きを続けようとするなら、御霊に満たされ、実を結ぶ生活がメッセージの裏付けになっていなければならない」。すなわち、福音を宣べ伝える人自身の生活が人々の手本になっていなければならないのである。

まさにハットフィールドは打ってつけの人物であった。グラハムは各分野で「ふさわしい」人物を見つけ出していたが、(80) 政治の世界における協力者こそハットフィールドであった。グラハムは若者に向かってデモに耽るのではなく「政治の世界に、道徳的な正しさ、霊的な洞察力、それにすぐれた知性を吹き込むような立候補者を応援すること」[81]を勧める。グラハムのお眼鏡に適った、若者たちの手本となり得る政治家とは、ハットフィールドのことだったのである。

以上見てきたように、グラハムは「福音伝道者」に制約があることを前提に、パウロの教会論を援用して「神の下の国家」アメリカの一致を求めた。そこにはニクソンだけでなく、ハットフィールドも含まれ、厳格な預言者は福音伝道者の役割を補完する者としても理解されたのである。

おわりに

本章は論文全体を貫く理論的な根拠を挙げてきた。その際に注目したのは、「罪」を強調するグラハムの神学と「福音伝道者」としての職務観の二点である。

第一節では「罪」の神学を論じた。神学者ニーバーによれば、若きグラハムは罪や悪といった重要な問題を楽観的に捉え、罪を克服可能なものと考え、また核や人種問題といった社会問題すら個人の心の問題に還元してしまった。しかし、フィンステューエンによれば、グラハムは一九六〇年代に入ると「罪」の問題を重く捉え、人間の両義性を強調するようになっていった。

第二節では「福音伝道者」の召命観を論じた。ウェーバーの理念型からも漏れている「福音伝道者」なる職務であるが、それはグラハムを論じる上で度々言及されるものであった。その際に指摘されてきたのが「福音伝道者」の非政治性であり、先行研究はグラハムが個人の救済に集中し、かつ政治に中立であろうとするがゆえに、現状を批判せず、現職の政治家たちから重用されたと結論付けた。しかし本書はむしろ「福音伝道者」の政治性に注目する。グラハムは罪を重く見ていたために、弱い人間を、イエスに従うという現世においては厳しい生活をするよう促すために戦略を練らねばならなかったのである。その戦略は説得と制約である。

「説得」の契機は、その目的を「人々を悔恨と信仰においてイエスへと向け、イエスの意志を奉じることでイエスに従うよう促すことである」と定義する箇所に見出すことができる。グラハムは自分が福音へと導く人々の性質が変化していることを感じ取り、「説得」するための強調点を変えたのである。すなわち、冷戦期のアメリカの賛美者、反共主義者たちには神の裁きが、ベトナム戦争期の自信を失った人々、サイレント・マジョリティにはイエスの再臨が強調されたのである。

「制約」の契機は、「福音伝道者の召命は非常に限定されたものである」と述べる箇所に見られる。グラハムは自らの職務を、人々を教会に結びつけることに限定し、キリスト教徒のケアをほかの職務に委任する。この教会における役割分担の感覚ゆえに、グラハムは「預言者」という職務に平信徒への倫理的な生活の手本を見せるという役割を期待する。祭司と預言者、福音伝道者が教会を一致させるべく協力するように、「神の下の国家」アメリカの危機に際しては、大統領と上院議員が共闘することをグラハムは望んだのである。

以上、グラハムを理解する上で重要な「罪」と「福音伝道者」という二つの要素を論じてきた。次章以降では、グラハムが歴史的状況の中で現実に立ち向かう姿を描き出していく。

注

（1） Graham, *Just as I Am*, pp. 134-7.

（2） Frost, *Billy Graham*, p. 68.

（3） ニーバーは『敬虔なアメリカと世俗的アメリカ』（一九五八年）においてもグラハム批判を行っているが、本論で論じる点と大幅に重なるために省略した。S・R・ペイスによれば、ニーバーの批判はアイゼンハワーとグラハムの関係に向けられていた。「安っぽい敬虔主義と自己満足に陥った世俗主義とは、アイゼンハウアー時代のキリスト教に緊張感が欠けていたことを証明している」。Reinhold Niebuhr, *Pious and Secular America* (Eugene, Oregon: Wipf and Stock Publishers, 2001), pp. 20-1; S・R・ペイス（佐柳文男訳）『はじめてのニーバー兄弟』（教文館、二〇一五年）一八六ー八頁。

（4） Reinhold Niebuhr "Billy Graham's Christianity and the World Crisis," *Christianity and Society* (1955), pp. 3-5.

（5） ニーバーは以下の論考においてもグラハムの人種問題への態度を評価する。ミラーによれば、両者は人種問題の解決に対する漸進主義を共有していた。もちろん、この漸進主義はキングら公民権運動が問題視するものの一つであった。Miller, *Billy Graham and the Rise of the Republican South*, pp. 68-9; Long, *Billy Graham and the Beloved Community*, p. 109.

（6） Reinhold Niebuhr, "Proposal to Billy Graham," in Reinhold Niebuhr, *Love and Justice: Selections from the Shorter Writings of Reinhold Niebuhr*, D. B. Robertson ed. (Cleveland, Ohio: The Word Publishing Company, 1967), pp. 154-8.

（7） Reinhold Niebuhr, "Literalism, Individualism, and Billy Graham," in Reinhold Niebuhr, *Essays in Applied Christianity*, D. B. Robertson ed. (New York: Meridian Books, 1959), pp .123-31.

（8） 確かにグラハムは著作の中でキリスト教徒の社会的責任を語る。例えば、グラハムは「キリスト教徒の社会的義務」という章で「社会的福音」を肯定的に語る。他方で「キリスト教徒は善良な市民でなければならない」という一節も、ニクソンとの関係を考えると問題を孕むだろう。Billy Graham, *Peace with God*

(New York: Doubleday, 1953), pp. 190-1.［羽鳥明訳『神との平和』（いのちのことば社、一九五六年）二四一頁］

（9）鈴木有郷『ラインホルド・ニーバーの人間観』（教文館、一九八二年）一一九、一七九－八〇頁、鈴木有郷『ラインホルド・ニーバーとアメリカ』（新教出版社、一九九八年）二〇六－七頁。

（10）A・E・マクグラス（神代真砂実訳）『キリスト教神学入門』（教文館、二〇〇二年）六〇七頁。

（11）佐藤敏夫『キリスト教神学概論』（新教出版社、一九九四年）一五二－三頁。佐藤は「遺伝の概念」によって原罪を説明することに満足はできないと述べ、現代的な解釈を提示する。しかし、ここでは本書の関心とはそれるので省略する。

（12）マクグラス『キリスト教神学入門』一三九頁。

（13）第三章で触れるが、ニーバーが批判している「社会的福音」の唱道者ウォルター・ラウシェンブッシュにとっても「罪」は重要であった。ラウシェンブッシュの曽孫であるポール・ブランダイスは次のように述べている。「ラウシェンブッシュは貧しい人々の経済的搾取をまさしく国家の罪と見なした。国家に対する牧師として、ラウシェンブッシュは個人的な悔い改めと社会的な悔い改めの両方を説いた。彼は、キリスト者と教会がイエスの社会的原理に従って、個人的再生と社会的再生の両方を通して、国家を救済するための闘いを先導することを求めた」。ポール・ブランダイス・ラウシェンブッシュ「まえがき」ウォルター・ラウシェンブッシュ（ポール・ラウシェンブッシュ編、山下慶親訳）『キリスト教と社会の危機――教会を覚醒させた社会的福音』（新教出版社、二〇一三年）五頁。

（14）ニーバーはアウグスティヌス＝カトリック的な「罪」理解を批判しさえする。それは「自己愛」という残存する「罪」を些細なものとみる楽観主義である。ニーバーによれば、改めてこの問題を解決しようとしたのが宗教改革の時代の人々であった。ラインホールド・ニーバー（高橋義文、柳田洋夫訳）『人間の運命――キリスト教的歴史解釈』（聖学院大学出版会、二〇一七年）一五九－六〇頁。

（15）ペイス『はじめてのニーバー兄弟』八〇－一頁。

（16）田上雅徳『入門講義　キリスト教と政治』（慶應義塾大学出版会、二〇一五年）二四九－五〇頁。

（17）古屋「ピールとグラーム」八四－六頁。

(18) ただしグラハムにも言い分があった。グラハムを困惑させたのは、ニーバーやバルトが古いリベラリズムを拒否し、古い神学的用語に新しい意味を持たせたことであった。グラハム自身、福音とイエスの神性以外の主な問題について、疑問を持つようになっていた。しかし、新正統主義者の聖書の霊感と権威の再解釈の問題もグラハムにとって疑問であった。Graham, *Just as I Am*, pp. 135-7.

(19) 実際に多くのアメリカ人が一九五〇年代には「アメリカの世紀」を期待し、黄金時代であると考えた。詳しくは以下を参照のこと。有賀夏紀『アメリカの二〇世紀〔下〕一九四五年―二〇〇〇年』(中央公論新社、二〇〇二年)二九―三七頁。

(20) Finstuen, *Original Sin and Everyday Protestants*, pp. 13-5.

(21) Finstuen, *Original Sin and Everyday Protestants*, p. 15.

(22) Billy Graham, *Freedom from the Seven Deadly Sins* (Grand Rapids, Michigan: Zondervan Publishing House, 1967) 〔いのちのことば社出版部訳『七つの恐るべき罪』(いのちのことば社、一九五七年)〕フィンステューエンが取り上げている著作は *Seven Deadly Sins* であるが、BGEAのホームページによれば一九五五年の著作は *Freedom from the Seven Deadly Sins* である。

(23) Graham, *Peace with God*, pp. 43-5.〔四四―八頁〕

(24) Graham, *Peace with God*, pp. 46-8.〔四九―五一頁〕

(25) Finstuen, *Original Sin and Everyday Protestants*, p. 73.

(26) Graham, *Peace with God*, p. 55.〔六一頁〕

(27) Graham, *Peace with God*, p. 139.〔一七四―五頁〕

(28) 田上「ビリー・グラハムとアメリカ」一九―二〇頁。

(29) Graham, *Freedom from the Seven Deadly Sins*, pp. 93-4.〔九〇頁〕

(30) Finstuen, *Original Sin and Everyday Protestants*, pp. 73-4; Billy Graham, *World Aflame* (New York: Doubleday, 1965) 〔松代幸太郎訳『世界は燃えている』(いのちのことば社、一九六六年)〕, pp. 53, 56, 61 and 26-56 (フィンステューエンは以上のページを挙げているが、自己意識についての言及は Graham, *World Aflame*, p. 62.〔一〇

一頁］)。

(31) Finstuen, *Original Sin and Everyday Protestants*, pp. 73-4; Graham, *World Aflame*, pp. 65, 71.［一〇五、一一二頁］

(32) Graham, *World Aflame*, pp. 167-8.［一三七－八頁］

(33) Noll, *American Evangelical Christianity*, p. 45.

(34) Wacker, *America's Pastor*, pp. 44-9.

(35) Frost, *Billy Graham*, pp. 67-8.

(36) Gibbs and Duffy, *The Preacher and the Presidents*, p. xiv.

(37) T. P. Weber, "Evangelism," in Daniel J. Treier and Walter A. Elwell ed., *Evangelical Dictionary of Theology*, Third Edition (Grand Rapids, Michigan: Baker Academic, 2017), p. 292.

(38) 伝道に関するブルンナーやバルトが不十分であるという近藤の指摘も興味深い。近藤勝彦「伝道」東京神学大学神学会編『新キリスト教組織神学辞典』（教文館、二〇一八年）二七五－八頁。ただし他の著作の中で、近藤は従来の日本基督教団の用法を踏襲せず、"Mission"を「伝道」、"Evangelisation"を「福音の宣べ伝え」と訳している。近藤勝彦『伝道の神学――二一世紀キリスト教伝道のために』（教文館、二〇〇二年）五－六頁。

(39) もちろん福音派をはじめとするアメリカのキリスト教にとって「宣教」が重要でなかったわけではない。国際政治学者マーク・アムスタッツによれば、福音派の宣教の形態は時代とともに変化していた。アムスタッツは福音派の宣教連合が拡大した一九五〇、六〇年代に海外宣教の全盛期を見つつ、それが従来のものから変化していると指摘する。すなわち、一九世紀には「宣教師はフルタイムの教会の使者」であり、キリスト教と現地の慣習などについて事前に訓練を受けていたが、新しい「ポストモダンなパラダイム」では「従来よりも組織化されておらず、広範囲な参加を募り、派遣期間も短いうえに、奉仕内容も特定されている」。その典型例がカリフォルニア州サドルバック教会（Saddleback Church）のルワンダ遠征のような、短期宣教（short-term mission）旅行である。アムスタッツは現代の福音派がその宣教組織の脆弱性ゆえにグローバルな市民社会を構築できる可能性は低いと指摘しつつも、それが「世界への関心の促進、貧困社会に対する救援・開発援助、ひとつの道徳社会という世界観の強化」という影響を、内向きになりがちなアメリカ社会に与えていることを評価している。マーク・R・アムスタッツ（加藤万里子訳）『エヴァンジェリカルズ――アメリカ外交を動かすキリスト教福音主義』（太田出版、二〇一四年）九七－一〇一頁。

（40）E・A・リヴィングストン編（木寺廉太訳）『オックスフォードキリスト教辞典』（教文館、二〇一七年）六九一頁。

（41）近藤『伝道者の神学』二八七頁。

（42）森本あんり『アメリカ・キリスト教史――理念によって建てられた国の軌跡』（新教出版社、二〇〇六年）五〇－一頁。

（43）マックス・ウェーバー（武藤一雄、薗田宗人、薗田坦訳）『宗教社会学』（創文社、一九七六年）六四－五、九一頁。

（44）マックス・ウェーバー（濱嶋朗訳）『権力と支配』（講談社、二〇一二年）三〇－一、八四頁。

（45）Graham, *Just as I Am*, p. pp. xvi-vii.

（46）この点、ウェーバーのアメリカのセクト理解と異なるかもしれない。マックス・ウェーバー（安藤英治訳）「アメリカ合衆国における「教会」と「セクト」」『政治経済論叢』一六巻三号（一九六六年）一二六－五一頁。

（47）ウェーバー『宗教社会学』七七－八頁。この図式は現代の宗教社会学の教科書でも紹介されている。メレディス・B・マクガイア（山中弘、伊藤雅之、岡本亮輔訳）『宗教社会学――宗教と社会のダイナミックス』（明石書店、二〇〇八年）三七五－六頁。

（48）Graham, *The Holy Spirit*, p. 179. ［一二六頁］

（49）Graham, *The Holy Spirit*, pp. 168-170. ［一一四－六頁］

（50）ウェーバーによれば、宗教生活は自身を「神の容器」と考える場合には神秘的な感情の培養に傾き、自身を「神の道具」と考える場合には禁欲的な行為に傾く。ウェーバーはルターを前者に、カルヴィニズムを後者に分類する。マックス・ウェーバー（大塚久雄訳）『プロテスタンティズムの倫理と資本主義の精神』（岩波書店、一九八九年）、一六六、一七二－三、一八三－四頁。

(51) Graham, *The Holy Spirit*, p. 183.［二三一頁］

(52) Graham, *The Holy Spirit*, p. 181.［二二九頁］

(53) この点、社会学者のピーター・バーガーが一九六七年の著作で論じている。しかし、彼は自伝でも認めているように、自身の世俗化の理論を再考するようになった。ピーター・バーガー（森下伸也訳）『退屈させずに世界を説明する方法――バーガー社会学自伝』（新曜社、二〇一五年）一二八頁。

(54) ロングによれば、グラハムは建国の父祖たちを敬虔なキリスト教徒と見なし、世俗化を同時代の「罪」の一つと見なした。この歴史観は不十分であるとも指摘されている。Long, *Billy Graham and the Beloved Community*, pp. 63-7.

(55) "Watergate," *Christianity Today* (4 January, 1974), pp. 9-10.

(56) 余談ではあるが、フロストから「君が福音伝道者に選ばれていなかったら、どんな職業に就くことを選んだだろうか」と尋ねられた際、グラハムは「私はおそらく政治の世界に飛び込んでいただろうな。政治は私を魅了したからさ」と答えている。Frost, *Billy Graham*, pp. 50, 80.

(57) また「一九五二年の選挙中、グラハムはボーン・アゲインのキリスト教徒に神の組織票となるよう促すことを自らの義務と考えていた」。McLoughlin, *Billy Graham*, pp. 120-1.

(58) Miller, *Billy Graham and the Rise of the Republican South*, pp. 44-9.

(59) Pierard, "Billy Graham and the U.S. Presidency," pp. 126-7. この指摘はフロストのものと重なるかもしれない。フロストがイエスを既存のシステムに抵抗した人物であると描いたとき、グラハムはイエスが抵抗したのがローマという政治的なシステムではなく、あくまで当時堕落していると考えられた宗教的なシステムであったと返答した。この発言は、政治と宗教とを区別することで、グラハムが自らへの批判を回避しようとしていたともとれる。Frost, *Billy Graham*, p. 62.

(60) ピラード、リンダー『アメリカの市民宗教と大統領』二七四頁。

(61) Masanaru Tanoue, "Where does God Ac? Billy Graham and the Political Consciousness of American Evangelicals," in Yoshihisa Hagiwara ed. *Democracy and Governance for Civil Society* (Tokyo: Fukosha, 2010), p. 222.

（62）またギブスらはグラハムが政治権力と結びついた最大の理由としてホワイトハウスをはじめとする固い扉を開けることにあったと考えている Gibbs and Duffy, *The Preacher and the Presidents*, p. xiv.

（63）一九五九年の論考では人々のキリストにコミットする要因が様々であることを福音伝道者も認識するべきだとも述べられている。またグラハムは福音伝道の礼拝（evangelistic service）と聖餐式などの教会における礼拝（worship service）を区別し、後者の重要性も強調している。Billy Graham, "Evangelism: Message and Method," *Christianity Today* (3 August, 1959), pp. 3-5.

（64）Graham, *Just as I Am*, pp. xvi-vii.

（65）スコット・マクナイトはグラハムのクルセードの中心が「福音伝道」（evangelism）であり、その福音伝道の中心がグラハム流の「福音（gospel）の理解」であると言う。それは「神はあなたを愛している。あなたは罪人である。神はあなたをまだ愛している。イエスはあなたと神との和解のための対価を支払われた。あなたはこのメッセージを受け取り、自身の罪を告白し、悔い改め、自分の人生をイエスに捧げなければいけない。神は救済をなされ、人間は（聖霊の力の下で）応答する」ものである。マクナイトはグラハムの理解が彼の友人であるジョン・ストットの「よりラディカルな」理解とは異なるものであるとも指摘している。Scot McKnight, "The Gospel," in Gerald R. McDermott ed., *The Oxford Handbook of Evangelical Theology* (New York: Oxford University Press, 2010), pp. 204-5.

（66）Michael S. Hamilton, "From Desire to Decision: The Evangelistic Preaching of Billy Graham," in Finstuen, Willis, and Wacker ed., *Billy Graham*, pp. 43-4.

（67）Hamilton, "From Desire to Decision," pp. 54-8.

（68）Wacker, *America's Pastor*, pp. 45-9.

（69）Graham, *World Aflame*, p. 263.〔三五三頁〕

（70）Billy Graham, *Storm Warning* (Dallas, Texas: Word Publishing, 1992), p. 290.〔湖浜馨訳『今よみがえる黙示録の預言』（いのちのことば社、一九九三年）一九三頁〕

（71）Billy Graham, *The Jesus Generation* (London: Hodder and Stoughton, 1972), pp. 180, 186-7.〔湖浜馨訳『もう一

つの革命』（いのちのことば社、一九七二年）二五六、二六六－七頁〕
（72） Graham, *World Aflame*, p. 12.〔三六頁〕
（73） Graham, *The Holy Spirit*, pp. 180-1.〔二二八－九頁〕
（74） Graham, *The Holy Spirit*, p. 172.〔二一七－八頁〕
（75） Mark Hatfield, *Between a Rock and a Hard Place* (Waco, Texas: Word Books, Publisher, 1976), pp. 94-5.〔矢口以文訳『良心の服従――アメリカ上院議員の証し』（日本基督教団出版局、一九八七年）一一〇－二頁〕
（76） Hatfield, *Between a Rock and a Hard Place*, pp. 99-100.〔一一一－二頁〕
（77）「ジーザス・ピープル」については以下を参照。Larry Eskridge, *God's Forever Family: The Jesus People Movement in America* (New York: Oxford University Press, 2013).
（78） Graham, *The Holy Spirit*, pp. 183-4.〔二三一－二頁〕
（79） Graham, *The Holy Spirit*, p. 184.〔二三二頁〕
（80） 例えば、グラハムはアスリートや軍人との友情をクルセードなどで強調している。ここに彼の「男性らしさ」への憧憬を見ることは可能である。Seth Dowland, "Billy Graham's New Evangelical Manhood," in Finstuen, Willis, and Wacker ed., *Billy Graham*, p. 222.
（81） Graham, *The Jesus Generation*, p. 173.〔二四五頁〕

第三章　冷たい戦争と魂の危機
――「反共主義」とマッキンタイア

はじめに

前章で、本書のグラハム解釈の枠組みを提示した。それは「罪」を強調する神学思想と「福音伝道者」という職務観であった。本章ではグラハムが「罪」に関する理解を深めていった姿を描き出したい。その題材として取り上げるのが、「反共主義」と「自由」である。

冷戦下のアメリカでは自由が称賛され、共産主義の防波堤と見なされた。アメリカ合衆国とソヴィエト連邦との覇権争いは、どちらのイデオロギーが勝っているかを示すための争いでもあったのである。

保守的なキリスト教徒の多くが反共主義者であった。彼らは共産主義のソ連を無神論国家と見なし、その脅威を防ぐために自由の必要性を強調した。グラハムもまた熱烈な愛国主義者、反共主義者と見なされた(1)。例えば、同時代人であるマクラフリンは「グラハムはサンデーのように、保守的な福音主義的なキリスト教と愛国主義的なアメリカニズムを同一視した」と記している(2)。また日本においても、古屋安雄はグラハムを「アメリカ的生活様式」の擁護者であると見なし、そのためならこの愛国主義的な牧師は誰とでも協力すると述べる。その上で古屋はグラハムの大衆的人気が一九五〇年代アメリカの「反共主義と反知性主義が寄せた人気」であると結論付けた(3)。

二一世紀に入った後にも同様の指摘がなされている。マーク・ノールは若きグラハムが愛国主義者であったことを指摘する(4)。彼のラジオ番組『決断のとき』は「宗教的熱と反共主義熱との典型的な調和」を示し、『リパブリック賛歌』が霊的悔恨のアピールより先立っていたというのである。また蓮見博昭は「新しい形式の宗教的伝道を推進していくことによって、国内の共産主義に対抗していこうとする動き」としてグラハムのクルセードを捉えている(5)。

以上のように、グラハムは反共主義者と見なされた。しかし、彼の「反共主義」は典型的な保守的キリスト教徒のそれとはニュアンスを異にしている。そこで本章ではファンダメンタリストのカール・マッキンタイア（Carl Curtis McIntire, Jr., 1906-2002）を物差しにして、グラハムの反共主義の特異性を浮かび上がらせたい。重要なのは、それがグラハムの「罪」理解の進捗に基づいている点である。

第一節では、時代背景を概観する。まずアメリカ人の多くが礼賛し、共産主義と対置した「自由」という概念の歴史を辿る。そこでは「自由」の持つニュアンスは歴史とともに変遷し、冷戦期アメリカにおける「自由」が一つの歴史的産物であることがわかるだろう。次にマッキンタイアの経歴をグラハムとの関係を中心に見る。両者は「ファンダメンタリスト」の系譜にありつつも、その実践の面で対立していったことがわかるだろう。

第二節では、両者の著作を分析し、その「反共主義」の内実を明らかにする。まずマッキンタイアの反共主義を論じるために、彼の自由観が現れている『自由をつくりし者』（一九四六年）[6]を中心に分析する。彼は前半で自由の創造者である神とその僕であるアメリカを、後半で専制の創造者サタンとその僕であるロシアについて論じている。次にグラハムの「罪」の神学の深まりを見るために、まず初期のベストセラーである『神との平和』（一九五三年）、次に『世界は燃えている』（一九六五年）を論じる。そこで明らかになるのは、マッキンタイアが頑迷な反共主義ゆえに自由を無批判に受け入れる一方で、グラハムが罪の認識から自由を相対化したということである。特に『世界は燃えている』では、第二章で論じたように、グラハムは人間の両義性を強調し、共産主義を「神の道具」として理解するに至った。

第一節　背景

(1) アメリカ社会における「自由」をめぐる言説

冷戦は二重の戦争、すなわち、米ソの世界覇権をめぐる争いであるとともに、イデオロギー、「生活様式」をめぐる争いでもあった[7]。それは「自由」に基づく「アメリカ的生活様式」（American way of life）と「共産主義」が埋め込まれた「ソヴィエト的生活様式」という構図である。しかし、アメリカが守ろうとした「自由」という概念が指すものは、必ずしも明確でない。

「自由」という概念はアメリカに限らず、ヨーロッパにおいても論争的なものであった。政治理論の教科書における整理に基づけば[8]、「自由主義」の歴史は、ジョン・ロックの「自然権」を基盤としたものに始まり、アダム・スミスによる経済学的な基礎を与えられたもの、ジェレミー・ベンサムの功利主義とその帰結としての自由放任主義（権力からの自由・安価な政府・夜警国家・自由貿易など）へ、すなわち「自然権のリベラリズムから功利のリベラリズム」へと展開した。その後、ベンサムのそれを修正して「市民の陶冶」のために「代議制統治」を語るJ・S・ミル、「人格の完成」を妨げるものを除去する政府を望むT・H・グリーンらの「人格発展のリベラリズム」が登場した。

その後、ハーバード・スペンサーの有機体論と進化論に基づく自由論を批判することで登場したのが、フェビアン協会や「ニュー・リベラリズム」である[9]。特に後者の潮流にあるレオナルド・ホブハウスやジョン・アトキンソン・ホブソンらは「積極的国家」が単に人格発展の障害を除去するだけでなく、その条件を積極的に生み出さなければならないと説く。そのため、市民の「権利」の拡大、特に再分配が主張された。

さらに一九二〇年代後半の不況と失業問題によって、ジョン・メイナード・ケインズが自由放任主義を批判するとともに、ニュー・リベラリズムが具体的政策へと展開した[10]。その思想が政策として実現したのが『ベヴァリッジ報告』であった。ケインズとベヴァリッジの構想した社会保障は所得の不平等を前提とした上での保障であり、あくまで「リベラリズムの枠内の、干渉を最小限にとどめようとする「消極的集産主義」」であったと評価される。この流れを批判して登場したのがフリードリヒ・ハイエクである。ハイエクは自由放任を時代遅れとしつつも、市場に基づく自生的秩序を管理しようとする福祉国家の試みに全体主義への一歩を見出した。このハイエクの福祉国家批判がイギリスのサッチャリズムやアメリカのレーガノミックスを支えた「ネオ・リベラリズム」へとつながっていった。

以上が「自由主義」をめぐる現代政治理論の教科書的説明であった。[11] ここにハンナ・アレントの「解放」(liberty)と「自由」(freedom)を区別し、アメリカ革命が後者を目指したものとする議論を加えてもいい。[12] では、アメリカにおいて「自由」はどのように捉えられてきたのだろうか。

現代の政治学においては「リベラル」というラベルは議員のイデオロギーを測定するために使われている。[13] 政治学者キース・プールとハワード・ローゼンタールは議員の点呼投票を分析し、議員のイデオロギーを経済政策と重要なイシュー(salient issues)を基準に「リベラル」と「保守」に分類した。

他方でアメリカでも「自由」の歴史が語られる。[14] 歴史家エリック・フォーナーは、アメリカ人が「自由」(とそれと入れ替え可能な言葉として使われる「解放」)を好むにもかかわらず、ミルやアイザイア・バーリンに匹敵する思想家がいない理由として、アメリカ人の説明が理論的というより歴史的なものになりがちであると指摘している。[15] そして、彼は「自由」を本質的に論争渦中の概念として、政治的自由・市民的自由・道徳的ないし「キリスト教的」自由・経済的自由という四つの要素に注目して、「自由の物語」を紡ぐのである。

その歴史を、ここでは政治学者のギル・トロイが、現代アメリカの保守の偶像であるロナルド・レーガンの登場までを辿った整理に依拠しつつ概観する。[16] トロイはアメリカ人の政府権力への態度が一九八〇年代まで両義的であったと述べる。すなわち、アメリカ人はイングランドとの戦争の経緯から歴史的に大きな政府の執行権力を恐れていたが、他方で彼らは「ニューディール」、「フェアディール」、「ニューフロンティア」、「偉大なる社会」といった一連の連邦政府プログラムに依存するようになっていた。

トロイによれば、建国期において、小さな政府を志向するトマス・ジェファソンが「リベラル」であり、経済分野をもリードする活力のある政府を求めるアレグザンダー・ハミルトンが「保守」であった。[17]彼らの政府観の相違は憲法第一条の、いわゆる弾力性条項（elastic clause）の解釈に起因する。[18]連邦議会は「必要かつ適切なすべての法律」を制定することができるが、さて、その「必要かつ適切」とは何を意味するのか。ハミルトンはこの条項を解釈し、連邦政府が銀行を設立する権限を正当化した。[19]しかし、ハミルトン派、フェデラリストは一八〇〇年の選挙で敗北し、ジェファソンが政権を獲得した。ジェファソンは小さな政府、個人やより小さな行政単位の政治を重視し、国政を取り仕切っていった。[20]

この連邦政府の役割をめぐるハミルトンの主張とジェファソンの主張の対立は後代に影響を与えた。[21]一方で、一八三〇年代のボストンを基盤にした富裕層は監獄や児童労働、貧困問題に取り組んだが、それは連邦よりも州や地域が中心であり、むしろプライベートなものであった。他方、南北戦争によって連邦政府の権限は拡大された。エイブラハム・リンカーンは連邦権限が各州のものより強力であることを主張し、連邦権力を用いて労働者や農民の生活の質を改善することを試みた。この連邦政府の介入を面白く思わなかったのがビジネスリーダーたちである。彼らは戦時中に流通したグリーンバックと呼ばれる紙幣、連邦の負債や課税などの問題を背景に、政府介入を拒否するようになった。トロイの言葉を借りれば、「保守的なビジネスリーダーたちはジェファソン的な小さな政府のリベラリズムをハイジャックした」。彼らの「レッセフェール」の教義は政府の介入を拒否する一方で、親族や教会、ボランティアが貧困問題などを解決することを期待していた。私的な互助が期待されていたのである。

しかし、一八七〇年代からのポピュリズム運動、それに続く革新主義運動はビッグビジネスから人々を守るために政府の積極的な介入を求めた。[22] セオドア・ローズヴェルトは大統領を「公的福祉の給仕」であると解し、大企業の権力集中を切り崩した。またウッドロー・ウィルソンは分権化とスモールビジネスを志向する一方で、連邦権力を拡大することで個々人を支援した。さらに一九二〇年代においても、革新主義は「偉大なヒューマニタリアン」たるハーバート・フーヴァーに継承された。しかし、一九二九年に勃発した大恐慌は革新主義の限界を暴露し、ジェファソン的な小さな政府リベラリズムが機能不全に陥っていることが明らかとなった。

ここで現れたのがフランクリン・ローズヴェルトであり、「ジェファソン的な民主主義的ポピュリズムとハミルトン的なトップダウン式の中央集権化を織り交ぜ」、「大きな政府的リベラリズム」が生み出された。[23] ここでローズヴェルトは「リベラリズムは、経済生活に対する政府の義務と責任へと変化した概念を示す簡単な言葉である」と表明するのである。トロイはローズヴェルトの「政府の第一の義務はすべての領域、すべてのグループのすべての人々の経済的幸福を守ることである」という炉辺談話における宣言を取り上げ、これがジェファソン的ヴィジョンともハミルトン的ヴィジョンとも異なるものであると評価する。

ローズヴェルトはフーヴァーを含めて保守派を鋭く批判するが、その際、政権を表す言葉として「革新的」ではなく「リベラル」という用語を採用した。フォーナーによれば、ローズヴェルトはそうすることで「リベラリズム」を「弱い政府と自由放任主義経済を意味する用語から、社会主義と自由放任的資本主義双方への代替物である、積極的で社会福祉的国家を公認する理念へと変貌させた。彼はまた「自由」という言葉を保守主義者から取り戻し、ニューディール支持派の鬨の声にした[24]という。ローズヴェルトは概念操作をしていたというのである。

しかし、ローズヴェルトが保守主義者から取り戻した「自由」は少なくとも次の二つの問題を含んでいた。一つは「自由」という言葉の多義性である。ローズヴェルトは一九四一年一月六日の一般教書演説の中で「人類の普遍的な四つの自由」、すなわち、「言論と表現の自由」（Freedom of speech）、「すべての個人がそれぞれの方法で神を礼拝する自由」（Freedom of worship）、「欠乏からの自由」（Freedom from want）、そして「恐怖からの自由」（Freedom from fear）を掲げた。しかし、フォーナーは、それら「不可欠な人間の自由」の内実が曖昧であったと指摘する[25]。ローズヴェルトは戦争協力のために保守的な議会を意識しつつ「自由」を一般的な表現で描写したが、やはり彼の「自由」、特に後者二つの「自由」は大きな政府を伴うものであった。このニューディーラーの「自由」を快く思わない保守派、あるいは革新主義の論客が多数存在していた。第五章で登場するマーク・ハットフィールドはフーヴァーの革新主義を掲げ、ローズヴェルトを批判している。

もう一つの問題は「自由」が多義性を含みつつも、冷戦下のアメリカにおけるナショナリズムの高揚とともに、アメリカ人に無批判に受け入れられていったことである。「自由」は「共産主義」と対置されることで、「アメリカ的生活様式」の中心に安置されてしまったのである。フォーナーはこの責任をトルーマン大統領に負わせる。

トルーマン・ドクトリンは、世界を自由世界と奴隷化された世界の二つに分ける戦時の区分法に依拠し、暗黒の勢力に対抗して自由を守るアメリカの使命という全く古めかしいメシア的世界観を甦らせたもので、アメリカ人のほとんどが戦後世界を理解するために使うようになる言葉を作り出した。[26]

大統領が率先して自由と共産主義を対置する思考を採用したのである。ここに反共主義は自由を守るという大義名分を得た。

アメリカにおける反共主義の典型例が、ジョゼフ・マッカーシー上院議員による「赤狩り」だろう。マッカーシーの登場は、トルーマン・ドクトリンという宣言に加えて、制度的な前史があった。[27] 一九四七年には連邦公務員の忠誠審査令（Loyalty Order）、一九五〇年にはマッカラン国内治安法（McCarran Internal Security Act）が制定された。この法によって、破壊活動の取り締まりが行われることとなるが、その主な対象は共産主義関係の団体であった。これらの反共主義的な法制定を背景に登場したのがマッカーシーであり、「自由」の名のもとに「赤狩り」が行われた。

マッカーシー旋風は短期間のうちにアメリカを通り過ぎた。[28] しかし、反共主義の嵐は終わらない。自由と共産主義という、二つのイデオロギーを二項対立的にとらえる理解は、同時代のアメリカ人が共有するものであった。その証拠にマッカーシーの赤狩りの下、次世代を担う有望な政治家リチャード・ニクソンやジョン・F・ケネディが登場したのである。特にアルジャー・ヒス（Alger Hiss）を追い込んだニクソンは「反共の闘志」としての名声を獲得した。[29]

この反共主義に多くのキリスト教徒が関与した。彼らは神がアメリカを祝福し、ソ連を呪っていると信じていた。その代表的な人物がグラハムであり、本章のもう一人の主人公ファンダメンタリストのカール・マッキンタイアである。

では、マッキンタイアとは何者なのか。マッキンタイアの経歴を追いつつ、グラハムとの関係がどのように論じられてきたかを概観しよう。

(2) カール・マッキンタイアとは誰か

カール・マッキンタイアは一九〇六年ミシガン州に生まれ、ミズーリ州パークヴィルのパーク大学（Park College）を卒業後、長老派の牧師となるために一九二八年にプリンストン神学校に入学する[30]。折しも、プリンストン神学校はファンダメンタリスト・モダニスト論争の真っただ中であった。そこでマッキンタイアはファンダメンタリストの総元締めともいえる新約聖書学者ジョン・G・メイチェンから指導を受けた。

第一章で概観したように、ファンダメンタリストと、彼らがモダニストと呼んだリベラル派との論争は、もともと神学的なものであった。一つは聖書の高等批評の問題である。聖書を文献学の手法に従って分析する手法がドイツからアメリカへと流入すると、その学問の受け入れの可否が争われた[31]。ファンダメンタリストは聖書を字義通り（literal）に読むことの重要性を強調し、神学的リベラリストたちは聖書には神話などが挿入されているために、解釈する余地があると主張した。

ファンダメンタリストによって担ぎ出されたのがメイチェンであり、彼は厳格なカルヴァン主義を唱え、ウェストミンスター信仰告白の遵守を説いた。彼は『キリスト教とリベラリズム』の中でリベラル派を次のように激しく批判した。

非贖罪的宗教は、「現代主義」（モダニズム）または「自由主義」（リベラリズム）と呼ばれている。（…）この運動の形態は多くあっても、その根は一つである。すなわち、多様な現れ方をする現代のリベラリズムという宗教は「自然主義」（ナチュラリズム）に根差しているのである。自然主義というのは、キリスト教の起源に関して神の創造的な力（自然の通常の過程から区別される神の想像力）のいかなる介入をも否定するもののことである。[32]

メイチェンは、リベラル派がキリスト教に特有なものを「宗教の普遍的原理の単なる時代的な象徴」と考えることを批判し、それが非キリスト教的かつ非科学的であると断罪したのである。[33]

メイチェンは妥協をしなかった。[34] 彼はウェストミンスター信仰告白の遵守を拒んだ全米長老派教会（Presbyterian Church in the United States of America）を見限り、アメリカ長老派教会（Presbyterian Church in America）を創立した（のちに正統長老派教会（Orthodox Presbyterian Church）に改名）。また彼はプリンストンを辞し、ウェストミンスター神学校（Westminster Theological Seminary）を設立したのである。

マッキンタイアは師メイチェンに従ってウェストミンスター神学校に移り、そこで一九三一年に学位を得た。そこでメイチェンから薫陶を受けた人物としてマッキンタイアのほかに、のちにグラハムの盟友となったハロルド・オッケンガ、ジェリー・ファルウェルに影響を与えたフランシス・シェーファー（Francis Schaeffer）の名を挙げられる。マッキンタイアは師に倣い、神学は科学であると断じている。「神学は神の学びである。それは神の存在・人格（character）・属性（attributes）、彼の法と統治、そして彼の創造と創造物に対する関係とを扱う科学である」[35]。マッキンタイアは長老派の按手を受け、ニュージャージー州アトランタで牧会する。次の赴任地が、マッキンタイアが骨をうずめることになるニュージャージー州のコリングスウッド長老派教会（Collingswood Presbyterian Church）であった。

マッキンタイアはファンダメンタリストの側に与し、一九三四年にはメイチェンに従って独立長老派海外伝道委員会（Independent Board for Presbyterian Foreign Missions）に参加した。しかし、マッキンタイアは師であるメイチェンとすら袂を分かった。マッキンタイアは一九三六年には禁酒とディスペンセーショナル・プレミレニアリズムを強調する自身の教会、聖書長老派教会（Bible Presbyterian Church）を形成した。

マッキンタイアは自身の信じるキリスト教に忠実であり、妥協を許さなかった。その意味で、マッキンタイアはマースデンの言う「教会的分離主義者」であった。しかし、彼はアメリカ世論への訴えかけを止めなかった。歴史家へザー・ヘンダーショットは新福音派が積極的に社会へ関与し、マッキンタイアのような分離主義者がそれを拒否したというナラティヴに異を唱える[36]。「マッキンタイアは神学的な分離主義者であったが、政治的な分離主義者ではなかった」というのである。

この間、マッキンタイアは様々なメディアを用いて自らの信仰の正当性を世論に訴えかけた。例えば、マッキンタイアは一九三六年に創刊した『クリスチャン・ビーコン』（*Christian Beacon*）誌で自ら筆を執り、数々の書籍を著した。さらに彼は一九五五年に『二〇世紀の宗教改革の時間』（*Twentieth*

Century Reformation Hour）というラジオ番組を開始している。しかし、その内容は極右的なものと見なされ、マッキンタイアは連邦通信委員会（Federal Communications Commission）と裁判所で争った。[37]

マッキンタイアは組織作りにも長けていた。例えば、彼は大学運営にも力を入れ、ニュージャージー州のシェルトン大学（Shelton College）の創設に関わったし、メリーランド州のフェイス神学校（Faith Theological Seminary）やカリフォルニア州のハイランド大学（Highland College）を支援した。

さらにマッキンタイアはリベラル派に対抗すべく、ファンダメンタリスト組織の創設を支援した。国内的にはＦＣＣ（のちの「全米教会協議会」〈National Council of Churches: ＮＣＣ〉）に対抗すべく、一九四一年にＡＣＣＣが組織され、さらに国際的には「世界教会協議会」（World Council of Churches: ＷＣＣ）に対抗すべく一九四八年に「キリスト教会世界協議会」（International Council of Christian Churches: ＩＣＣＣ）が組織された。マッキンタイアは後者の代表に選出されている。

マッキンタイアのリベラル派組織に対する敵意は相当なものであった。[38] 彼は『二〇世紀の宗教改革』（一九四四年）の中で、当代に二つのプロテスタントの流れがあると指摘する。一つはすべての教会を緩い連帯で一つのものにしようとする「エキュメニカル運動」（Ecumenical Movement）であり、ＦＣＣに代表される。もう一つは歴史的なキリスト教に立ち戻る「二〇世紀の宗教改革」であり、ＡＣＣＣに代表される。

同書の目次に明らかであるが、マッキンタイアは前者が「モダニズム」、その産物である「パシフィズム」と「ほぼ共産主義」（near-communism）に侵されていると述べる。[39] マッキンタイアはモダニスト・ファンダメンタリスト論争に触れつつ、「私はファンダメンタリストである。私はその言葉を恥じない」、「ファンダメンタリストはキリスト教徒である。彼は今日、そして過去五〇年に渡って攻撃を受けている信仰の基盤（fundamentals）を信じているのである」と高らかに宣言するのである。

マッキンタイアはモダニズムのエキュメニカル運動がバプテスト、ルター派、長老派、メソディスト、聖公会といった教派を蔑ろにしていることを問題視する。[40] かつて歴史家ジョン・フィアは、マッキンタイアがメイチェンと袂を分かったこと、教派的なプレスビテリアニズムよりも超教派のファンダメンタリズムへと突き進んでいったことをもって「ファンダメンタリストの長老派」（fundamentalist Presbyterian）から「長老派のファンダメンタリスト」（Presbyterian fundamentalist）へ移行したと評価した。[41] 教派よりもファンダメンタリストとしてのアイデンティティの方が、マッキンタイアに重要なものとなったというのである。しかし、マッキンタイアにとって依然として教派は重要なものであった。彼は「各集団がキリスト教の信仰における自己と他集団との協力関係の重要性を認識し、安定と力の要因が各集団の力強さとして現れたとき、プロテスタンティズムの栄光は最大のものとなる」と言い切った。

教派の問題を例にとっても、マッキンタイアの戦闘性は明らかである。その敵意はグラハムにも向けられた。グラハムは「ファンダメンタリスト」と呼ばれ得るだけの資質を有していた。第一章で言及したように、グラハムはボブ・ジョーンズ大学に学び、南部バプテストに所属していた。また聖書の読み方に関しても、彼は悩んだ末に聖書を神の言葉であると心に決めた。[42] グラハムの神学あるいは思想に限って言えば、おそらくマッキンタイアの眼からも十分合格点を与え得るものであったと言えよう。

しかし、マッキンタイアはグラハムに敵意を向けるようになる。その分水嶺は一九五七年のグラハムのニューヨーク・クルセードであった。(43) このクルセードに協賛していたプロテスタントの会議には「神学的リベラルで聖書の最も重要ないくつかの要素を否定する教会や聖職者」も属しており、グラハムはそのことがボブ・ジョーンズ、マッキンタイア、ジョン・ライスらには不満であったのではないかと回想している。この「彼のクルセードのエキュメニカルなサポートの基盤」という戦略が、マッキンタイアには気に食わなかったとフィアは述べている。(44) 第五章で論じるが、グラハムもまたある種の「エキュメニズム」を促進していたのである。

保守派からの批判を受けて、グラハムが至った結論は「彼らの批判は正しくなく、また神は我々を異なる方向に向けている」というものであった。(45) 加えて、グラハムは歴代の伝道者たちが左右両陣営からこの類の批判を受けていたことに気づく。そのため、当初は批判に応答していたグラハムだったが、「批判者たちは考えを変える様子を見せず、少なくとも私にはそんな議論に付き合う時間はない」ため、批判を受け流すことに決めた。

グラハムはマッキンタイアにも同様の対応をした。『いさおなき我を』の中で引用されている、一九五五年にマッキンタイアへ送られた手紙には次のようにある。

私は少々の怒りを感じており、膝を折り、私の中に愛を与えるよう神に求めました。（…）愛する友よ、もしあなたが私に対する攻撃を続けるようにという神の霊の導きを感じたならば、安心してください。私はあなたに応答をしないし、あなたの頭にある髪の一本まで害しようとは試みません。（…）私の目的は主イエス・キリストの言葉を罪人に宣べ伝えることで、彼の栄光を讃えることなのです[46]。

グラハムはマッキンタイアからの批判に飽き飽きしており、自らの職務である福音を宣べ伝えることに集中しようとしたのである。グラハムとマッキンタイアの仲を取り持ち、NAEとICCCによる反共主義の協力体制を築こうとする試みもあったが、実現しなかったという[47]。

このようにグラハムとマッキンタイアは神学的リベラル派との協同の可否をめぐって意見を異にしていた。しかし、忘れてはならないのは、両者が反モダニスト的なファンダメンタリストであり、頑迷な反共主義者と見なされたことである。例えば、堀内一史はグラハムとマッキンタイアが「反共主義という点と、基本的な神学的特徴では共通していた[48]」と述べている。また古矢旬はグラハムとマッキンタイアに言及しつつ、彼らを「ファンダメンタリスト」の訳語の一つである「原理主義者」と呼び、次のように指摘している。

現世を「神とサタン」との闘争の場と見なす原理主義者の世界観は、冷戦下の反共主義の二極的世界観と適合的であった。五〇年代から六〇年代にかけては、そうした原理主義集団の復興期となった。カール・マッキンタイアやビリー・ジェイムズ・ハージスやフレデリック・シュワルツといった、きわめて陰謀論的な色彩の強い極右から、より穏健なビリー・グラハムにいたるまで、この時期の福音主義的な指導者たちはラジオ、テレビを通して説教壇の上から強力に反共主義的

な福音を説いた。(49)

ここではグラハムとマッキンタイアが程度の差で語られている。たしかにグラハムは一九六〇年代になっても「どこかで共産主義に歯止めをかけねばならない。それはハワイか西海岸のどちらかにおいてである。大統領はそれがベトナムであると信じている」と、いわゆるドミノ理論を信じているような発言をしている。(50)

また『いさおなき我を』においても、自身の反共主義的振る舞いが語られる。(51) 例えば、グラハムは自身が多くのアメリカ人のように、共産主義がアメリカや世界へと拡散することを恐れていたという。「結局、西欧はソヴィエト連邦が原子爆弾と水素爆弾とを複製したことを知って動揺していたのである」。

しかし、グラハムは自身がマッカーシーやチャールズ・カフリン神父（Charles Coughlin）ら「共産主義に対するクルセーダー」とは相いれなかったことを強調する。(52) たしかに彼は「キリスト教徒に猛烈に反対するイデオロギーや哲学――特に共産主義――と正面衝突することなくイエス・キリストの福音を説教することは私には不可能だった」と告白している。さらにグラハムはレーニンの背後に「悪魔の力」を見てとり、ソ連の最大の問題として「好戦的な無神論」と「反宗教的政策と迫害」とを挙げて批判していた。しかし、グラハムは「ソヴィエトの人々を敬愛していた」と回顧する。なぜなら「純粋な共産主義者は少数派であり」、グラハムは「共産主義者の支配の下で生きる多くの人々はその実践者ではなく、犠牲者である」と考えていたためである。

それを証明するように、グラハムは早い段階で共産主義諸国を訪問している[53]。一九五九年にグラハムはロサンゼルスのビジネスマン、ビル・ジョーンズ（Bill Jones）から誘われ、旅行者としてソ連を訪れた。グラハムは自身がソ連の高官から口うるさい反共主義者と認識され、歓迎されていないと考えていた。しかし、早くもモスクワ空港で、グラハムはソ連で生きる信仰者たちに遭遇していた。

また一九六七年七月に、グラハムは共産圏内での説教を行っている[54]。正確にはユーゴスラヴィアであり、「鉄のカーテン」のあちら側での説教は一九七七年以降のハンガリーへの旅を待たねばならない[55]。

以上で取り上げたグラハムの言説は一九九七年の自伝に記されたものであり、必ずしも客観的な評価ではないかもしれない。しかし、一九六〇年代にキリスト教の牧師が「無神論」国家を訪問したことのインパクトは大きい。なぜグラハムはこのような行動を取れたのか。もちろん信仰を隠して生きる人々の存在をグラハムが信じていたことも重要だが、彼の「罪」理解も同じく重要である。グラハムはマッキンタイアと同じくファンダメンタリストの血を引くが、罪を強調することによって、彼の反共主義は同輩のそれとは異なるニュアンスを帯びるようになるのである。

次に両者の著作を取り上げ、彼らの神学を吟味し、自由と共産主義をどう理解していたかを探る。マッキンタイア、グラハムの順に取り上げよう。

第二節　自由と反共主義

（1）マッキンタイアにおける「自由」

マッキンタイアの反共主義は相当なものであった。彼は共産主義を攻撃するためには、自身がかつて「娼婦のような教会（harlot church）であり、アンチ・キリストの花嫁である」と貶めたローマ・カトリック教会とさえ手を組むことを厭わなかった(56)。歴史家マルク・ルオッチラによれば、マッキンタイアは「ヴァチカンはソヴィエトと同じくらいプロテスタントへの自由を否定した」ために問題を孕んでいると留保しつつ、「個々のカトリック教徒は大いに役立つ」と考えていた。マッキンタイアは共産主義をキリスト教の共通の敵と見なし、その存在を拒否したのである。

さらにD・G・ハートが指摘しているように、マッキンタイアは共産主義をキリスト教の敵であるだけでなく、「人間の自由という西欧的自由」の敵と見なしていた(57)。マッキンタイアは自由と共産主義を対置し、二元論的に理解しているのである。

この二元論が典型的に表れているのが一九四六年に出版された『自由をつくりし者』である。その中でマッキンタイアはアメリカを「自由」の擁護者と見なし、「安全」（security）を掲げるロシアに対抗すべき存在として見なしている。

自由な社会における善は自由であり、共産主義あるいは集産主義の社会における善はいわゆる

「安全」である。自由な社会における善は神の前に自由な人間を生み出すが、共産主義社会の善は国家の奴隷を生み出す。今日これら二つのシステムは多くの前線で、様々なレベルで衝突しているが、それは自由と安全の間の争いの中で生じている。神を恐れる人間と国家にとっての最大の安全は自由そのものであり、神を忘れる人間にとっての最大の自由は安全そのものである。なんと明白なことか！　両陣営は「自由」と「安全」という同じ二つの言葉を用いているが、そこで用いられている意味は正反対である。国家が衣食住、医療、慈善を供給し、人々の経済生活をコントロールし、計画するとしたら、その目的まで人々をコントロールしなければいけない。人々の経済をコントロールするために、人々の生活はコントロールされねばならない――これが「専制」（tyranny）である。これこそ社会主義と共産主義の原理の決定的な差がないことの一つの理由である。(58)

社会主義と共産主義が「安全」を最上の価値と見なすがゆえに、そこには人々を統制下に置く専制が必然的に生じるというのである。マッキンタイアは当代の「アメリカ的生活様式とロシア的生活様式」との戦いがまさに「自由と専制との間の戦い」であると断言してしまう。(59)

この統制への嫌悪感が一つの鍵である。マッキンタイアは「悪魔」（Devil）の章で共産主義の恐怖を語る。(60)マッキンタイアはサタンを神と自由に反する「専制をつくりし者」であると見なす。共産主義は全体主義国家の「最も発展した形態」であり、サタンによって「人間による発明の中で最も聡明な統治システム」と説明される。マッキンタイアは共産主義者が所有権を破壊するために十戒の「盗んではならない」を攻撃し、自由競争システムを取り除こうとしていると考える。共産主義がキリスト教の教えの基盤を掘り崩しているというのである。さらにマッキンタイアは次のことを問題視する。マルクス主義の社会構造の下では「人間は罪を犯すことが不可能である――システムが彼を罪に近づけない！」、「これは罪に対する二〇世紀の改善策である――人間を全体主義国家の拘束具の下に置き、彼は善にならなければならなくなる」、「いわゆるアメリカにおける左派の立法案の多くはこの前提に基づいている」。共産主義、あるいは左派のシステムによって、人間は善であることを強いられるというのである。

では、マッキンタイアにとって、共産主義から守るべき「自由」とはどのようなものであったのだろうか[61]。それはアメリカの建国神話と結び付けられて説明される。マッキンタイアは「なぜ我々の建国の父祖は神を「自由をつくりし者」として物語るのか」、「アメリカ合衆国で我々が憲法と権利章典の下で享受する人間の自由というこの概念はどこから来るのだろうか」と問う。その答えは「我々の父祖たちは神を信じたがゆえに、神が自由をつくりし者であると信じた」というものだった。

もちろんマッキンタイアはイエスをこの文脈で語る[62]。マッキンタイアによれば、イエスの教えと行動によって「自由」が定義され、それが私企業、個人のイニシアチブと責任、競争、資本主義システムといった「我々のアメリカの自由のシステム」を支える。マッキンタイアはイエスと自由の関係について次の六点を指摘する。第一にイエスは政教分離をつくりし者であり、これは個人の自由の保持に必要であった。第二にイエスは十戒を受け入れており、私企業制度は十戒の「盗んではならない」に依拠している。第三にイエスは個人の責任を強調しており、人間は彼ら自身の幸福だけでなく、あらゆるものの所有者である神との関係に関しても責任を持つ。第四にイエスは利潤動機を認めており、その例として「ルカによる福音書」一九章のたとえが引かれる。すなわち、主人の財産を布に包んで仕舞い込んでいた僕が「集産主義の安全」を求めていると批判されるのである。第五にイエスは貧者に対する自発的な慈善における個人の責任を強調した。自発性と労働者のマネジメントとの関連が語られ、それが団体交渉から共同管理を経て、共同所有へと移行することで共産主義に行き着いてしまうと説明される。第六にイエスは個人の救済を語るがゆえに、自由をつくりし者であると結論付けられるのである。

しかし、マッキンタイアによれば、自由に基づくアメリカの制度を内部から打ち壊そうとする勢力がいる。それがフランクリン・ローズヴェルトである。保守的なビジネスマンはニューディールに対抗すべく保守的なキリスト教徒を自陣に取り込んだが、マッキンタイアもその系譜に連なるのだろう(63)。ローズヴェルトは「人類の普遍的な四つの自由」を語ったが、マッキンタイアはこの種の「自由」とそれを保証する大きな政府を嫌っていた。当代に流行した言説を論じる中で、マッキンタイアは「政府のより大きな支援が我々の問題を解決する」という言説が、社会主義・共産主義のロジックであると一刀両断する(64)。

たしかにローズヴェルトの「自由」観は当時から不評を買っていた。ローズヴェルトの自由の中で「欠乏からの自由」が最も曖昧なものであったと、フォーナーは語る(65)。ローズヴェルトはこの語を国際通商上の障壁の除去という意味で用いたが、同時に経済的な側面、すなわち「アメリカの労働者と農民の生活水準」の保持と「戦争が終わっても大恐慌は再発しない」との保証と結びつけるようになった。

マッキンタイアはローズヴェルトの主張をすべて否定するわけではない。彼は信教の自由と表現の自由が憲法と十戒に基づくと述べる。しかし、マッキンタイアは「からの（from）自由」はあり得ないと強調する。[66]「恐怖からの自由」は「人間を全体主義の発想の下に置く」。国家が原子爆弾を含む「安全」をコントロールすることで恐怖の感情を人々から取り除くためである。むしろマッキンタイアは「恐れる自由」（freedom *to* fear）の重要性を強調する。人間は事実を知るべきであり、神の下の自由のために戦うべきであり、自由を失うかもしれないという恐怖こそが人間を用心深くするというのである。彼が最上に置くのは「神を恐れること」（fear of God）である。マッキンタイアはアメリカがロシアを恐れなければ、ロシアが自由を求める人々の土地を隷属化してしまうと警告する。この同じロジックが「欠乏からの自由」へも適用される。人間は「欠乏への自由」（freedom *to* want）が必要であり、この自由が個人のイニシアチブや責任感を醸成するというのである。その上でマッキンタイアはテヘラン会談およびヤルタ会談の問題が「四つの自由」に由来すると指摘し、ロシアが提供した自由が「からの自由」でしかなかったと結論付けるのである。

マッキンタイアはこのようにローズヴェルトの「自由」解釈を共産主義と結び付けて批判した。マッキンタイアが否定した言説のうち、一つは「我々はいかなるコストを支払ってもロシアと協働しなければいけない」というものであった。[67]戦中にはヒトラーという共通の敵がいたために、米ソの共闘が不可欠であったことをマッキンタイアも認める。しかし、戦後には二つのイデオロギーが異なる方向へと進んでいる以上、マッキンタイアは「ロシアとの平和の道はロシアのようになることである」

と述べ、むしろロシアが「西欧民主主義――自由な言論、自由な報道、自由な選挙、そしてそれらに関連するすべてのもの」へと馴染む必要があると強く主張するのである。

アメリカが自由の国として捉えられるのとは対照的に、ロシアは今日における専制の象徴と見なされた。マッキンタイアはロシアの問題点をいくつも挙げる。例えば、偶像崇拝である。[68] マッキンタイアによれば、集産主義や全体主義国家は人々に国家への忠誠を強いるがゆえに、神以外のものを崇拝するという罪を犯させる。それゆえ彼は「ナチズム、ファシズム、共産主義といった全体主義の秩序は偶像崇拝の形態なのである」と断言するのである。

またロシアにおけるデモクラシーの弾圧が語られる。[69] マッキンタイアはリンカーンに言及して人民の意に基づく政府の重要性を強調した上で、ロシアでは投票の自由やマイノリティの権利が奪われ、さらに「人間の良心は五か年計画などの計画や共産主義の刑務所の高い壁によって束縛されている」と批判するのである。

そして、責任感の消失が語られる。[70] マッキンタイアは各人が自身の罪を償うべきであり、同時代人が個人の罪と罰とを集団へと転嫁する「集産主義的秩序」（collectivistic order）を好むことを嘆く。「共産主義は単に「善を共有する」だけでなくすべての罪をも共有する」というのである。さらなる問題は「集産主義的責任は不可避的に個人の責任感を堕落させ、人間のイニシアチブと個性が成長する機会とを台無しにする」ことであった。

以上のように、マッキンタイアの共産主義ロシアへの批判は多岐にわたる。その上で、マッキンタイアは神の僕であるアメリカとサタンの僕であるロシアが世界を二分していると見なし、共産主義者と資本主義者、隷属と自由が共存することが不可能と述べ、二〇世紀を「アメリカの世紀」にすることを求める。

世界を自由へと導くのはアメリカの務めである。我々がそうしなければ、誰かが正反対の方向へと導くだろう。これはアメリカの責任であり、単に核爆弾やアメリカがそうするだけの力を保有しているためではなく、アメリカが神の前に道義的責任を負っているためである。アメリカは自由を与えるこれらの真実の擁護者であり、ロシアではない。我々を除いて誰が導くものがいようか。[71]

ここにはアメリカがロシアを降し世界を自由に導いていくというヴィジョンが現れている。マッキンタイアの反共主義は、古矢が指摘するようにこの時代のキリスト教徒、さらにアメリカ人に典型的なものであったと言えるだろう。すなわち自由の国アメリカと共産主義国家ロシア（ソ連）という善悪二元論的な見方である。

マッキンタイアの二元論的な反共主義を、冷戦期の保守的なキリスト教の典型的思考法と想定すると、グラハムのそれと相違点があるのだろうか。まず初期のグラハムの著作を見てみよう。

（2）グラハムによる「自由」の相対化

初期のグラハムの思想を探るために、ここでは一九五三年に出版された『神との平和』を取り上げる。『神との平和』はベストセラーとなったが、ポラックの好意的な伝記でさえ問題の多い著作であったと評されている。[72] 一九八四年には妻ルースの助言を取り入れつつ改訂版が出版された。[73]

若きグラハムは明確な反共主義者であった。『神との平和』の中でも共産主義を「異教ローマの時代以来、教会が立ち向かってきた最大で最も組織化された大胆なキリスト教の強敵である」[74]と描く。

しかし、グラハムはマッキンタイアの二元論的な思考に陥っていなかった。グラハムは共産主義に対置される「自由」やアメリカそのものを必ずしも手放しに称賛していない。『神との平和』には次のような議論がある。[75] 政治的自由や教育といったものだけでなく、「アメリカ的生活様式」によっても人間に満足と喜びを与えることはできない。それゆえ現在の人間の多くが「霊的真空状態」(spiritual vacuum) にある。この状態は大変危険であり、「ファシズムや共産主義は、神の聖霊に満たされている人間の心や魂には入る余地なく、空っぽで待っているだけの人の思想や心にはいともたやすく押し寄せてくる」。グラハムは、アメリカ人の魂が危機に瀕していると警鐘を鳴らすのである。マッキンタイアをはじめとする周囲の保守的なキリスト教徒が愛国主義に陥っている中、グラハムはアメリカ的価値を相対化し得たのである。

グラハムはなぜこのような視点に立てたのだろうか。それは「罪」を強調するグラハムの思想のためである。第二章で論じたように、フィンステューエンは罪を強調するグラハムの神学に注目する。フィンステューエンはグラハムの神学がニーバーと同じように、「一七世紀以前からのアメリカ文化における原罪の教義の明白な影響によって形成されてきた」ものとして、アメリカのキリスト教史を描く。[76] 罪を強調する改革派と、のちの福音主義の潮流は、アメリカの政治および文化的生活に支配的であった。ニューイングランドのジョン・コトン（John Cotton）、インクリースとコトンのマザー親子（Increase Mather & Cotton Mather）ら植民地の宗教指導者、政治指導者たちは「罪」の問題を認識していた。ジョン・ウィンスロップ（John Winthrop）の一六三〇年の「丘の上の町」演説は、神がピューリタンとの間で締結した契約を厳格に遵守することを求めたが、同時に人間が不従順であり、契約も移ろいやすいものであることを認識していたという。

次の世紀においても、原罪の教義はジョン・ウェスレーの神学においてすら重要であり、いわゆる「第一次大覚醒」で活躍したジョージ・ホイットフィールド、ジョナサン・エドワーズ、ウィリアムとギルバートのテネント親子（William Tennent & Gilbert Tennent）にも影響を与えた。[77] フィンステューエンによれば、エドワーズの一七四一年の「怒れる神の御手の中にある罪人」（Sinners in the Hands of an Angry God）にも罪が一貫して強調されており、エドワーズの関心はジェイムズ・マディソンら建国の父祖たちにも共有されていたという。

フィンステューエンは、アンテベラム期の信仰復興がシンクレティズム、アルミニウス主義、チャールズ・フィニーによる原罪の否定によって特徴づけられることを認めつつ、そこでは神の慈悲（mercy）とともに裁きに言及されていたと指摘する。[78] しかし、一九世紀末から二〇世紀初頭、ダーウィニズムと技術的発展により、「モダニスト」と呼ばれるリベラル派の中で原罪の重要性は低下した。それは進歩が神の内在（immanence）と国家の近代化への展望と結びつくことで、彼らに浸透していった。

しかし、原罪の教義はモダニストではないリベラル派のプロテスタント、すなわち「福音主義リベラル」（evangelical liberals）にとっては重要であり続け、彼らは歴史的発展や進歩に懐疑的であった。(79)フィンステューエンはその代表者として、「社会的福音」のウォルター・ラウシェンブッシュやラジオ説教者ハリー・エマーソン・フォスディック（Harry Emerson Fosdick）の名を挙げる。また神学的には保守的なファンダメンタリストや福音派、ドワイト・ムーディやビリー・サンデー、そしてメイチェンらディスペンセーショナル・プレミレニアリストたちも、罪を強調していたという。

このように「罪」を強調する神学潮流はアメリカに連綿と受け継がれていた。グラハムは「罪」を物語る際、先駆者たちと同じく原罪から始める。

この完全な世界の中に、神は完全な人間を置かれた。アダムは完全であった。神のなさることはすべて完全であり、この完全な人間の上に神は最も高価な賜物——自由の賜物（gift of freedom）——を与えられたためである。神は人間に選択の自由を与えられたのである（…）アダムは、完全な人間、最初の人間として、しかも神が自由という高価な賜物を与えられた地上の唯一の被造物として、エデンの園に置かれていた。アダムは完全な自由——選択および拒否の自由、神の命令に従うか、それとも従わないかという自由、自分を幸福にするか、それとも不幸にするかという自由——を持っていた。(80)

彼は罪を「人類全体のかしら」であるアダムの失敗に由来するものと見る。すなわち、「創世記」の物語に依拠しつつ、知恵の実を食べてエデンの園を追い出されたアダムの姿に、グラハムは「神の律法に従おうとせず、我々自身の権力と力によって王となろう[81]」とする「罪」を見出すのであった。

人間はこの傲慢の罪を克服できない。これがグラハムの罪に関する理解の大きな含意であった。この含意はグラハムに進歩の概念を疑わせる。同時代の進歩という観念を奉じ、自らの手で救済を獲得できると考えるキリスト教徒に、グラハムは批判的であった[82]。この罪に対する洞察はグラハムをマッキンタイアのような二元論的思考に陥らせることはない。

ここで注意したいのは、マッキンタイアも罪について語っていることである。しかし、彼の罪理解は二元論的思考を補強するものであった。マッキンタイアは人間が「神の似姿」（God's image）に創られたことを強調し、「エフェソの信徒への手紙」四章と「コロサイの信徒への手紙」三章を引きつつ、「人間の堕罪によって台無しにされた神の似姿の要素は贖罪によって回復されるのである」と述べる[83]。「この要素――知識、正義、真の聖化――はそれ自体で自由を必要とし、またそれらは人間の魂が救われるために必要とされるのである。そして、これが贖われた人間が自由人であらねばならないことの理由であり、彼は神の権威に基づいてそれらの自由を求める権利があるのである」。マッキンタイアはこの「神の人間」（God's man）と対比する形で共産主義者を定義する。すなわち、「まさにこの神との関係における個人の自由の関係において、僭主や王、絶対君主、そして我々の時代におけるナチズムとファシズムという全体主義、今日の共産主義と社会主義という全体主義の観念は、贖われた人間、生ける神の真理を喜ぶ人間に嫌悪感を引き起こす」。

マッキンタイアのこの見解は、アメリカ人も罪を負っていることのインパクトを弱くし、ソ連に対するアメリカの優越性を強調することへと帰結してしまう。その結果、両国が奉じるイデオロギー、すなわち「自由」対「共産主義」という図式が強化されるのである。

他方、グラハムにとって、自由とは罪によって制約を課されているものであった。グラハムはアダムの行動に言及しつつ、それを次のように説明する。「アダムは選択の自由を与えられており、その上で、神の真理に耳を傾けるよりも、誘惑者の偽りに耳を傾けてしまった。人類の歴史は、そのときから今日に至るまで、アダムの堕落によって失われてしまった地位を取り戻そうとする、無益な努力の物語である[84]」。アダムが自発的に罪を選択してしまった以上、その子孫である現在の人類も自由を行使することができないというのである。

グラハムはアダムの堕落以後の自由が不完全なものであると確信し、マッキンタイアを初めとした保守的なキリスト教徒が称賛する自由も例にもれず不完全であると断言する。若きグラハムは自国の民ができそこないの自由に固執することを、既に諌めようとしていた。

しかし、この時点のグラハムの「自由」理解は浅薄なものであるとも言える。グラハムは「自由は、選ぶべき道がただ一つしかないときには、無意味なもの[85]」であると述べ、自由を選択という行為に還元してしまっている。またフィンステューエンが「彼は罪を堕落（depravity）の状態、あるいはキリスト教の生活の中で克服される状態であると表現する[86]」と指摘するように、罪を克服可能なものとして描いてしまっている[87]。

さらにグラハムは過度な愛国主義に陥っていないとはいえ、共産主義批判の点では同時代のキリスト教徒と変わらない。共産主義に対するグラハムの理解に変化が見て取れるのは一九六五年の『世界は燃えている』においてである。次にこの著作を見てみよう。

（3）グラハムの「罪」に対する洞察の深まり、反共主義

『世界は燃えている』は、炎に包まれ破滅に進みつつある現代への危機意識から書かれた。ベトナム戦争をはじめ世界が混乱している中、グラハムは現在の人間にできることは何かを本書の中で問う。この著作が出版されるまでに、グラハムは福音伝道者としての地位を確かなものとすると同時に、クルセードなどの実践やニーバーからの批判を考察する中でその思想を深めていった。その中心的なテーマは「罪」であった。一九五七年のニューヨーク・クルセードでは、グラハムはエドワーズの「怒れる神の御手の中にある罪人」にも言及している(88)。『世界は燃えている』の中にフィンステューエンは罪に対する洞察の進展を見る。では、この著作の中でグラハムは罪をどのように描いているのだろうか。

グラハムはウェストミンスター信仰告白に倣い「罪」を「神の心と律法に反するすべてのもの」と捉える(89)。この定義自体は『神との平和』のものと変わりはしない。先に論じたように、『神との平和』の問題は罪を信仰生活の中で克服されうる状態として表現したことであった。『世界は燃えている』は罪の克服可能性に言及しない。この著作では人間の逆説、すなわち善と罪との共存が論じられ始めている。実際、グラハムは人間の状態を以下のように描いている。

一方の側には、空虚があり堕落があり罪がある。他方の側には、善意があり親切があり温和があり愛がある（…）一方において彼は無力な罪人であるが、他方において彼は自分自身を神に結び付ける能力を持っている(90)。

人間は「自分自身を神に結びつける能力」を持つと同時に「罪人」として描かれる。グラハムは人間を両義的な存在であると見なすのである。

さらにグラハムは人間が罪を負う理由をアダムのみに帰さない。人間は「選択による罪人」であると指摘される。[91] 人間が能力を持っていることは、彼自身が進んで間違った道を選びうることも示しているというのである。グラハムは人間が神の似姿であると同時に、アダムから受け継ぐ原罪と自己の選択によって罪人であると理解するに至った。『神との平和』と決定的に異なるのは、罪の克服不可能性が強調されていることであろう。

グラハムは神学者ニーバーには劣るものの、罪に対する理解を洗練させていた。それゆえ、グラハムはニーバーと同様、人間を両義的な存在であることを前提に福音を宣べ伝える。「新しい人は完全ではない」[92]という節では、キリスト教徒は「新しい性質」だけでなく依然「古い性質」を持っており、「キリスト教徒が罪を犯すとき、それは一時的に古い性質に屈する」ということが強調された。グラハムは、神に従うことを決めた人間ですら不完全であり、それゆえ現世におけるキリスト教徒の行動は問題を含んでいることをも認めるようになっていった。グラハムは政治問題、社会問題を多くは語らなかったけれども、人間と現世の複雑怪奇さを理解していたのである。

もう一つ、『世界は燃えている』で注目したいことがある。それはグラハムの終末論である。彼は素朴な終末のストーリーを描く。神は世界の終わりに人間を裁き、かつ救済するものとして語られる。ここには裁きと救済という二つの要素がある。グラハムは「裁き」が「正義」、「あわれみ」、「愛」と矛盾せず、良心に対する拍車として必要であると説く[93]。

次章以降で詳述するが、グラハムの終末論の語り方は、彼の同時代のアメリカに対する分析に大きく拠っている。グラント・ワッカーも指摘しているように、『世界は燃えている』におけるグラハムは神の「裁き」に比重を置いた[94]。このグラハムの説教を聴いた罪人は、裁きに対する恐怖に駆られる。神からの離反という罪を犯した人間は神に向き直らねばならない。しかし、神はいつまでも人間を待っていない。それゆえグラハムは警告する。「神による赦しと新しい命の提供は現在でも有効である。しかし、その扉はいつか閉じられ、いつか手遅れになるだろう[95]」。一刻の猶予もなく、今、直ちに、人間は神に帰依せねばならないことが、ここで強調されることになる。

一九六〇年代のグラハムは、罪に対する洞察を深めたことで人間が両義的な存在であることを認識し、終末における神の裁きの側面に注目することで現代人に危機意識を持つよう促した。では、『世界は燃えている』において発展したグラハムの思想は、彼の共産主義観にいかに影響しているのだろうか。

グラハムは共産主義をキリスト教に挑戦するイデオロギーと見なし、その問題点を挙げる[96]。彼はレーニンがキリスト教を資本主義と結び付け、人間を堕落させるものと解釈したことを批判する。イエスは全ての階級の人々にも時間を費やしたというのである。このキリスト教の曲解も問題であったが、グラハムの考える共産主義の最大の問題は「人間の魂の神探求の問題」に対する解答を提供し得ないことであった。共産主義がキリスト教に対置されている点で、これらの指摘は同時代のキリスト教徒の反共主義と何ら変わるものではない。

しかし、注目すべきは、グラハムの以下の言葉である。

> 神が欧米に対する裁きとして共産主義を用いているのではないかと私は考えている。欧米の罪は今やこの上なく大きくなっているため、国民的な悔い改めがなされない限りは裁きを避けることはできない。（…）アメリカと西ヨーロッパは、歴史上かつてなかったほどに、金儲けと肉欲的な快楽に耽っている。神は無視され、あるいは嘲られている。教会員は多くの場合、生温いキリスト教徒（halfhearted Christians）に過ぎない。裁きは来ようとしている。神はこの裁きをもたらすために無神論の共産主義を用いることもできる。共産主義の最大の脅威は共産主義そのものではなく、欧米人の霊的無感覚（spiritual apathy）であるのだ[97]。

グラハムの見るところ、魂に関する問題を抱えているのは共産主義国家だけでない。自由を謳歌しているはずのアメリカ人も同様に「霊的無感覚」を患っている。悔恨がなされない限り、アメリカは共産主義という神の裁きを避けることはできないというのである。

グラハムが共産主義をアメリカの不正義に対する神の裁きと考えていたことは、フィンステューエンによっても指摘されている[98]。しかし、『世界は燃えている』を丁寧に読む時、彼はより積極的な意義を共産主義に見出している。

グラハムは共産主義が「人間の魂の神探求の問題」に解答を出し得ないことを問題視するが、同時にそれを「問いをなし、答えを要求する狂信的な宗教」であると評する。彼は共産主義の問いかけが欧米人の心を刺激すると言う。「もう一度、人間は自身の魂の検討をしなおさなければならなくなった。既に答えが与えられていると思っていた問題が、もう一度提起された。人間とは何だろうか。人間はどこから来たのだろうか」[99]。自身を省みることのなかった人々に「人間とは何か」という根源的な問いかけが投げかけられた。そこで人々は自身が「霊的無感覚」に陥っていたことに気づくというのである。ここに共産主義は積極的な意味が与えられた。グラハムは共産主義を欧米人に自省を促すものとして捉えたのである。そして彼はこの問いをなす狂信的な宗教が神によってもたらされたことも確信していた。ここでグラハムは共産主義をアメリカ人に自省を促すために神が作り出したもの、すなわち「神の道具」としての意義を見出したのである。

グラハムの言説は同時代の保守的なキリスト教徒の中で異彩を放っていたと言えよう。多くの同胞が未だ愛国主義的な反共を掲げていた時代にあって、グラハムは共産主義を神の道具と見なし得た。なぜグラハムは共産主義を評価し得たのか。罪に対する深い洞察はグラハムにアメリカ人にも自省が必要であることを気づかせる点では重要なものだったが、共産主義を神の道具と彼に認識させることはない。グラハムが共産主義を評価し得たのは、彼の「福音伝道者」としての職務観である。

第二章で論じたように、グラハムは福音伝道者の役割を、単に福音の知識を人々に広めることに限定しない。彼は「説得」の契機を重視する。すなわち、人々が悔い改めて神に従うよう説得することも、福音伝道者の職務だというのである。しかし、福音伝道者の職務を妨げるものがある。それが人間の罪深き性質である。

少なくとも『世界は燃えている』を著したグラハムは罪深き人間の弱さもまた知っていた。「霊的無感覚」に陥っている人間に自身の罪を自覚させ、神の重要性を気づかせるにはどうすればいいか。終末への危機意識はこのジレンマに早急に対処するよう彼に迫る。これこそ、グラハムが同時代人を揺るがす「共産主義」という政治的語彙を用いて、キリスト教徒たちの脆弱な心を説得しようとした背景であると言えよう。罪に対する深い洞察と自身の職務観とがグラハムの中で両立したとき、彼は共産主義をアメリカに自省をもたらす神の道具と見なし得たのである。

最後に「人間とは何か」という共産主義が提起した問いかけが残された。罪に対する理解を深めたグラハムはこの問いに次のように答えるだろう。人間は善と罪とを併せ持つ両義的な存在である、と。裁きの瞬間が近づく現在、共産主義によって「人間とは何か」という根源的な問いを突き付けられた西側諸国の人間は、悔い改めて神へ向き直り、かつ「善」と「罪」とをもつ両義的な性質を自覚して生きてゆかねばならないのである。

おわりに

本章はグラハムの「罪」に関する洞察が深まる過程を、彼の「反共主義」と「自由」理解とを補助線に描いてきた。その際、保守的なキリスト教徒の典型としてマッキンタイアを取り上げ、グラハムとの比較を試みた。

第一節では時代背景を概観した。まず「自由」の概念史を、そして冷戦期の「自由」観を見た。トルーマン・ドクトリンに見られるように、多くのアメリカ国民は自由と共産主義を対置して理解した。

この冷戦の文脈の中でキリスト教熱は高まったが、マッキンタイアは神学的には許容範囲にあるグラハムを、神学的リベラル派との協力ゆえに執拗に攻撃したのである。

第二節では、実際にグラハムとマッキンタイアの著作を分析し、比較を試みた。マッキンタイアは典型的な反共主義的なキリスト教徒であった。「自由な社会における善は自由であり、共産主義あるいは集産主義の社会における善はいわゆる「安全」である」という認識の下、マッキンタイアはイエスと「アメリカの自由のシステム」を結び付けた。その上で、マッキンタイアは「世界を自由へと導くのはアメリカの務めである」と結論付けるのである。

他方のグラハムも保守的なキリスト教徒であったが、「神の律法に従おうとせず、我々自身の権力と力によって王となろう」と試みる罪の事実を重く捉え、アダム以来の「罪」に塗れた人類史を語る。グラハムはマッキンタイアが絶対視した自由を「罪」の下に置き、それを相対化し得た。さらに『世界は燃えている』においては、グラハムは人間が罪と善とを併せ持つという両義性を理解するに至り、さらには彼の「罪」理解が「福音伝道者」の職務観と結びつくことで、グラハムは「神が欧米に対する裁きとして共産主義を用いているのではないか」と、共産主義をアメリカに自省を促す神の道具と見なすに至ったのである。

しかし、忘れてはならないのは、グラハムの活躍は始まったばかりであるということである。本章で論じたのは、一九六五年の著作までである。次章では一九六〇年代後半、一九七〇年代のグラハム思想を明らかにしていきたい。アメリカ国内がベトナム反戦運動やカウンターカルチャーで騒乱に陥っていたこの時代、グラハムは政治権力者に最も接近した。それは彼の「福音伝道者」としての職務観ゆえである。それを続く二つの章で見ていこう。

注

（1）Martin, *A Prophet with Honor*, pp. 169-71.
（2）McLoughlin, *Billy Graham*, p. 18.
（3）古屋「ピールとグラーム」八六－九頁。
（4）Noll, *American Evangelical Christianity*, pp. 47-8.
（5）蓮見博昭『宗教に揺れるアメリカ――民主政治の背後にあるもの』（日本評論社、二〇〇二年）一九七－八頁。
（6）Carl McIntire, *Author of Liberty* (Collingswood, New Jersey: Christian Beacon Press, 1946).
（7）「冷戦」に関しては以下のものを参照。J・L・ガディス（河合秀和、鈴木健人訳）『冷戦――その歴史と問題点』（彩流社、二〇〇七年）、佐々木卓也『冷戦――アメリカの民主主義的生活様式を守る戦い』（有斐閣、二〇一一年）、ウォルター・ラフィーバー（平田雅己、伊藤裕子監訳）『アメリカVSロシア――冷戦時代とその遺産』（芦書房、二〇一二年）、ロバート・マクマン（平井和也訳）『冷戦史』（勁草書房、二〇一八年）七－四六頁。
（8）金田耕一「リベラリズムの展開」川崎修、杉田敦編『現代政治理論』（有斐閣、二〇〇六年）四七－六〇頁。以下も参照のこと。ダンカン・ベル（馬路智仁、古田拓也、上村剛訳）「リベラリズムとは何か」『思想』（二〇二一年四月号）七－四六頁。
（9）金田「リベラリズムの展開」六〇－八頁。
（10）金田「リベラリズムの展開」六八－七四頁。
（11）続く現代の自由、平等についての論考も参考のこと。金田耕一「現代の自由論」『現代政治理論』七五－九六頁、飯田文雄「平等」『現代政治理論』九七－一三五頁。

（12）ハンナ・アレント（志水速雄訳）『革命について』（筑摩書房、一九九五年）。

（13）Nolan McCarty, Keith T. Poole, and Howard Rosenthal, *Polarized America: The Dance of Ideology and Unequal Riches*, Second Edition (Cambridge, Massachusetts: The MIT Press, 2016). また梅川健は経済争点と社会争点の二つを挙げ、後者に人工妊娠中絶・同性婚・公立学校での祈祷・銃規制を挙げている。梅川健「イデオロギーと社会争点」岡山裕、西山隆行編『アメリカの政治』（弘文堂、二〇一九年）一三六－五八頁。

（14）「自由」の歴史に関しては以下を参照。ルイス・ハーツ（有賀貞訳）『アメリカ自由主義の伝統』（講談社、一九九四年）、中野勝郎「自由主義（リベラリズム）」『アメリカ文化事典』二七二－三頁。また現代の「自由」に関する議論は以下を参照。佐々木毅『アメリカの保守とリベラル』（講談社、一九九三年）、仲正昌樹『集中講義！アメリカ現代思想――リベラリズムの冒険』（NHK出版、二〇〇八年）、中山俊宏『アメリカン・イデオロギー――保守主義運動と政治的分断』（勁草書房、二〇一三年）。

（15）エリック・フォーナー（横山良、竹田有、常松洋、肥後本芳男訳）『アメリカ自由の物語――植民地時代から現代まで［上］』（岩波書店、二〇〇八年）xv - xxiv 頁。

（16）Gil Troy, *The Reagan Revolution: A Very Short Introduction* (Oxford: Oxford University Press, 2009), pp. 22-8. またフォーナーの「ニューディールと自由の再定義」「自由のための戦い」「冷戦期の自由」「六〇年代の自由」「保守的自由」という箇所も参照。

（17）Troy, *The Reagan Revolution*, pp. 22-3.

（18）「上記の権限、およびその他この憲法により合衆国の政府またはその部門もしくは公務員に付与された一切の権限を行使するために、必要かつ適切なすべての法律を制定すること」。土井訳「アメリカ合衆国憲法第一条第八節」五八－九頁。

（19）連邦政府の権限をめぐるハミルトンの考え方は以下を参照のこと。中野勝郎『アメリカ連邦体制の確立――ハミルトンと共和政』（東京大学出版会、一九九三年）一〇七－一一二頁。

（20）しかし、ジェファソン大統領はルイジアナ領土購入など、大きな政府を彷彿とさせる政策も実行していった。岡山裕『アメリカの政党政治――建国から二五〇年の軌跡』（中央公論新社、二〇二〇）四九頁。

（21）Troy, *The Reagan Revolution*, pp. 23-4.
（22）Troy, *The Reagan Revolution*, pp. 24-6.
（23）Troy, *The Reagan Revolution*, pp. 26-7.
（24）エリック・フォーナー（横山良、竹田有、常松洋、肥後本芳男訳）『アメリカ自由の物語――植民地時代から現代まで〔下〕』（岩波書店、二〇〇八年）五六－七頁。
（25）フォーナー『アメリカ自由の物語〔下〕』八三－七頁。
（26）フォーナー『アメリカ自由の物語〔下〕』一二六頁。
（27）斎藤眞、古矢旬『アメリカ政治外交史〔第二版〕』（東京大学出版会、二〇一二年）二二六－七頁。周知のように、マッカーシーやゴールドウォーターに「パラノイド・スタイル」を見出したのがリチャード・ホーフスタッターだった。Richard Hofstadter, "The Paranoid Style in American Politics," *Harper's Magazine* (November 1964), https://harpers.org/archive/1964/11/the-paranoid-style-in-american-politics/ (accessed 4 October, 2021).
（28）トロイによれば、共和党の穏健派アイゼンハワーはニューディール的な福祉国家の必要性を認識し、同時に保守派に失望していた。一九五〇年代の公民権運動の成功とマッカーシズムの極右的反共主義は保守派を周辺的なものにしてしまった。その後の保守派の「復活」は、作家アイン・ランド（Ayn Rand）の「オブジェクティヴィズム」（Objectivism）、ウィリアム・バックリー（William F. Buckley Jr.）の『ナショナル・レビュー』（*National Review*）、そしてレーガンを待たなければならないという。Troy, *The Reagan Revolution*, pp. 29-30. 特に現代の保守主義に関しては以下を参照のこと。井上弘貴『アメリカ保守主義の思想史』（青土社、二〇二〇年）。
（29）ニクソンの著作からは、彼が民主主義よりも自由主義を重視していることがわかる。「民主主義とはある特定の政治形態だが、自由は民主主義外の政治制度においても存在しうる個々の人間の条件なのだ。アメリカには、幸いなことに自由と民主主義の両方があるが、われわれは、民主主義が機能する伝統や組織を持たない国々に対してわが国の制度を押し付けようとする間違いを犯してはならない」、「われわれの目的は、世界に自由を通用させることでなければならない。これは地球上のいたるところに民主主義を打ちたてるということではなく、自由が存在するところでそれを確固たるものにするということを意味する」。Richard Nixon, *In the Arena: A Memoir of Victory, Defeat, and Renewal* (New York: Simon & Schuster, 1990), pp. 351-2.〔福島正光訳『ニクソン　わが生涯の戦い』（文藝春秋、一九九一年）四八一－二頁〕

（30）マッキンタイアの経歴はプリンストン神学校の図書館のホームページも参照のこと。"The Carl [Charles Curtis, Jr.] McIntire Manuscript Collection," Princeton Theological Seminary, https://princetonseminaryarchives.libraryhost.com/repositories/2/resources/798 (accessed 4 October, 2021). また以下のものを参照。Martin, *With God on Our Side*, pp. 35-9.

（31）一九世紀半ばにすでに聖書の文献学の手法は流入していたが、それは主に言語に注目したものであり、アンテベラム期のアメリカではダーヴィト・シュトラウス（David Friedrich Strauß）などのラディカルな聖書批評学は退けられていた。Kenneth Cmiel, *Democratic Eloquence: The Fight for Popular Speech in Nineteenth-Century America* (Berkeley, California: University of California Press,1990), p. 98.

（32）メイチェン『キリスト教とは何か』一〇－一頁。

（33）メイチェン『キリスト教とは何か』一五－七頁。

（34）青木『アメリカ福音派の歴史』一六〇－四頁。

（35）McIntire, *Author of Liberty*, p. 5.

（36）Heather Hendershot, "God's Angriest Man: Carl McIntire, Cold War Fundamentalism, and Right-Wing Broadcasting," *American Quarterly*, Vol. 59, No.2 (2007), p. 388.

（37）それは争いのある論点についてバランスを保つよう定めた「公平原則」（Fairness Doctrine）であった。Hendershot, "God's Angriest Man," pp. 379-384; Heather Hendershot, *What's Fair on the Air? Cold War Right-Wing Broadcasting and the Public Interest* (Chicago, Illinois: The University of Chicago Press, 2011), pp. 142-69.

（38）Carl McIntire, *Twentieth Century Reformation* (New York: Garland Publishing, Inc., 1988), pp. ix-xi. ウィリアム・マーティンはマッキンタイアの四〇年代の主著として、本書が取り上げる二冊の著作と『専制の出現』（*The*

Rise of the Tyrant）を挙げている。Martin, *With God on Our Side*, p. 35.

（39）McIntire, *Twentieth Century Reformation*, pp. 4-5.

（40）McIntire, *Twentieth Century Reformation*, pp. 8-9.

（41）John Fea, "Carl McIntire: From Fundamentalist Presbyterian to Presbyterian Fundamentalist," *American Presbyterians*, Vol. 72, No.4 (1994), p. 257.

（42）この点、自伝の中には次のような説明がなされている。グラハムはライリーのように聖書の完全なる霊感を信じることができるか疑問であった。しかし、一九四九年にカリフォルニア州フォレストホームでの学生会議へ出席したことがグラハムを大きく動かす。グラハムはテンプルトンから「君の信仰はシンプル過ぎる。君の言葉は時代遅れだ。君は自身のミニストリーを成功させたいなら、新しいジャーゴンを学ぶべきだ」と批判された。しかし、ゴルフコースでの出来事のように、グラハムは膝を折り、祈った。聖書には多くの矛盾するように見える点があり、テンプルトンたちが問う哲学的な問題には答えられないと。答えは何も聞こえなかった。しかし、グラハムは次のようにつぶやいた。「父よ。私はこれをあなたの言葉であると受け入れよう――信仰によって。私は、信仰が私自身の知的な問いや疑問を超えることを認め、これをあなたの霊的な言葉であると信じよう」と。Graham, *Just as I Am*, pp. 137-9. またフロストの対話でもグラハムは「リテラリスト」や「創世記」の解釈を講じている。Frost, *Billy Graham*, pp. 80-4.

（43）Graham, *Just as I Am*, p. 302.

（44）Fea, "Carl McIntire," pp. 261-2.

（45）Graham, *Just as I Am*, p. 302.

（46）省略はグラハムによる。Graham, *Just as I Am*, p. 303.

（47）Markku Ruotsila, *Fighting Fundamentalist: Carl McIntire and the Politicization of American Fundamentalism* (New York: Oxford University Press, 2016), pp. 139-40.

（48）堀内一史『アメリカと宗教――保守化と政治家のゆくえ』（中央公論新社、二〇一〇年）一一九頁。

（49）古矢旬『アメリカニズム――「普遍国家」のナショナリズム』（東京大学出版会、二〇〇二年）二五八頁。

（50） Andrew Preston, “Tempered by the Fires of War: Vietnam and the Transformation of the Evangelical Worldview,” in Axel R. Schäfer ed., *American Evangelicals and the 1960s* (Madison, Wisconsin: University of Wisconsin Press, 2013), pp. 191-200. ただしグラハムの反共主義は初期よりはトーンダウンしているし、むしろジョンソン大統領のためのこのような発言をした可能性も否定できない。Martin, *A Prophet with Honor*, p. 317.

（51） Billy Graham *Just as I Am*, pp. 381-2.

（52） グラハムは「真の」（bona fide）共産主義者を追放する必要を認めていたが、マッカーシーを「行き過ぎた」と評価しており、マッカーシーからのコンタクトに反応したことはなかったと述べている。Graham, *Just as I Am*, pp. 381-2.

（53） Graham, *Just as I Am*, pp. 378-9; Billy Graham, “Impressions of Moscow,” *Christianity Today* (20 July, 1959), pp. 14-5.

（54） Graham, *Just as I Am*, p. 384.

（55） Graham, *Just as I Am*, pp. 475-89.

（56） Markku Ruotsila, “Carl McIntire and the Fundamentalist Origins of the Christian Right,” *Church History*, Vol. 81, No.2 (2012), p. 388. 予想されるとおり、「クリスチャン・コミュニズム」をもマッキンタイアは批判している。マッキンタイアは初代教会の財産の共有が自発的なもので、かつローカルなことを前提し、それが使徒言行録のアナニヤとサッピアの嘘を生み出してしまい、また個人の責任感を消失させると批判する。McIntire, *Author of Liberty*, pp. 53-4.

（57） Hart, *From Billy Graham to Sarah Palin*, p. 26.

（58） McIntire, *Author of Liberty*, p. 115.

（59） McIntire, *Author of Liberty*, p. 147.

（60） McIntire, *Author of Liberty*, pp. 158-60.

（61） McIntire, *Author of Liberty*, pp. 3-4.

（62） McIntire, *Author of Liberty*, pp. 26-39. この点は『二〇世紀の宗教改革』にも明らかである。結論部分では「我々は教会と日曜学校を愛している」、「我々は主イエス・キリストを愛している」と述べられているが、それに先立つのは「我々はアメリカを愛している」という言葉であった。それに続くのは次のような宣言である。「我々は生活様式と自由とが維持されているのを見たい（…）我々はプリマスとジェイムズ・タウンを覚えている。我々は「我々は神を信じる」という言葉をコインに見ることができる。我々は聖書に手を置いて就任宣言する人を見る。日曜日はいまだ法律的に休息の日である。ここは我々の父祖の土地である。彼らは信仰と犠牲とによってそれを我々に与えてくれた。我々はそれを子供たちに手渡すために戦わねばならない。我々はモダニズム、パシフィズム、ほぼ共産主義同然のものなんて必要としていない！　そうではないか。我々は神の言葉が命じたように、アメリカが自由であることを欲している」。McIntire, *Twentieth Century Reformation*, p. 210.

（63）マッキンタイアの反集産主義にはディスペンセーショナリズムの影響とともに、彼の師メイチェン、オランダのネオ・カルヴィニストであるアブラハム・カイパー（Abraham Kuyper）、そしてハイエクの影響があった。マルック・ルオッチラは「マッキンタイアはカイパー＝メイチェン的なリバタリアニズムのモチーフを、国際的な共産主義とアメリカ国内で出くわした集産主義的な近代リベラリズムとを批評し、説明するために用いた」と述べる。ただしマッキンタイアはこれらの脅威に対処すべく、すべてのファンダメンタリストに政治関与を求めた点で「メイチェンのオールド・スクールではなく、ニュースクールの長老派だった」と指摘される。Ruotsila, "Carl McIntire and the Fundamentalist Origins of the Christian Right," pp. 382-4.

（64）McIntire, *Author of Liberty*, p. 164.

（65）フォーナー『アメリカ自由の物語［下］』八七頁。

（66）McIntire, *Author of Liberty*, pp. 200-1.

（67）McIntire, *Author of Liberty*, pp. 164-6.

（68）McIntire, *Author of Liberty*, pp. 12-3.

（69）McIntire, *Author of Liberty*, pp. 86-8.

（70） McIntire, *Author of Liberty*, pp. 180-1.
（71） McIntire, *Author of Liberty*, pp. 199-200.
（72） ポラック『ビリー・グラハム［上］』一五六頁。
（73） Anne Blue Wills, "'An Odd Kind of Cross to Bear': The Work of Mrs. Billy Graham, from 'Pretty Wife' to 'End of Construction,'" in Finstuen, Willis, and Wacker ed., *Billy Graham*, p. 240.
（74） Graham, *Peace with God*, p. 215. ［二七五－六頁］
（75） Graham, *Peace with God*, pp. 14-8. ［五－一一頁］
（76） Finstuen, *Original Sin and Everyday Protestants*, pp. 47-9.
（77） Finstuen, *Original Sin and Everyday Protestants*, pp. 47-9.
（78） Finstuen, *Original Sin and Everyday Protestants*, pp. 47-9.
（79） Finstuen, *Original Sin and Everyday Protestants*, pp. 47-9.
（80） Graham, *Peace with God*, pp. 43-4. ［四五頁］
（81） Graham, *Peace with God*, p. 48. ［五一頁］
（82） Graham, *Peace with God*, p. 208. ［二六六頁］ワッカーはフィンステューエンを評価しつつ「グラハムの罪に関するメッセージは人間の有限性、すなわち自己とその周囲の自然界と社会を変革する人間の能力の限界に関するメッセージであった」と述べている。Wacker, *America's Pastor*, p. 42.
（83） McIntire, *Author of Liberty*, pp. 80-1. この「神の人間」（God's man）を、マッキンタイアは「再生していない人間」、「サタンに支配されている人間」である「自然人」（natural man）と区別している。McIntire, *Author of Liberty*, pp. 178-9.
（84） Graham, *Peace with God*, p. 45. ［四七－八頁］
（85） Graham, *Peace with God*, p. 44. ［四六頁］
（86） Finstuen, *Original Sin and Everyday Protestants*, p. 73.
（87） Graham, *Peace with God*, p. 55. ［六一頁］

(88) J・P・バード（森本あんり訳）『はじめてのジョナサン・エドワーズ』（教文館、二〇一一年）二〇一－二頁。
(89) Graham, *World Aflame*, p. 66.〔一〇六頁〕
(90) Graham, *World Aflame*, p. 65.〔一〇五－六頁〕；Finstuen, *Original Sin and Everyday Protestants*, pp. 73-4.
(91) Graham, *World Aflame*, p. 71.〔一一一－三頁〕
(92) Graham, *World Aflame*, pp. 167-8.〔二三七－九頁〕
(93) Graham, *World Aflame*, pp. 235-7.〔三一九－二二頁〕
(94) Wacker, *America's Pastor*, pp. 46-7.
(95) Graham, *World Aflame*, p. 263.〔三五三頁〕
(96) Graham, *World Aflame*, pp. 9-11.〔三三－五頁〕
(97) Graham, *World Aflame*, p. 12.〔三六－七頁〕
(98) フィンステューエンは一九五〇年代のグラハムにこの態度を既にみる。しかし、『世界は燃えている』でのグラハムの反共主義は論じられていない。Finstuen, *Original Sin and Everyday Protestants*, p. 129.
(99) Graham, *World Aflame*, pp. 53-4.〔八九頁〕

第四章　大統領の聖所と神殿

――「サイレント・マジョリティ」とニクソン、ピール

はじめに

　グラハムは「福音伝道者」を天職と考えていた。それゆえ彼は己の職務についてじっくりと考えねばならなかった。その上でグラハムが出した結論は、「福音伝道者」が罪を負った人々にイエスの道を歩むよう「説得」すると同時に、その職務の「制約」ゆえにほかの職務と協力せねばならないということだった。この章では前者、福音伝道者が人々を説得するために奔走した姿を描きたい。その舞台は一九六〇年代後半の政党政治である。

　前章で見たように、冷戦期のアメリカでは共産主義との対決が意識され、宗教指導者だけでなく政治家によってもキリスト教への回帰が叫ばれた。しかし、若者たちはキリスト教を含めた伝統的な文化に挑戦し、ベトナムとの戦争は覇権国アメリカのプライドを打ち砕いた。加えて、冷戦の経過とともに世俗化が進み、宗教指導者たちは国内におけるキリスト教の影響力低下を危惧した。そのときグラハムは何を語ったのだろか。

以上のことを明らかにするために、第一節では時代背景を見る。伝統的な価値観が挑戦を受けたとき、少なくない保守的な人々はそれに抗おうとした。この人々にアピールしたのが、リチャード・ニクソンであった。ニクソンは今日のトランプを彷彿させるレトリックを駆使し、「法と秩序」を求める人々の目を共和党に向けさせた。その際、ニクソンは万全を期すため、キリスト教指導者たちにも協力を依頼する。ニクソンの要請に応じたキリスト教指導者として「積極的思考」（positive thinking）の創始者ノーマン・ヴィンセント・ピール（Norman Vincent Peale, 1898-1993）の名が挙げられる。[1] 保守的な宗教指導者たちもキリスト教、延いては自らの影響力が減退することを危惧していた。その意味で、両者の利害は一致していたのである。

ニクソンの触手はグラハムにも伸びる。グラハムは保守的なキリスト教徒、特に南部で抜群の知名度を誇っており、共和党が民主党の牙城である南部に侵入するために必要不可欠な人材だった。しかし、ニクソンがキリスト教に求めたものは、必ずしもグラハムのそれと一致したわけではない。グラハムの「罪」の語り方は人々に自省を求めるものであった。第二節では「罪」を中心にグラハムとピールの神学を比較し、後者のものがニクソン支持者たちを慰めたことを明らかにする。

とはいえ、グラハムはニクソンの要請に応えなかったわけではない。第三節では、グラハムの終末論の語り方に注目し、ニクソン政権期における福音伝道者の説得のテクニックを見ていく。

第一節　ニクソンとお気に入りの牧師たち

(1) ニクソンとグラハムの密接な関係

グラハムとニクソンの友情はいつ始まったのだろうか。ニクソンの自伝によれば、彼の母ハンナ（Hannah Nixon）は南部カリフォルニアのクルセードにも参加しており、「ビリー・グラハムが有名になる以前から、彼の熱心なファンであった」という。[2] またニクソンは母とグラハムの思い出として一九六七年のカルフォルニア州東ホイッティアのフレンド派の教会で執り行われた彼女の葬儀を回顧している。このようにニクソンにとってグラハムは母との関連で思い出される人物であった。

グラハムの自伝においても、ハンナの葬儀から「私のクエーカーの友人」の章が始まる。[3] グラハムとニクソン自身との出会いは、一九五〇年か五一年にノースカロライナ選出のクライド・ホーイ（Clyde Hoey）上院議員にワシントンで紹介されたときであった。両者はゴルフを通じて友情を深めていく。グラハムはニクソンが副大統領として献身する姿を見ており、彼がアイゼンハワーの後継者としてふさわしいと考えていた。ニクソンに対する高い評価は外交や内政といった政治的な側面だけでなく、彼が「霊的繊細さを持つ、控えめで道徳的な人間」であるという点にも由来していたという。[4]

ニクソンはピールとも友情を育んだ。ピールは一八九八年にオハイオ州で、医者でメソディストの牧師の父のもとに生まれた。ピールはオハイオ・ウェスリアン大学（Ohio Wesleyan University）を経て、ボストン大学神学部（Boston University School of Theology）で学位を得た。ピールはメソディストの牧師として按手されるが、一九三二年に改革派に転向し、[5]ニューヨーク州のマーブル教会（Marble Collegiate Church）に赴任し、その地で五〇年以上もの長きにわたって牧会した。

ピールは一九三五年からラジオ番組『生きるためのわざ』（*The Art of Living*）を、一九四五年から『ガイドポスト』（*Guideposts*）誌の発行を、一九五二年から六八年までテレビ番組『あなたのトラブルは何？』（*What's Your Trouble?*）を放映し、一九五二年にはベストセラー『積極的思考のちから』（*The Power of Positive Thinking*）[6]を出版した。ピールはキリスト教のエッセンスを抽出して積極的思考を生み出し、世俗のビジネスマンを「啓発」していったのである。[7]長年の功績からピールは一九八四年にロナルド・レーガン大統領から表彰されている。

ピールとニクソンの友情は、ニクソンが海軍時代にニューヨークに滞在したときに遡る。[8]ニクソンの自伝には「ニューヨークのピールのマーブル教会は私たち家族の生活に重要で幸せな役割を果たした」と記され、実際にニクソンの娘とアイゼンハワーの孫の結婚式はマーブル教会で行われた。またグラハムとピールの友情は、第一章で触れたように、ニューヨーク・クルセードをピールが支援したときから続いていた。[9]

ニクソンとグラハム、ピールの友情、あるいは協力関係は、ニクソンが出馬した一九六〇年の大統領選挙にも見られる。この大統領選挙では「宗教」が一つの焦点となった。なぜならアル・スミスとハーバート・フーヴァーが争った一九二八年の大統領選挙と同じく、この選挙はローマ・カトリックとクエーカーの候補者が争ったものであったからである。

グラハムはいくつかのカトリックの教えと実践には同意できないと前置きしつつ、ボストンのリチヤード・クッシング（Richard J. Cushing）枢機卿と友情を育み、「ホワイトハウスにおけるカトリック」が問題となるとは考えていなかったと告白する。[10] しかし、彼は自身の所属する南部バプテストが政教分離の観点からケネディを問題視していることを知っていた。「外国の政治国家――ヴァチカン市国――の長でもある宗教指導者に自身の忠誠を誓うかもしれない大統領を持つという考えは、彼らを大いに心配させた」。またグラハムによれば、一九二八年選挙においてノースカロライナの民主党員たちはカトリックのスミスに投票しなかった。

宗教問題をケネディ陣営は重視していた。グラハムはケネディ陣営からアプローチを受けたことを自伝に記している。[11] 一九六〇年四月には、ピエール・サリンジャー（Pierre Salinger）と名乗る若者から、ウェスト・ヴァージニアでの民主党予備選挙で用いる、ローマ・カトリック問題と選挙における寛容に関する声明を求められた。さらにジョン・ケネディ本人を名乗る人物から電話を受け、宗教問題が選挙戦に影響しないことを言明してほしいと依頼された。グラハムはどちらも断っている。

他方、宗教問題をニクソン陣営も意識していた。ニクソン自身の宗教、「クエーカー」も敵陣営から攻撃される。ニクソンによれば、批判はクエーカー教徒が「平和主義者」であるという点などに向けられていた。[12] つまり、平和主義者に合衆国軍の最高司令官の任務が務められるかが問題となった。これらの問題を払拭するのに、グラハムからの支持は大いに役立つものだった。しかし、ニクソンは宗教指導者の政治関与をよしとしなかった。[13] 後年の自伝には、「私は宗教と政治の混淆には強い反感を抱いている」、「聖職者の使命は、善男善女の生活を変えることであって、政府を変えることではない」、さらに「私がビリー・グラハムに言ったように、もし彼が一線を越えて政治の変革をめざす活動に携わるならば、彼が人々を変える力は弱まるだろう」と書かれている。しかし、ニクソンの言葉を鵜呑みにすることはできない。後述するように、ニクソンはグラハムからの支援を喜んで受けたし、むしろ支援を依頼したのである。

当のグラハムによれば、この大統領選挙における彼の立場は「副大統領ニクソンとの友情」のために難しいものになっていた[14]。グラハムはケネディよりもニクソンの方が、副大統領の経験から大統領職に相応しいと思っていたが、公式にはどちらを支持するなどの表明はしなかった。しかし、グラハムは五月の南部バプテストの会合でニクソンの名を出さなかったものの、自身の選好を不用意にも仄めかしてしまった。このことを後悔する記述が自伝にある。

党派対立に巻き込まれる事態を避けるためにも、グラハムはアメリカを離れる必要があった。彼は六月から一〇月までリオデジャネイロでのバプテスト・ワールド・アライアンスへの参加、ヨーロッパでのクルセード開催のためにアメリカを離れた[15]。しかし、グラハムの支持を取り付けたい人物は少なくなかった。実際、グラハムはアメリカのピールからニクソンを支持するようにと書かれた手紙を受け取った。グラハムはピールをスイスのモントルーに招き、自身の選好を述べた。しかし、グラハムは依然として政争の外に留まることを望んだという。

この選挙期間中に世間の目を引いたのは、「宗教的自由のための市民全国会議」(National Conference of Citizens for Religious Freedom)であった[16]。ローマ・カトリックに懐疑的なプロテスタントの指導者、特に世界福音主義団体(World Evangelical Fellowship)のクライド・テイラー(Clyde Taylor)たちは、海外にいたグラハムに代わってピールをこの会議の議長に担ぎ出した。会議の論調が反カトリック、反ケネディであることが公にされると、世間の批判はピールに集中した。

ピールはこの経験を「私は愚かにも議事を行うために壇上に向かった」と回顧している。[17]ピールは幼少期からユダヤ教やローマ・カトリックを尊重するよう教えられてきたと述べているし、また「私はケネディ上院議員に反対する気もなかったし、また彼がたまたまカトリック教徒だからと言って反対する気もなかった」と言う。グラハムはピールに会議への出席を促したこともあり、「ピール博士は不当にも全体の責任のために非難され、個人的にも職業的にも傷ついた」と同情を寄せている。[18]

グラハムは帰国後、ヘンリー・ルースにニクソンを助けたい旨を相談すると、ニクソンに関する論考を『ライフ』誌に掲載しないかという提案を受けた。[19]グラハムは執筆に精を出した。しかし、グラハムと妻ルースは候補者の一人に関する論考を、選挙が二週間に迫った時期に出版することの危険に気づいた。結局、グラハムの書いた第一稿は出版されず、「なぜ各々のキリスト教徒は投票すべきか」という論考が世に出た。編集者ルースは不満であったという。

このようにニクソンはグラハムとピールから支援を受けたが、ケネディに敗北することとなる。続くカリフォルニア州知事選挙でもニクソンは敗北し、彼の政治生命は断たれたかに思われた。しかし、ニクソンは復活を遂げる。ニクソンの復活にグラハムは大きな役割を果たした。政界引退後に出版した自伝によれば、ニクソンは一九六八年大統領選挙への出馬を躊躇っていた。しかし、グラハムの「私は大統領になることが君の運命だと思うんだ」[20]という言葉が引き金となり、ニクソンは出馬を決意する。

グラハムのニクソンへの貢献は続いた。グラハムはニクソンからいかなる政治運動も伝道に悪影響を与えるゆえに公に支持しないよう忠告されるが、「選挙過程から完全に距離を取ることはできなかった」と後年告白している。[21] グラハムは再び政治的な助言をしてしまった。一九六〇年大統領選挙にはグラハムは、ニクソンの副大統領候補者として、外交の専門家であり、反共主義者のミネソタ選出のウォルター・ジャッド（Walter Judd）下院議員を、一九六八年には、第五章に登場するオレゴン選出のマーク・O・ハットフィールド上院議員を推薦した。

他方で民主党もグラハムにアプローチをしていた。[22] 現職のリンドン・ジョンソンがベトナム戦争の後処理のために再選を諦めたが、民主党公認のヒューバート・ハンフリー副大統領はグラハムの古い友人の一人であった。グラハムは友情に引き裂かれそうになりながらも、党派的であると見なされることを避けるためにシカゴの民主党の党大会の招きに応じた。

しかし、グラハムはニクソンのために、特に南部で奔走する。南部は民主党の牙城であり、かつ第三政党である独立党（American Independent Party）のジョージ・ウォレス（George Wallace）の支持者が多かった。ニクソンはこの南部保守層への進出を試みた。いわゆる「南部戦略」（Southern strategy）である。南部出身でキリスト教徒から支持を得ていたグラハムとの友情が、ニクソンに恩恵を与えたことは想像に難くない。[23] またグラハムは選挙期間中、自身が影響力を持つ南部に度々赴いてニクソンの人柄を語り、ニクソンと再選を諦めたジョンソンとのパイプ役を務めた。「ニクソンのグラハムを通したアプローチは、少なくとも一時的には、選挙戦におけるLBJを中立化させた」[24]という。

折しも当時のアメリカは、「カウンターカルチャー」（counterculture）と呼ばれる「伝統」に対する若者の挑戦やベトナム戦争の敗北により傷つき、誇りを失いかけていた。カウンターカルチャーを明確に定義するのは難しいが、竹林修一はこれを「既存権力や親の世代の価値観に抵抗して、若い世代のアメリカ人が独自の文化を作った現象」と表現する。[25]「ヒッピー」(hippie)と呼ばれた若者たちは物質文明に背を向けるようなコミューン生活を営み、ロック音楽やLSDというドラッグに耽り、ベトナム反戦運動に積極的に参加した。また男女ともに長髪を好み、サイケデリックと呼ばれた極彩色の服をまとい、ヘルマン・ヘッセの小説、東洋宗教、先住民に関心を寄せたという。

このカウンターカルチャーの信奉者と保守派との対立が「文化戦争」(culture wars)である。飯山雅史はロバート・ワスナウとこの用語を発明したデイヴィッド・ハンターに依拠しつつ、文化戦争が生じた経緯を次のように簡潔に説明する。[26]第二次大戦後の人口流動化、特定争点に基づく保守派の運動によって教派意識が薄れる一方で、高等教育の急拡大によって登場したリベラル派とそれに反発する保守派(宗教的伝統主義者)の対立が深刻化した。「倫理問題が政治対立に発展し、アメリカとはどういう国なのか、今後どうあるべきかという「アメリカを定義する戦い」につながった」という。

この文化戦争の中でニクソンは戦略的に行動した。ニクソンは自身を保守に位置付け、行動したのである。[27]若者の「反乱」に対してニクソンは「法と秩序」(law and order)、そしてベトナムにおける「名誉ある平和」(Peace with honor)、あるいは「名誉ある撤退」(exit with honor)を掲げて、彼が一九六九年一一月の演説で「サイレント・マジョリティ」(silent majority)と呼ぶ保守的な人々にアピールを試みた。[28]

ロバート・メイソンによれば、ニクソンは「サイレント・マジョリティ」というアイディアを、一九六四年の大統領選挙で共和党の公認候補であったバリー・ゴールドウォーターの「忘れ去られたアメリカ人」(forgotten American) から拝借していた。[29] しかし、メイソンは両者の違いも指摘する。ニクソンの「忘れられたアメリカ人」(のちのサイレント・マジョリティ) が「一九六〇年代の混乱への反発」を代弁していたというのである。その「混乱」とは何か。

ジョンソン政権のもと、アメリカはほとんど耐えられない問題群に直面した。それは国内での社会的紛争の原因となった手に負えない海外での戦争、リベラル派が平等主義的な目的を実現するために用いた手法に対する増幅する憤激、人種問題が前進したときに生じた深刻な人種不安、そして疫病と見なされた、増大する不法と伝統的な道徳観念への挑戦によって社会に広がる不安感である。ニクソンはこれらの問題を解決すると約束し、この約束を自身の党の運命と永遠の基盤とを再生する方法であると見なした。

ケネディ、ジョンソン政権による大きな政府とベトナム戦争、「伝統的な道徳観念への挑戦」が「混乱」と見なされたのである。

ここで挑戦された「道徳観念」を支えていたのは、まさにキリスト教であった。キリスト教をめぐってアメリカ社会が二分していったのである。その最中、ニクソンは自身が熱心なキリスト教徒であると保守派にアピールした。[30] ニクソンは一九六九年と七〇年にパウロ六世を訪れるなどローマ・カトリックにアピールしつつ、グラハムのクルセードなどの一連のイベントに参加し、「信仰の人」と見なされるよう努力した。その結果、ニクソンは「アメリカの宗教的遺産」(Religious Heritage of America)

という組織から一九七〇年の「今年の教会員」（Churchman of the Year）に選ばれた。ピラードはここに政教の混淆、すなわち「市民宗教」の問題を見るが、ニクソンの戦略は成功したのである。

もう一人の主役、グラハムはこの時期、若者たちの挑戦を苦々しく思いつつも、「霊的現実」（spiritual reality）に対する彼らの深い飢餓を感じていた。グラハムはYFCでキャリアをスタートさせたように若者への伝道に関心を抱いており、一九五〇年代には自らプリンストン神学校やケンブリッジ大学などを訪れることでキャンパスでの伝道の可能性を感じていた。[31] 一九六〇年、七〇年代には若者への伝道に一層力を入れ、グラハムは一九六九年のマイアミ・ロック・フェスティバルに参加し、またキャンパス・クルセード（Campus Crusade for Christ）と協力して大学での伝道や「エクスプロ72」（Explo'72）といったイベントに積極的に関与していた。彼の見るところ、カウンターカルチャーに彩られたこの時代、多くの若者は「親世代の価値と規範」、国内外の争乱ゆえに伝統的な制度・価値観に疑問を付し、「突飛な方法」で生きる意味を探し続けたか、諦めてしまった。グラハムは霊的飢餓に喘ぐ若者に狙いをつけたのである。[32]

カウンターカルチャーにコミットした若者は西洋的な物質主義、あるいは個人主義に抵抗するために、東洋や先住民の宗教に向かっていったと説明されることがある。[33] しかし、アメリカの伝統を疑うカウンターカルチャーの影響を受けつつもキリスト教にコミットしようとした若者もいた。「ジーザス・ピープル」と呼ばれた若者たちの活躍は「イエス運動」（Jesus Movement）、「イエス革命」（Jesus Revolution）と呼ばれ注目された。[34] このジーザス・ピープルを題材に書かれたのが、グラハムの『イエスの世代』である。[35]

アメリカ世論や世代間の分断が進んでいることは明白であったが、保守派へのアピール戦略が功を奏し、かくしてニクソンの勝利は確定した。ニクソンは就任式までのすべての儀式を執り行うようグラハムに依頼した。[36] しかし、グラハムはクリスマスにベトナム訪問を予定していることもあり、ニクソンにユダヤ教のラビも含めて儀式を執り行うよう説得した。ニクソンはこのエキュメニカルな案（ecumenical idea）に従ったが、それでもグラハムに就任式後のスピーチを依頼した。グラハムは就任式の後に四分ほどの祈祷を行う。『タイム』誌はこれを「ミニ就任演説」であると批判した。

グラハムのニクソン支援は続いた。[37] グラハムはニクソンのベトナム政策を擁護し、愛国心を高める一九七〇年七月四日の「アメリカを讃える日」（Honor America Day）でも基調演説を行った。ピラードによれば、この説教は「市民宗教的」なものでもであり、「アメリカを称え、自らを再び「神とアメリカの夢」に捧げ、そして古い価値観と大統領の対ベトナム政策に批判的な人々には「決して屈服しない」よう暗に求めた」[38] ものであった。その一方でニクソンは一九七一年一〇月一五日のノースカロライナ州シャーロットでの「ビリー・グラハムの日」（Billy Graham Day）を祝うなど友人を労った。こうして大統領と福音伝道者の協力関係は維持されていった。

選挙に関して言えば、続く一九七二年の大統領選挙でも、グラハムはニクソンに加担してしまった。グラハムは前大統領ジョンソンからのメッセージを現大統領ニクソンへと届けた。「マクガヴァンを無視して、人々と出かけなさい。ただし私がゴールドウォーターに対してしたように、選挙戦では超然としているがいい。球場や工場に行きたまえ。心配するな。マクガヴァン派は自滅するだろう」という助言と、ウォーターゲート事件が「彼〔ニクソン〕を少しも損なわないだろう」という言葉をである[39]。

グラハムは党派政治に関与し、ニクソンに多大なる貢献をした。それゆえ両者の緊密な関係は注目の的となり、そして多くの同時代人から批判されることとなる。政治と宗教の近さが問題となったが、また批判の矢は、グラハムがニクソンの傍らにいたにもかかわらず、一九七二年一二月の北ベトナムへのクリスマス爆撃やウォーターゲート事件を防ぐことが出来なかったことにも向けられた[40]。

特に世間からの注目を集めたのはラインホールド・ニーバーからの批判であった。このニーバーの批判を起点に、次にグラハムとニクソンの信仰について見ていこう。

（2）グラハムとニクソンの信仰の相違

ニーバーは「王の聖所と王国の神殿」（一九六九年[41]）と題した論考の中で、大統領が始めたホワイトハウスにおける礼拝を批判する。

ニーバーは「国教を樹立する法律もしくは自由な宗教活動を禁止する（…）法律」の制定を禁じた憲法修正第一条から話をはじめ、この思想的源流を植民地時代に宗教的寛容を説いたロジャー・ウィリアムズ（Roger Williams）と大統領トマス・ジェファソンに求める。ニーバーによれば、ジェファソンがダンベリーのバプテストへの手紙で記した「教会と国家の間の分離の壁」には、宗教が既成秩序を不用意に擁護することを防ぎ、かつ国家統合と宗教多元主義とを共存させる機能があった。これは「宗教生活の預言者的なラディカルな側面」（prophetic radical aspect）を鼓舞し、社会の不正義を批判するよう求める。ニーバーはこのラディカルな側面を旧約聖書の預言者アモスに求める。

ニーバーによれば、アモスの時代のベテルの祭司アマツヤも「批判的なタイプの宗教と従順な（conforming）タイプの宗教との対比」を解していた。しかし、アマツヤは王の祭司として、王の神殿にとって因習的で従順な信仰を好み、アモスの批判的なラディカリズムを恐れ、忌み嫌った。そのためアマツヤはイスラエルの王ヤロブアムにアモスを告発し、追放したという（アモス7・10－13）。

ニーバーはこのイスラエルの神殿と「ニクソン大統領がある種の聖域へと変えたホワイトハウスのイーストルーム」をパラレルに論じる。ニクソンが権利章典の「抜け道」を見つけたというのである。ニーバーによれば、ニクソンは宗教を半ば公的に寄せ集め、「従順な宗教」を作り上げた。その結果、「飼いならされた宗教の多くは建国の父が恐れた歴史上の公定宗教よりも政策を認めている」という。

ニーバーは続いて批判の矛先をグラハムに向ける。「予想されたとおり、ミスター・グラハムは王の聖所、王国の神殿の現代版における第一の説教者」であると。ニーバーはグラハムがニクソンの言葉、「我々の問題のすべては霊的なものであり、それゆえ霊的な解決がなされねばならない」を引くことに疑問を呈する。ここで問題にされているのは、宗教が本質的に深く霊的な問題の解決策の源泉なのかということである。その上でグラハムとニクソンのキリスト教理解の問題点が二つ指摘される。一点目は、「すべての宗教を公的正義を保証する有徳なものと見なしている」ことであり、政策を正当化する「因習的な宗教」と、政治や経済といったあらゆる歴史的事実を「神の言葉」の下に置く「ラディカルな宗教的抵抗」との根源的な差異を認識していないことである。ニーバーはこれこそ「建国の父祖が恐れ、憲法修正第一条から除外しようと望んだ自己満足の従順さの典型例」と切って捨てる。

批判の二点目は、「個人の回心において生じるような心の宗教的変化が人間のすべての罪を癒すだろうと想定している」ことにある。ニーバーはグラハムのお気に入りの一節である「キリストと結ばれる人はだれでも、新しく創造された者なのです」（第二コリント5・17）を取り上げ、グラハムがこのパウロの言葉を人種問題に適用した結果、「キリストと結ばれる人はだれでも、肌の色で差別しない人間（color blind）になるのです」と保証してしまうことを問題視する。回心の過度の強調は「人間自身の二重かつ社会的な特徴を見えなくし、また彼らの徳と悪徳の個別の特徴と社会的特徴とを見えなくする」という。ここにも第二章で取り上げた、グラハムの個人主義、敬虔主義への批判が見られる。

ニーバーはこの「イーストルームの現在の疑似国教信奉」（quasi-conformity）に対すべく、再びアモスに、そしてマーティン・ルーサー・キングに言及する。「わたしはお前たちの祭りを憎み、退ける。祭りの献げ物の香りも喜ばない。（…）お前たちの騒がしい歌をわたしから遠ざけよ。竪琴の音もわたしは聞かない。正義を洪水のように／恵みの業を大河のように／尽きることなく流れさせよ」（アモス5・21、23－24）。ニーバーはキングがこの一節を気に入っていたと述べた上で、彼が生きていてもホワイトハウスでの礼拝には招待されないだろうと推測する。なぜなら「ＦＢＩは、アモスに対するアマツヤの意見と同じものを抱いていた」。すなわち、「公定宗教は法的な認可のあるなしに関わらず、批判に対して常に警戒しており、それが政策に関するものだと特にそうである」というのである。[42] そして、ニーバーはＦＢＩの長官であるＪ・エドガー・フーヴァー（J. Edgar Hoover）とアマツヤを「同じ職務の奇妙な異なるヴァージョン」、すなわち、「自己満足とうぬぼれのカルトの高位の聖職者」と揶揄するのである。

ニーバーは「ホワイトハウスで説教するよう招待を受けた人物はこれを思い出すべきである」と警告をして論を閉じるのである。

本書にとって注目すべきは、グラハムがこの類の批判に対して自身が権力者を諫める「預言者」ではないと返答している点である。例えば、ウォーターゲート事件後の『クリスチャニティ・トゥディ』誌に掲載されたインタビューの中で、グラハムは自らとニクソンの関係が、預言者と王ではなくパウロとローマ皇帝の間柄になぞらえるべきだと主張する。[43]「私が「ナタン」でないことを思い出そう。ダビデは「神の民」の指導者だったのであり、今日の世俗的なアメリカの状況と全く異なっている。より良い比較は古代ローマにおけるパウロと皇帝の関係だろう」。グラハムがどのように自らを正当化しようとも、同時代人はニクソンの行動を諫めることのできなかった福音伝道者を責めた。

これまで概観してきたように、グラハムはニクソンに最も近く、彼の政治キャリアに寄与したキリスト教の指導者と見なされてきた。キリスト教の指導者の多くはニクソンを批判する際にグラハムにもその矛先を向けたのである。しかし、必ずしもその批判は正当ではない。なぜならグラハムとニクソンの信仰はイエス理解を含めて異なるものであったからである。

両者の信仰の差異を端的に言えば、グラハムは伝統的なキリスト教理解をしていたのに対し、ニクソンは「リベラル」なキリスト教理解をしていた。この名称は、第一章でも触れた一九二〇年代に生じたファンダメンタリストとリベラル派との論争に遡るものである。

ニクソンは母方のクエーカーの信仰を受け継ぐが、[44]カリフォルニア州ホイッティア大学（Whittier

College）時代にリベラルな考え方を持つようになった。カレッジ時代のエッセイに注釈を加えるという形で、ニクソンは自伝の中で自らの信仰を説明する。[45]「イエスは神の子であるが、私はそのことがその語の持つ身体的な意味を必要としないと考えていた」、「復活の物語の文字通りの正確さはそれが持つ深い象徴性ほど重要なものではないと私は書いている」。ここから読み取れることは、ニクソンが聖書を字義通り読むことをせず、またイエスの復活を「象徴」として捉えていたということである。これは神の存在やイエスの復活と救済を素朴に信じるキリスト教理解とは一線を画すものであった。

福音伝道者を自認するグラハムにとってイエスの贖罪と復活こそが重要であった。[46]それは一九七〇年代初頭に流行したロックオペラ「ジーザス・クライスト・スーパースター」（*Jesus Christ Superstar*）に対するグラハムの批判からも窺える。「このオペラの致命的な欠点は、それがキリストを墓の中に入れたままにしているという点にある。復活がなければ、キリスト教はない。赦しも、信仰も、希望もない——あるのは、かつがれたという気持ちだけである」。グラハムにとってイエス理解は重要だった。

グラハムはニクソンに期待していたからこそ、大統領の信仰の実践に不満を抱いていた。[47]例えば、グラハムは大統領に自身の信仰を人々に語ってほしいと願っていた。グラハムは一九七四年二月の朝食祈祷会後の手紙の中で「私はあなたのコミットメントが個人的なものでプライベートなものであることを知っているけれども、多くの人があなたにそれを公に語ってほしいと願って、祈っていますよ」と進言したという。

しかし、ニクソンはハットフィールド上院議員の妻アントネット（Antoinette Hatfield）とともに招待された一九六八年選挙直前のピッツバーグでのクルセードでも、大統領に就任後の一九七〇年五月のノックスビルでのクルセードでも、信仰については口を閉ざしていた。「彼の見解は、私が期待していたほど率直なキリストの証しではなかった」とグラハムは述べている。(48)

とはいえ、グラハムはニクソンの信仰に理解を示していた。「私は彼の眼前で祈りを捧げたが、食事の時間の感謝の祈りを除いて、彼が自身で祈っていることを聞いたことがない」と述べ、「それが敬虔をプライベートなものに保つ、彼のクエーカーのやり方であった」と指摘する。(49)「彼は信仰の多くの物事をプライベートなものとした――リンドン・ジョンソンの性質とほぼ正反対であった」。

他方でグラハムはニクソンの信仰を疑っていた節がある。(50)グラハムは自伝の中で、「私は彼の霊的関心を疑ったことはないし、聖書の権威とキリストの人格への福音主義的姿勢を彼が真摯に共有していることを疑ったことはない」と述べ、ニクソンが「私は聖書を最初から最後まで信じているよ」と語ったエピソードを記している。しかし、グラハムはニクソンが聖書の専門家ではないと前置きしつつ、「私はニクソンの宗教理解について、自身がかすかに気づいたことに基づいて幾分か懸念を抱いていた」と告白している。

グラハムはこのようにニクソンの信仰の実践に不満を持っていた。歴史家H・ラリー・イングルはここに皮肉を見る。(51)グラハムは福音伝道者として福音を世界中に届けたが、その神髄である「キリストの十字架上の贖罪の信仰による救済」を親友ニクソンには最後まで伝えきることが出来なかったというのである。

本書の見るところ、むしろニクソンはピールのキリスト教に魅力を感じていた。グラハムの信仰とニクソンのものとの間に差異があるのではないかとの疑問を付した同じイングルが、ニクソンの信仰におけるピールの影響を指摘しているのである。[52] ピールとニクソンの関係は、先の大統領選挙におけるスキャンダルのためだろうか、世間の耳目を引かなかったかもしれない。[53] しかし、先に見たように、ニクソン家はピールの教会と深いつながりを持ち続けていた。また一九六九年一月一九日、すなわち大統領就任の前日に、ピールの教会で朝の礼拝に出席した後、ニクソンはワシントンへと向かった。大統領就任後も、ニクソンはピールを信頼し、ホワイトハウスでの日曜礼拝でのスピーカーやベトナム訪問を依頼している。ピールの存在はニクソンにとって小さいものではなかったのである。[54]

では、ピールの信仰とはどのようなものか。グラハムの「罪」を強調する神学と比較し、ピール流の「癒し」の神学を見ていく。

第二節　グラハムとピールの信仰の在り方

（1）グラハムとピールの評価

ピールの神学、「積極的思考」は個人と神の力との結びつきの知覚を強調するものであり、「超絶主義」（transcendentalism）のラルフ・ワルド・エマーソン（Ralph Waldo Emerson）の影響が指摘されてきた。[55] ピールはキリスト教による個人の変革を期待していた。その変革の際、ピールが精神医学を重用したことも興味深い。[56] それゆえピールのキリスト教理解は「新思想の宗教的・世俗的な霊感主義と人気の心理療法を単一のシステムに融合[57]」したものと評された。

このようなピール評を考慮すると、「罪」を強調するグラハムとの思想上の共通点はないように思われる。グラハム自身もピールと「説教の中での強調点は異なる」と回想している。[58]しかし、両者の信仰がともにナショナリズムに陥っていたという指摘もある。古屋安雄は、両者が信仰を異にしてもアメリカ的生活様式の擁護者であったことは変わらないと指摘する。[59]「神学的には全く異なる二人が、「裁き」を説くグラームと、「成功」を説くピールが協力できるわけである」、「アメリカン・ウェイ・オブ・ライフを信奉している点で、両人は一致する」。米ソが相見える時代にあって、保守的なキリスト教の両指導者は熱狂的な愛国主義者であったというのである。確かにフィンステューエンもピールがニーバーらから「プロテスタンティズムではなくアメリカニズムの護教者[60]」と見なされてしまったという例を取り上げる。

しかし、古屋の分析は若きグラハムに限られている。また両者のレトリックに注目したティモシー・シャーウッドは、「不安な時代」にアメリカを覆っていた「恐怖」(fear)に対してグラハムとピールが異なる見方をしていたと指摘する。[61]グラハムは人々に罪の悔い改めを求めるために「恐怖」を利用し、他方のピールは「恐怖」を人々から取り除こうとした。前章で挙げたグラハムの神の「裁き」への言及は、まさに「恐怖」を利用して人々に悔悛を求めたものだと言えよう。他方のピールは神を信じ、考え方を積極的なものへと変えること、つまり積極的思考によって人は生まれ変われると説く。[62]

さらにフィンステューエンは両者の「罪」理解が異なっていた点を強調する。[63]一方の、グラハムは『世界は燃えている』で人間の両義性を重んじるようなった。他方のピールは「罪」を「治療できない状態ではなく、思考の積極的なパターンによって克服可能なパーソナリティにおける欠陥」と捉えてしまっていた。ピール流の「罪」の解決策は、祈り、イメージし、それを実践するという積極的思考の「公式」を実践することであったという。この罪の認識こそピールの人気を支えたものであることは否めない(64)。

フィンステューエンは「罪」理解に焦点を当てることで、従来は保守的なプロテスタントという類型で同等に語られがちであったグラハムとピールのコントラストを見事に描き出した(65)。では、フィンステューエンが論じていない『世界は燃えている』以後のグラハムはどうだろうか。ここではニクソンが政権に就いてから著された『イエスの世代』を取り上げてみたい。グラハムとピールの信仰、特に「罪」理解は本当に異なるものだったのだろうか。

(2)「罪」と「癒し」

まずはピールの信仰を、彼が罪についても論じた『罪、性、自制』(一九六五年)で見ていこう。ピールの信仰はイエスを中心に据えつつも、そこに良心の重要性が加えられる。善悪の判断をする良心の声は、ピールにとって「神の声に近づく」ものであった(66)。それゆえピールは「あなたにできることは自身の行いをイエスが承認するかを自身に問い、自身の良心に答えを期待することだけである」(67)と断言するのである。

では、ピールは「罪」をどのように理解しているだろうか。先に述べたように、ピールの信仰の中で罪の比重は非常に軽い。ピールは聖書を依然として神の言葉であると信じていると述べるが、その権威は科学などの要因から低下していると考えている。[68]そのため『罪、性、自制』の中で「罪」という言葉が明確に用いられる箇所は少ない。ピールの罪に関する理解が窺えるのは次の二箇所のみである。すなわち、婚姻外の性交渉を行った人が昔は「罪を犯した」(sinned)と見なされ、その人が「神と人間の古く不変の道徳法を犯した」と述べる箇所と、ピールの父の世代には「罪」にまだリアリティがあり、多くの人が「神に反抗し、拒み続けることを意図的に選ぶ」ことはなかったと述べる箇所のみである。

「罪」をはじめとして伝統的なキリスト教の言葉を用いないピールのキリスト教的なものは、保守的なキリスト教徒から批判を受けた。[69]ピールは自身への批判を認識した上で、積極的思考によって人々が恐怖や不十分さ、弱さを実際に克服していることを誇る。ピールはエマーソンに言及して「良い思考は悪いものを撃退する」と述べた後、宗教も同じことを成し遂げるとして、それを以下のように描く。

人は自身をイエス・キリストに捧げ、助けと赦しを請い、自身の心をキリスト教の巨大な癒しの力(healing force of Christianity)へと開く――そして、彼の全人生と展望は変えられる。これは回心として知られるプロセスである。それは劇的な閃光、夜中の真っ暗な風景を明るくすることが出来るほどの一筋の光の中で生じ得る。それが生じたとき、良い思考はなだれ込み、悪いものを撃退する。喜びが憂鬱にとって代わり、希望が絶望を駆逐する。[70]

このようにピールはキリスト教の良い効果、いわば「癒し」の力を信じているのである。そして、ピールにとって、キリスト教の中心であるイエスは人間に生き方の手本、基準を示すべく現世に送られた存在であり、それに基づけば有限な人間でも絶対（absolute）に達することが出来る。[71] これはニクソンのリベラルな信仰と接近する。

このとき、ピールは「自由」を放縦と取り違えることはしない。[72] この点はフィンステューエンらが見逃していることかもしれない。「自由という言葉は、すべてのルールを捨て去り、身勝手で自滅的になる自由を意味しない。それは、人が人生と成熟の上昇の段階を進む中で、外的な支配に徐々に取って代わる内的な制御を発達させる自由を意味する」。ピールはこの認識の下、人々に「自制」（self-control）を説くのである。

しかし、ピールも同時代の人々が容易に自制できるとは考えていない。ピールにとって、同時代アメリカは自制が可能となる未来への「過渡期」であった。ピールは『罪、性、自制』のテーマを次のように説明する。「我々は外的なルールまたは律法主義によって人々が支配されていた過去から、自身を制御する方法を人々が遂に取得する啓蒙された未来へと向かっている最中である」。[73] この言葉からわかるように、ピールは性の乱れをはじめとする不道徳が同時代に蔓延っていることを認めた上で、その先には人々が自制し得るアメリカを夢見るのである。

では、グラハムの信仰はどうだろうか。同じ保守的なプロテスタントでも、グラハムの信仰はピールのものとは異なり「罪」が強く意識されていた。『世界は燃えている』に引き続き『イエスの世代』でも罪が強調される。[74] グラハムは「罪」を「自己中心の態度」、「神の律法への違反」、「神の定められた道徳基準に至らないこと」と見なす。その上で、「我々は遺伝によっても環境によっても罪人であり、生まれによっても育ちによっても罪人であるし、本能的にも慣習的にも罪人である」と断言されるのである。

続けて彼はキリスト教徒がとるべき生活を語る。(75) グラハムは「ガラテヤの信徒への手紙」における霊と肉を区別するパウロの議論に言及し、キリスト教徒もまた古い性質である肉、罪の影響は免れないため、その生活は「上昇」するだけでなく「下降」もあり得ると忠告する。重要なのは、非キリスト教徒のように罪を習慣とすることなく、「罪を嫌悪し、聖霊の助けを受けつつ、神の戒め通り生きようと努力することである」という。その上で、グラハムは「上昇」するために役立つものとして、自らの感情に欺かれないことに加え、「へりくだり」(humility) と「従順」(obedience) を説くのである。グラハムは罪をこのように語り、人々に悔い改めとキリスト教に基づいた慎み深い生活を送るよう求める。罪の克服不可能性という点は『世界は燃えている』から一貫していると言えよう。

グラハムとピールを「罪」の点から比較すると両者の差異が際立つ。ピールは積極的思考と神の癒しによって罪を克服可能なものと見なし、人々に自制を求めたのに対し、グラハムは罪を克服不可能なものと捉え、人々に悔い改めを求めた。ピールの想定する人間はイエスによって罪を癒され、自制が可能である。その人間像はグラハムのものと比較して楽観的だと言えよう。

このピール流の「癒し」の神学こそがニクソンが求めたものであった。既に見たように、ニクソンはイエスを象徴と捉え、聖書を字義通りに捉えることに疑問を抱いていた。その意味で、ニクソンの信仰は、福音伝道者としてイエスの贖罪を語るグラハムとも、また少なくとも自らは聖書の権威を重んじていたピールとも異なっていたと言える。

しかし、ニクソンはキリスト教が現実生活に与える影響を軽視しなかった。彼は政治家として信仰が特定の有権者へのアピールになることはもとより、むしろ信仰を抱くという行為そのものが人々の思考や行動に与える影響力を認めていた。端的に言えば、ニクソンがキリスト教に求めるのは彼岸の事柄ではなく、此岸の事柄、社会的効用なのである。彼は信仰の内容とは別に、信仰を持つことそのものの効用を認識していた。ニクソンは、キリスト教徒として生きる上で「この世をよりよいものとするため信仰が与えてくれる活力と創造力を用いること」が重要であり、また「聖職者の使命は、善男善女の生活を変えること」であると述べる[76]。またニクソンはローマ・カトリックの教義が持つ「現実性」(real)や「安定性」(real stable)といった要素を評価し、宗教に個人の魂の救済ではなく社会の紐帯を期待したトクヴィルの宗教観も評価していたと言われる[77]。その理由もニクソンの社会的効用への関心から説明できるだろう。

では、ニクソンがキリスト教によって活力を取り戻してほしいと願っていた人々とは誰のことだろうか。それは間違いなく、彼がサイレント・マジョリティと呼んだ誇りを傷つけられた保守層であっただろう。ニクソンは自らの支持者を鼓舞するために、信仰に愛国心を織り交ぜていた[78]。

保守的な人々を鼓舞する必要性を感じたとき、ニクソンが有用であると感じた信仰はどのようなものであっただろうか。人々の罪を暴き、悔い改めを迫るグラハムの信仰だろうか。いや、ニクソンが求めたのは、人々を癒し、誇りと自信を取り戻させるピールの信仰であろう。ピールが強調したキリスト教の癒しの力、積極的思考、自制し得る未来のアメリカは、非常に楽観的な世界観に基づき、また現世に生きる人々に向けられていた。かつて歴史家のリチャード・ホーフスタッターが「現世を確固たる足場としており、現世的な利益を提供しようとする[79]」と評したピール流の信仰こそ、ニクソンが期待する信仰の社会的効用にマッチしたのである。

もちろんサイレント・マジョリティにアピールする上で、南部出身で保守的なキリスト教徒から多大なる尊敬を集めていたグラハムは選挙戦で鍵となる存在であった。それゆえニクソンはグラハムを重用したのであろう。ニクソンから公私ともに最も信頼を置かれたキリスト教の指導者は間違いなくグラハムであった。しかし、ニクソンと保守派の要請に合致した信仰を示したのはピールであったのである。ここに「ピールのキリスト教の信仰の在り方へのアプローチは不可避的にニクソン自身の現世的で政治的な成功を宗教と同一視する傾向を強めた[80]」というイングルの言葉が説得力を持つのである。

ニクソンはピール流の「癒し」の神学に惹かれていたが、その積極的思考は少なくない保守的なプロテスタントから疑問を持たれていた。そんなとき抜群の知名度を誇るグラハムには十分利用価値があったと言えよう。さらに重要なのはグラハムの言説の変化である。次に見るのは、グラハムがピールを彷彿させるように、人々を鼓舞するように終末を語る姿である[81]。

第三節　なぜ「福音伝道者」は大統領に協力したのか

先に取り上げた『イエスの世代』において、グラハムは「罪」を語るとともに、ニクソンの好みそうな保守的な議論をしている。その冒頭は「革命は「変化」を意味する（Revolution means "change"）」という言葉ではじまる。[82]

保守的と思われる議論の一つがグラハムの学生運動への批判である。[83] グラハムは学生運動に従事する「急進主義者（radicals）は第二のアメリカ革命の先陣を切る者たちだろうか」と問う。グラハムはこの問いに答えるために歴史を語る。「我々の政府は常に多数派と少数派が存在していることを前提として受け入れる。後者はその反対者を新しい考え方に回心させようと努力する義務を負う。アメリカの歴史は新しい多数派が生まれることと並行して進む。少数派が多数派となる時、国家は新しいニーズを満たすべくその事業を進めていくことで、自身を新しくしていくのである」。グラハムは当代の急進主義者は多数派ではないと言い切り、むしろ「真のサイレント・マジョリティ」（true Silent Majority）である、「「何にも属していない大多数」が将来への鍵を握っている」と期待をかける。

最も重要だと思われるのは、同著の中でグラハムが「希望」を強調していることである。『世界は燃えている』では「恐怖」のレトリックを用いた同じグラハムがである。第二章で論じたが、今一度グラント・ワッカーの議論に触れたい。ワッカーはグラハムの終末論に注目し、彼の強調点の変化を時計の比喩を用いいつつ論じている。[84] ワッカーによれば、グラハム・ファンの福音派たちは「タイマーが二三時五七分と〇時〇三分に同時にセットされた歴史の時計のパラドックス」に馴染み深かった。二三時五七分には、「人間の罪を引き金として生じる差し迫った破滅」という「脅威」（threat）があり、〇時〇三分には「突如とした起こる信仰復興とそこから生じるであろう救済の結末」という「希望」（hope）がある。ワッカーは「問題はこのバランスがどちらにシフトするかである」と述べ、「成熟したグラハムは絶望への根拠と希望への根拠のどちらを見ただろうか」と問う。ワッカーによれば、グラハムは『世界は燃えている』では罪を起源とする危急の破滅を語るが、『暴風警報』（一九九二年）[85]ではイエスの再臨まで罪が取り除かれることはないと留保しつつ「キリスト教の世界的な拡大と各国の若者の間の信仰復興」に「希望」を見出していた。

ワッカーが注目する一九九〇年代の著作を待つまでもなく、グラハムは『イエスの世代』で「希望」を語る。ここで注意すべきは、グラハムの用いるレトリックは変化しているが、彼の信仰は依然として罪を中心としたものであったということである。

『世界は燃えている』のグラハムは、シャーウッドが指摘したように、人々に罪の悔い改めを迫るために神の裁きという「恐怖」のレトリックを用いていた[86]。これはワッカーの言う「脅威」と言い換えることも出来よう。しかし、『イエスの世代』でも罪が強調され続けたにもかかわらず、『世界は燃えている』で強調されていた神の裁きが鳴りを潜めている。それに代わって強調されるのがイエスの再臨である。グラハムは世界の終りが神の裁きとイエスの再臨の両輪によって成ると聖書を読む[87]。「聖書は至るところで、今日の我々の時代が神の裁きとイエス・キリストの再臨および国家建設とともに終わると教えている」。そのこと自体は特筆すべきことではない。むしろ重要なのは、どちらが強調されるかである。グラハムの強調点は前者から後者へと移った。

『イエスの世代』の中で、グラハムは「ヨハネの黙示録」に言及しつつ、「全世界における最も輝かしい真理は、イエス・キリストが再び地上に来られるということである。人々の心が厭世観に満たされ、陰気になって、一切のものが失われていくように思えるとき、このキリストの再臨ということは、素晴らしい将来の約束を我々に提示してくれる」と言う。[88]続いて、この再臨の前触れとなる戦争や飢饉、地震、不法と不義といった「しるし」が語られ、グラハムは現在の世界にこれが集中しているのではないかと述べる。

以前の彼なら、切迫する終末における神の裁きという恐怖を説き、人々に悔い改めを迫った。しかし、このときのグラハムは困難を目前としても失意に沈むべきではないと人々を鼓舞し、「これはよきおとずれ（*good news*）である！　イエスの御言葉は、我々が今上を見るべきであると提示している」と解釈する。[89]なぜならグラハムはイエスがキリスト教徒を「啓示的な災禍が地上に臨む前に、天へと携え上げられる」ことを確信しているためである。これは第一章の「ディスペンセーショナリズム」を説明する際に触れた、世界の崩壊時に信仰者がイエスによって苦難を避け得ると説く「携挙」の考え方である。

実は携挙を伴うイエスの再臨は『世界は燃えている』でも言及されていた。しかし、それは裁きの強調の影に隠れている。ここにワッカーは脅威を語るグラハムの姿を見るのである。[90]それに反して、一九七二年のグラハムはイエスの再臨を楽観的に捉え、強調しているように思われる。裁きは近いが、真のキリスト教徒はこの苦難を避け得るというのである。グラハムの以下の発言がこのことを証明しているだろう。

キリスト教徒は、今や最も素晴らしいときに近づいていると言えるだろう（…）片手に新聞を、別の手に聖書をもって、時代の大ドラマの展開を見守ることは、なんと心の踊ることだろう。今は真に、生きるのにスリルがあり興奮のある時代である。私は、今以外のときに生きたいとは思わない。[91]

グラハムは携挙を伴うイエスの再臨が近いことを強調し、人々に希望を与えているのである。裁きの「恐怖」から再臨の「希望」へ。ここに若き日のグラハムからの変化を見出すことが出来よう。ただしここでの変化はワッカーが指摘するような近視眼的な希望への変化ではない。確かに『イエスの世代』には、「イエス革命」を特集した『タイム』誌に言及しつつ、キリスト教への若者の関心に対する喜びが表明されている。[92] しかし、注目すべきはグラハムが彼らを評価する理由である。

グラハムは青年たちが聖書や聖霊を強調し、麻薬などに強い抵抗を示すことに好感を抱いている。しかし、それだけではない。グラハムは青年たちがイエスの再臨を強調したことを評価した。[93]「イエス革命は、キリストの再臨に再び強調点を置いた」、「これらの青年はニューディール、フェアディール、ニューフロンティア、偉大なる社会といった古いスローガンをあまり信用していない。彼らは、イエスが再臨するときに初めてユートピアが実現されると信じている」。グラハムの眼はいつか訪れる終末に変わらず向けられており、彼は再臨をより肯定的に捉え、彼岸での希望を語ったのである。

イエスの再臨という希望の強調は自信を失いかけているニクソンの支持者に勇気を与えただろう。グラハムはその知名度で友人ニクソンに自らのお墨付きを与えるだけでなく、希望を語ることでニクソンの支持者を鼓舞した。では、なぜグラハムは強調点を変えたのだろうか。

それに対する答えはいくつか考え得る。もしかしたらグラハムは年齢を重ねる中で過激な論調の危うさに気づいていったのだろうか。マーク・ノールは「燃え盛るような若い福音伝道者が威厳のある円熟した福音伝道者となった」[94]と評価した。多くの人々と出会い、語りあう中で、グラハムが多くの影響を受けたことは間違いない。彼の経験は『イエスの世代』にも生かされている。例えば、グラハムは性道徳についてピールの『罪、性、自制』に言及しているし、「疎遠感、消極主義、敗北感」に悩む人々が「精神的な再生を必要とする」と訴えるニクソンに好意的に言及している。[95]多くの経験がグラハムのトーンを落ち着かせていったと言えるかもしれない。しかし、グラハムの変化は年齢や経験という観点からのみでは理解しきれない。

では、ニクソンとの友情はどうだろうか。グラハムは「われわれを決定的に結び付けたものは政治的なものでも知的なものでもなく、個人的なものであり、霊的なものであった」[96]と述べ、ニクソンとの友情を強調する。しかし、グラハムの強調点の変化はニクソンとの個人的な友情にも還元できない。本書が主張するのは、むしろグラハムの強調点の変化が、彼のキャリアにおいて一貫した「福音伝道者」としての職務観から生じたということである。

グラハムは「福音伝道者」を自認したし、そう見なされてきた。例えば、ピラードはグラハムが自らを「旧約聖書の預言者」ではなく「新約聖書の福音伝道者」あるいは「皇帝のローマ帝国における非政治的な伝道者パウロ」として捉えていたことに注目する。[97]グラハムが自らを非政治的なアクターと考えていたために、権力者にとって自分の政策を批判しない都合の良い駒となったというのである。

ピラードの理解は、祭司と預言者を対置させたニーバーよりも、グラハム自身の職務観に適合しているために一定の説得力を持つ。しかし、「福音伝道者」と「預言者」を対比させたとき、それはグラハムが罪を中心とした信仰を抱き、『世界は燃えている』の中で驕り高ぶるアメリカ国民に悔い改めを求めていたことの説明とならない。グラハムが権力者を批判しないからといって非政治的であるとは必ずしも断言できない。また「アメリカを讃える日」におけるグラハムの説教の中に、宗教による政治の正当化を見出したピラード自身の批判も、グラハムを非政治的と判断することを妨げる。ここではむしろ「福音伝道者」に固有の性質に注視せねばならない。

ここで『いさおなき我を』に戻ろう。そこには「福音伝道者」の役割が「彼らの目的は人々を悔恨と信仰においてイエスへと向け、イエスの意志を奉じることでイエスに従うよう促すことである」と記されている。(98) 福音伝道者は福音の内容を人々に知らせて終わりではない。重要なのは、福音伝道者は福音に帰依するように人々を「説得」する必要があるということである。それゆえ福音伝道者としてのグラハムは聴衆に目を配るのであるが、罪を中核とした信仰を抱くグラハムの眼前にたたずむのは、罪深いがゆえに弱き人間たちであった。イエスの贖罪が罪を人々に意識させるがゆえ、脆弱な人間が必ずしも福音を受け入れようとしないことを、グラハムは認識していた。グラハムは弱き存在を福音へと導くために創意工夫をする。それが強調点の変化であった。

グラハムは『世界は燃えている』では神の裁きという「恐怖」を強調することで自省を欠く愛国主義者たちに悔い改めを迫った。彼らを福音へと導くためである。他方で『イエスの世代』ではイエスの再臨という「希望」を強調することで傷ついたサイレント・マジョリティを慰めた。これもまた彼らを福音へと導くためであった。人々にイエスの贖罪と自らの「罪」を自覚させる「福音伝道者」として、グラハムは生涯を通して一貫していたのである。逆説的ではあるが、グラハムが強調点の置き方を変えた理由は、彼の一貫した職務観から生じたのである。

ただ容易に想像がつくことだが、おそらくは冷戦期の愛国主義者とニクソン期のサイレント・マジョリティという二つの層は重複する部分も多かっただろう。なぜならサイレント・マジョリティがベトナム戦争での敗北に心を痛めていたのは、彼らがアメリカを愛していたためであろうからである。その意味で、グラハムの伝道の対象が変わったのではなく、対象の性質あるいは名称が変わったとも言えるだろう。

おわりに

本章は「福音伝道者」の特徴の一つである「説得」の側面を見てきた。第一節ではグラハムがニクソンを支援し、その政教の混淆をニーバーから批判された姿を明らかにした。しかし、グラハムとニクソンはイエスや聖書といったキリスト教の根幹に関わる論点について意見を異にしていた。むしろニクソンは信仰に社会的効用を期待し、ピール流の積極的思考の信仰を求めた。

第二節ではこのピール流の「癒し」の信仰をグラハムの「罪」の信仰と比較する形で明らかにした。ピールは罪を思考法と神の力とによって克服可能なものと捉えたが、グラハムは罪を克服不可能なものと見なした。両者は対照的な罪理解、人々への語りかけをしているように見える。

しかし、第三節で見たように、時代を経る中でグラハムはピールを彷彿させるような語りかけもしていた。『世界は燃えている』と『イエスの世代』の中で、グラハムは終末論を語る際、脅威と希望を語る。しかし、両著作における強調点は変化していた。一九六〇年代のグラハムは神の裁きという「恐怖」を強調した。しかし、一九七〇年代のグラハムはイエスの再臨という「希望」を強調した。

グラハムの強調点の変化は「福音伝道者」という職務観に由来する。罪を負うがゆえに弱い人間を「説得」するために終末論における強調点は変えられたのである。愛国主義に陥るアメリカ国民には神の裁きという恐怖、自信を喪失したサイレント・マジョリティにはイエスの再臨という希望に強調点を置くことで、グラハムは人々を福音へと導こうとしたのである。

しかし、重要なのは、グラハムが「福音伝道者」を何でもできるスーパーマンのように考えていたわけではないということである。一九七〇年前後には文化戦争やベトナム戦争がアメリカ社会を二分していた。アメリカの将来を憂い、キリスト教文化の衰退を危惧した「福音伝道者」はどのような行動を取ったのか。これを次章で論じる。

注

（1）H. Larry Ingle, *Nixon's First Cover-up: The Religious Life of a Quaker President*, (Columbia, Missouri: University of Missouri Press, 2015), pp. 128-9, 210.

（2）Richard M. Nixon, *RN: The Memoirs of Richard Nixon* (New York: Grosset & Dunlap, 1978), p. 288.

（3）Graham, *Just as I Am*, pp. 440-2.

（4）ピールの略歴は以下も参照した。"10 Things to Know about Norman Vincent Peale," *Guideposts*, https://www.guideposts.org/better-living/positive-living/positive-thinking/10-things-to-know-about-norman-vincent-peale (accessed 4 October, 2021).

（5）メソディストから「リベラル」な改革派へと所属を変えたことで、ピールが「積極的思考」を探求することができたという評価もある。Sherwood, *The Rhetorical Leadership*, p. 50.

（6）Norman Vincent Peale, *The Power of Positive Thinking* (New York: Pocket Books, 2013).

（7）多くのビジネスマンがピールを支持しており、トランプもその一人である。「ドナルド・トランプのキャリアは始まったばかりだが、何かが始まっている。彼はアメリカにおけるポジティヴ・シンカーのトップの一人であり、ポジティヴなやり手のトップの一人である」。Norman Vincent Peale, *The True Joy of Positive Living: An Autobiography*, Large Print Edition (New York: Phoenix Press, 1985), p. 350; 森本あんり「トランプが心酔した「自己啓発の元祖」そのあまりに単純な思想」『現代ビジネス』（二〇一七年一月二〇日）http://gendai.ismedia.jp/articles/-/50698（二〇二一年一〇月三日参照）。

（8）Nixon, *RN*, pp. 360-2; Peale, *The True Joy of Positive Living*, pp. 377-8.

（9）Graham, *Just as I Am*, p. 315; Peale, *The True Joy of Positive Living*, pp. 351-2.

（10）Graham, *Just as I Am*, p. 390.

（11）Graham, *Just as I Am*, pp. 389-90.

（12）Richard M. Nixon, *Six Crises* (Garden City, New York: Doubleday & Company, 1962), p. 366.

（13）Nixon, *In the Arena*, pp. 90-1.〔二二〇－二二二頁〕グラハムはニクソンから政治関与に関して警告されたことを回顧している。例えば、ニクソンは一九六〇年の選挙時には「君のミニストリーは私の選挙より重要だ」だと言い、モラル・マジョリティのような「政治と宗教の混合物」に注意するよう警告した。Graham, *Just as I Am*, p. 453.

（14）Graham, *Just as I Am*, p. 390.

（15）Graham, *Just as I Am*, p. 391.

（16）Ingle, *Nixon's First Cover-up*, pp. 104-5; Gibbs and Duffy, *The Preacher and the Presidents*, pp. 90-4.

（17）Peale, *The True Joy of Positive Living*, pp. 357-60.

（18）グラハムはピールの背中を押しつつ、自身がヨーロッパに滞在し出席がかなわないことに安堵していた。

また彼はヨーロッパ滞在中、民主党候補に投票しない理由を書いた手紙をケネディとジョンソンの両者に送っている。Graham, *Just as I Am*, pp. 391-2.

（19）Graham, *Just as I Am*, pp. 392-3. ニクソンはグラハムからコンタクトがあったことを認めた上で、ケネディ陣営がグラハムの支援を宗教的不寛容（bigotry）と捉えて利用するかもしれないという恐れから提案を断った。Nixon, *Six Crises*, p. 365. 実際、ケネディ陣営もグラハムの論考を問題視していたという。Gibbs and Duffy, *The Preacher and the Presidents*, pp. 101-2.

（20）Nixon, *RN*, pp. 292-3. グラハムがニクソンを鼓舞する際に、このような強い言葉を用いたかについては疑問が付されている。両者の主張は食い違っており、ニクソンによれば、グラハムはジョンソンとの友情を尊重しつつ、危機にあるアメリカのリーダーシップをニクソンに求めたと伝記作家ポラックに述べたという。しかし、グラハムはそのようなことをした記憶はないと述べている。Gibbs and Duffy, *The Preacher and the Presidents*, pp. 159-60; Graham, *Just as I Am*, pp. 444-5.

（21）Graham, *Just as I Am*, pp. 445-7

（22）Graham, *Just as I Am*, pp. 448-9

（23）ニクソンのウォレス対策とそれに対するグラハムの具体的な貢献に関しては以下を参照。Miller, *Billy Graham and the Rise of the Republican South*, pp. 134-48.

（24）Robert Dallek, *Flawed Giant: Lyndon Johnson and His Times, 1961-1973* (New York: Oxford University Press, 1998), p. 580; Gibbs and Duffy, *The Preacher and the Presidents*, pp. 157-72.

（25）竹林修一『カウンターカルチャーのアメリカ――希望と失望の一九六〇年代［第二版］』（大学教育出版、二〇一九年）七―八頁。

（26）飯山雅史『アメリカ福音派の変容と政治――一九六〇年代からの政党再編成』（名古屋大学出版会、二〇一三年）一六―八頁。また樋口映美は「文化戦争」と呼ばれる現象がアメリカ史に何度も現れたという前提に立ち、「一〇〇パーセント・アメリカニズム」（100 percent Americanism）という言葉で表されるプロテスタント的かつヴィクトリアン的価値観をめぐる一九二〇年代の文化戦争と、直近の一九八〇年代末ごろから一九九〇年代にピークを迎えたそれとを比較して、後者の特徴としてハンターの言う宗教意識に加え、性の多様化、非白人人口の増加を挙げている。樋口映美「解説「文化戦争」の概念と理念」トッド・ギトリン（疋田三良、向井俊二訳）『アメリカの文化戦争――たそがれゆく共通の夢』（彩流社、二〇〇一年）二七七－三一五頁。

（27）西川賢『分極化するアメリカとその起源――共和党中道路線の盛衰』（千倉書房、二〇一五年）二六一頁。

（28）大嶽秀夫『ニクソンとキッシンジャー――現実主義外交とは何か』（中央公論新社、二〇一三年）一九三頁。この「サイレント・マジョリティ」に黒人層が入っていたかは議論の分かれるところである。ダレン・ドチェックによれば、「このときのニクソンの野心は、彼がサンベルトの中心で見つけた「ブラック・サイレント・マジョリティ」を口説き落とすことにあった」。ニクソンの助言者は「黒人たちは「彼らの北部の友人たち」よりも「保守的な性質」を持ち、自由市場資本主義に好意的であり、まとまっている」と評していた。Darren Dochuk, "'Heavenly Houston': Billy Graham and Corporate Civil Rights in Sunbelt Evangelicalism's 'Golden Buckle,'" in Finstuen, Willis, and Wacker ed., *Billy Graham*, p. 181.

（29）Robert Mason, *Richard Nixon and the Quest for a New Majority* (Capel Hill, North Carolina: The University of North Carolina Press, 2004), pp. 6-7. またスティーヴン・ミラーによれば、アトランタのビジネス界の指導者を前にしたグラハムのスピーチでは「静かなる革命」（quiet revolution）という言葉が用いられ、ニクソンの一九六八年の選挙コマーシャルでは後の「サイレント・マジョリティ」に先駆けて「忘れ去られたアメリカ人、声の大きくない人々、デモに参加しない人々」（the forgotten Americans, the non-shouters, the non-demonstrators）という言葉が掲げられた。Miller, *Billy Graham and the Rise of the Republican South*, pp. 124-5.

（30）ピラード、リンダー『アメリカの市民宗教と大統領』二七二－三頁。また以下も参照のこと。"President Is Designated as Churchman of Year," *New York Times* (16 May, 1970).

（31）Graham, *Just as I Am*, pp. 254-9.

（32）ここでは若者たちへ影響を与えた同時代の出来事があげられている。グラハムによれば、ケネディ兄弟とキングの暗殺がシニシズムを生み、公民権運動の高まりがデモなどを通してアメリカ人の道徳的失敗を暴露し、性革命とドラッグ・カルチャーが若者に影響を与えた。さらにキューバのミサイル危機やベトナムでの戦争が恐怖や現実逃避に貢献し、ウォーターゲート事件が制度や価値に対する若者の信頼を打ち砕いたという。Graham, *Just as I Am*, pp. 419-25.

（33）　カウンターカルチャーは西洋文明に反対しつつ、その「反抗的なイメージ」が資本主義システムに利用されてしまったという面もある。この点については以下を参照のこと。竹林『カウンターカルチャーのアメリカ』一六五－六頁。

（34）　「イエス革命」に参与した若者は、コミューンやロック・ミュージックに代表されるヒッピー的なカウンターカルチャーに影響を受けつつ、福音主義的な信仰の在り方の実践を試みた。詳しくは以下を参照。Eskridge, *God's Forever Family*; Larry Eskridge, "'One Way': Billy Graham, the Jesus Generation, and the Idea of an Evangelical Youth Culture," *Church History*, Vol. 67, No.1 (1998), pp. 83–106.

（35）　グラハムは「イエス運動」について以下の論考でも分析している。Billy Graham, "The Marks of the Jesus Movement," *Christianity Today* (5 November, 1971), pp. 4-5.

（36）　Graham, *Just as I Am*, p. 450.

（37）　Gibbs and Duffy, *The Preacher and the Presidents*, pp. 183-5, 187-90, 196-8.

（38）　ピラード、リンダー『アメリカの市民宗教と大統領』二七四頁。

（39）　Nixon, *RN*, pp. 673-4.

（40）　Gibbs and Duffy, *The Preacher and the Presidents*, pp. 213-5, 224-5.

（41）　Reinhold Niebuhr, "The King's Chapel and the King's Court," in Reinhold Niebuhr, *Reinhold Niebuhr: Theologian of Public Life*, Larry Rasmussen ed. (Minneapolis, Minnesota: Fortress Press, 1991), pp. 269-73; ペイス『はじめのニーバー兄弟』一九五頁。

（42）　ＦＢＩはキングと共産主義とを結び付けて理解していた。黒崎真『マーティン・ルーサー・キング――非暴力の闘士』（岩波書店、二〇一八年）一二一－四頁。

（43）　"Watergate," *Christianity Today*, pp. 9-10.

（44） しかし、ニクソンの所属する「クエーカー」はいわゆる「伝統的」な東部のものではなく、「福音主義的」なものであった。詳しくは以下を参照のこと。Ingle, *Nixon's First Cover-up*, pp. 15-28.

（45） ニクソンが注釈をつけている元のエッセイは、前半が「彼はこの世界が目にしたものの中で最も高い神の観念と価値の観念とにたどり着いた。彼はそれらの価値を広める人生を送った。彼はそれらの価値を人間に示す哲学を教えた。私はイエスと神は一つであるとさえ言うが、それは人間を理想的な人生へと押し上げる最高の模範をイエスが示したためである。彼の人生は自身の魂を神のそれと「混ぜた」(mingled) ほど完全なものであった」と書かれ、後半が「重要な事実は、イエスが死後も——人間の心の中で——生き続け、かつ成長し続けることができるほど完全な人生を生き、教えたことである。復活の物語が神話であるということはおそらく正しいが、それは象徴的に、人生で最も高い価値に到達した人間が不死性を獲得するかもしれないという素晴らしい教訓を教えた（…）因習的な教師たちはイエスの身体的復活がキリスト教という宗教の最も重要な土台であると主張する。私は近代世界がイエスの人生と教えの中で本当の復活を見つけ出すと信じている」と書かれている。Nixon, *RN*, p. 16; Nixon, *In the Arena*, pp. 88-9. ［一一八頁］

（46） Graham, *The Jesus Generation*, p. 131. ［一七三頁］

（47） Graham, *Just as I Am*, p. 459. グラハムはニクソンが教会に通わない理由（近くにはかつてフーヴァーが通ったクエーカーのミーティングハウスがあったにもかかわらずである）、またその信仰が非常にプライベートなものであることを、ニクソンに代わって説明しなければならなかった。ニクソンの側近ボブ・ハルデマン（Bob Haldeman）の一九六九年一〇月一八日の日記には次のように書かれている。「Pはキャンプ・デーヴィッドで上機嫌だったが、彼には隠したいことがあり、スタッフを見まわした。Eは水曜日の国民の祈りの日を用いて、Pの人生における宗教と祈りの役割への態度に対する質問に答える必要を挙げた。彼は同意し、ビリー・グラハムがその場に同席し、Pの宗教観が公的なものではなくプライベートで個人的なものであるということなどを説明してほしいと望んだ。私はグラハムに依頼し、同意を得た。しかし、はじめはPが話すことを彼は望んだ」。Gibbs and Duffy, *The Preacher and the Presidents*, pp. 174-5; H. R. Haldeman, *The Haldeman Diaries: Inside the Nixon White House* (New York: G.P. Putnam's Son, 1994), p. 101.

（48）グラハムは後者のクルセードにおいて、ニクソンが疲弊し、反ベトナム勢力がスタジアムを取り囲んでいる中で慎重になったと推測し、自分を納得させたと自伝に記している。Graham, *Just as I Am*, p. 459.

（49）Graham, *Just as I Am*, p. 461.

（50）Graham, *Just as I Am*, p. 459.

（51）Ingle, *Nixon's First Cover-up*, pp. 42, 93.

（52）Ingle, *Nixon's First Cover-up*, pp. 128-9, 210.

（53）またピールの「できる」（Can-Do）というアピールが、ベトナム問題と国内の混乱に彩られた一九六〇年代後半になるとナイーヴに聞こえてしまったという。Sherwood, *The Rhetorical Leadership*, p. 55.

（54）Peale, *The True Joy of Positive Living*, pp. 378-81; Nixon, *RN*, p. 362.

（55）Carol V. R. George, *God's Salesman: Norman Vincent Peale and the Power of Positive Thinking* (New York: Oxford University Press, 1993), p. ix.

（56）ピールと精神医学との関係については以下を参照。Christopher Lane, *Surge of Piety: Norman Vincent Peale and the Remaking of American Religious Life*, (New Haven, Connecticut: Yale University Press, 2016).

（57）Sherwood, *The Rhetorical Leadership*, p. 55.

（58）Graham, *Just as I Am*, p. 315.

（59）古屋「ピールとグラーム」八七―八八頁。

（60）またフィンステューエンによれば、ピールはグラハムに比べて自身の思想が軽視されているのに腹を立て、ニーバーとも近い神学者パウル・ティリッヒに抗議の手紙を書いた。Finstuen, *Original Sin and Everyday Protestants*, pp. 23-4.

（61）Sherwood, *The Rhetorical Leadership*, p. 56.

（62）Peale, *The Power of Positive Thinking*, pp. 232-50, 305-8.

（63）Finstuen, *Original Sin and Everyday Protestants*, pp. 22-3.

（64）Sherwood, *The Rhetorical Leadership*, p. 52.

(65) Finstuen, *Original Sin and Everyday Protestants*, pp. 2-3.
(66) Norman Vincent Peale, *Sin, Sex and Self-Control* (Garden City, New York: Doubleday & Company, 1965), pp. 41, 46.
(67) Peale, *Sin, Sex and Self- Control*, p. 69.
(68) Peale, *Sin, Sex and Self- Control*, pp. 46, 74-5.
(69) Lane, *Surge of Piety*, pp. 90-3.
(70) Peale, *Sin, Sex and Self- Control*, pp. 194-5.
(71) Peale, *Sin, Sex and Self- Control*, p. 68.
(72) ピールは「自制」に加え、「自己責任」（self-responsibility）や「自己修養」（self-discipline）の重要性を強調している。Peale, *Sin, Sex and Self- Control*, pp. 96, 106.
(73) Peale, *Sin, Sex and Self- Control*, p. 103.
(74) Graham, *The Jesus Generation*, pp. 142-3.〔一九二－一九三頁〕
(75) Graham, *The Jesus Generation*, pp. 151-7.〔二〇九－一八頁〕
(76) Nixon, *In the Arena*, pp. 90-1.〔一一九－一二一頁〕
(77) Ingle, *Nixon's First Cover-up*, pp. 179-80.
(78) ピラード、リンダー『アメリカの市民宗教と大統領』二六九頁。
(79) リチャード・ホーフスタッター（田村哲夫訳）『アメリカの反知性主義』（みすず書房、二〇〇三年）二三三頁。
(80) またイングルは隠退後のニクソンにもピール流の思考の転換の影響を見る。Ingle, *Nixon's First Cover-up*, pp. 128-9, 210.
(81) この点、マクラフリンの指摘は示唆的である。マクラフリンはグラハムへのピールの積極的思考の影響を論じている。またマクラフリンはグラハムが心理学的なアプローチ、すなわち「倦怠」（boredom）、「不安」（anxiety）、「自己に対する当惑」（self-perplex）、「孤独」（loneliness）などの言葉を用いたことも指摘している。McLoughlin, *Billy Graham*, pp. 135-6.

（82） Graham, *The Jesus Generation*, p. 9.〔五頁〕グラハムの「革命」という語の定義の問題は黒人神学者ジェイムズ・コーン（James H. Cone）によっても指摘されている。Long, *Billy Graham and the Beloved Community*, p. 138.

（83） グラハムは「急進主義者」にも評価できる点があると述べつつも、彼らが民衆より個人の願望を優先し、権威を否定し、大学を政治的な場にし、目的のために手段を正当化し、レーニン主義者となり、宗教的感覚のためにマリファナを使用するなどの問題点を指摘している。Graham, *The Jesus Generation*, pp. 114-7.〔一四五－一五一頁〕

（84） Wacker, *America's Pastor*, pp. 46-8.

（85） Graham, *Storm Warning*, p. 290.〔一九三頁〕

（86） Sherwood, *The Rhetorical Leadership*, p. 56.

（87） Graham, *The Jesus Generation*, p. 179.〔二五四頁〕

（88） Graham, *The Jesus Generation*, pp. 180, 186.〔二五六、二六五頁〕

（89） Graham, *The Jesus Generation*, p. 186.〔二六六頁〕

（90） Wacker, *America's Pastor*, pp. 47-9.

（91） Graham, *The Jesus Generation*, pp. 186-7.〔二六六－二六七頁〕

（92） Graham, *The Jesus Generation*, p. 9.〔五頁〕

（93） Graham, *The Jesus Generation*, p. 21.〔二一頁〕

（94） Noll, *American Evangelical Christianity*, p. 45.

（95） Graham, *The Jesus Generation*, pp. 78-80, 171.〔一一二－一一五頁、二四二頁〕

（96） Graham, *Just as I Am*, p. 454.

（97） Pierard, "Billy Graham and the U.S. Presidency," pp. 126-7.

（98） Graham, *Just as I Am*, p. xvii.

第五章　「神の下の国家」の再建案
――「市民宗教」とハットフィールド

はじめに

グラハムは「福音伝道者」の職務の重要性を認識しつつ、同時にその役割がメッセージの伝達に「制約」されていることをも把握していた。そんな彼が一九六〇年代後半から一九七〇年代前半に取り組んだのは「神の下の国家」アメリカの崩壊を押し留めるという難しい仕事であった。

第一章で触れたように、アイゼンハワーがグラハムらと協力して創り上げた「神の下の国家」という政治文化は公立校祈祷問題をめぐる一連の最高裁判決の影響もあり、ニクソン政権期には崩壊の危機に瀕していた。[1] さらにグラハムにとって厄介なことに、一九六七年までに「アメリカの福音主義」陣営は分裂の一途を辿っていた。[2] その対立は聖書の無誤性や政治参加をめぐるものであり、同時に世代間対立であった。福音派のエスタブリッシュメントに反発する形で、『ポスト・アメリカン』のジム・ウォリス（Jim Wallis）ら政権に批判的な若い世代の福音派が登場してきたのである。このウォリスらの熱心な支援者が、マースデンによれば、オレゴン州選出のマーク・O・ハットフィールド

（Mark Odom Hatfield, 1922-2011）上院議員であった。

ハットフィールドはオレゴン州知事時代、連邦上院議員時代を通して、ジョンソン、ニクソン両政権のベトナム政策に反対した。その矛先はグラハムにも向けられた。ハットフィールドはグラハムと政権の関係に「市民宗教」（civil religion）、すなわち宗教による政治の正当化の問題を見出し、厳しく批判していた。彼の政治権力に対する振る舞いは旧約聖書に登場する預言者に譬えられる。(3) しかし、ハットフィールドは「グラハムの理想の政治家に最も接近した」（perhaps came closest to Graham's ideal of politician）と評されたこともある。(4) これは不思議なことである。なぜグラハムは諸刃の剣にもなり得るハットフィールドを高く評価しているのだろうか。

第一節では議論の背景、アメリカのベトナム政策の変遷を概観する。次にハットフィールドがニクソン政権のベトナム政策をどのように批判したのかを、自伝的な著作である『苦渋の決断』（一九七六年）(5) に言及しつつ明らかにする。

第二節では、ハットフィールドがグラハムをどのように批判したのかを素描する。両者は同じバプテストに属していたが、「罪」の理解が異なっていた。一方のハットフィールドは政治権力者に対して預言者のように対峙すべきであるとグラハムに忠告した。他方のグラハムはハットフィールドの政権批判を不満に思いつつも、「預言者」的上院議員を高く評価していた。その理由を第三節で探る。その際に取り上げるのは前章で分析した『イエスの世代』（一九七二年）に加えて、カリスマ、すなわち「霊の賜物」を論じた『聖霊』（一九七八年）である。そこで明らかになるのはグラハムがパウロの教会論を援用し、「神の下の国家」アメリカの一致を説いたことである。

第一節　問いの前提

（1）時代背景

グラハムとハットフィールドの対立の原因となったのは政権のベトナム政策である。ここではベトナム政策をグラハムの関与とともに概観したい(6)。

周知のとおり、アメリカは当初からベトナム戦争に介入していたわけではない。一九四六年末に始まった第一次インドシナ戦争において、ホー・チ・ミンの敵は旧宗主国であるフランスであった。一九五六年にフランス軍がベトナムから撤退し、そのあとを継ぐ形でアメリカは本格的に介入を開始した。そして、ジョン・F・ケネディ政権で南北ベトナムにおける争いはアメリカ主導の「ベトナム人抜きの」戦争となり、国防長官の名から「マクナマラの戦争」（McNamara's War）と呼ばれるようになった(7)。そして、ケネディが凶弾に倒れたのち、リンドン・ジョンソンが大統領へと昇格し、ベトナム政策を引き継いだ。

ジョンソンは一九六五年に北爆を開始するなど強硬な姿勢を維持していた。一九六四年の大統領選挙では多くの国民が大統領を支持していたが、次の大統領選挙が実施された一九六八年までにはベトナムは論争的なものとなっていた。すなわち、ベトナム戦争の支持派と不支持派との対立がアメリカを二分し始めたのである。

グラハムをはじめとする「福音派」と呼ばれる保守的なキリスト教徒は、ウォリスのような一部の例外を除き、ベトナム戦争を支持していた。歴史家アンドリュー・プレストンは「福音派は単に反・反戦（anti-antiwar）ではない。彼らは確固とした戦争支持（pro-war）でもあった」と述べ、それが単なる反動に由来するものではなかったと語る。[8] 彼らの戦争への態度を決定した要因の一つは冷戦という時代背景である。福音派はアメリカを「神の下の国家」であると信じ、神と「アメリカ的生活様式」を脅かす無神論国家ソ連の影響力が拡大することを恐れていた。福音派は「アメリカが共産主義に抵抗する南ベトナムを支援する道徳的義務を持つ」と信じていたという。プレストンはその例として、一九六五年夏のグラハムの次の言葉を引用する。「私はアメリカがベトナムから出ていくよう催促する聖職者に共感できない。（…）どこかで共産主義に歯止めをかけねばならない。それはハワイか西海岸のどちらかにおいてである。大統領はそれがベトナムであると信じている」。この時点でなお、いわゆるドミノ理論が信じられていたのである。

この反共主義的な考え、あるいはアメリカの強さへの誇りは、福音派を含む保守的なアメリカ人に共通するものであったと言える。第四章でも言及したが、このアメリカ人の感情を利用したのが、一九六八年大統領選挙におけるニクソンの戦略であった。

ニクソンがアピールしたのは、後に彼が「サイレント・マジョリティ」と呼んだ保守的な集団であった。ニクソンは大統領への就任後も同様のアピールを続けた。ニクソンが自伝で言及した、一九六九年一一月三日のいわゆる「サイレント・マジョリティ・スピーチ」には以下のような一節がある。

今夜、私はみなさんに、私の同胞であるアメリカの偉大な声なき多数のみなさん（great silent majority of my fellow Americans）に、支持をお願いします。平和のために団結しましょう。また、敗北に抗して団結しましょう。なぜなら、ぜひ理解してほしいのですが、合衆国を負かしたり侮辱したりすることができるのは、北ベトナムではなく、アメリカ人だけだからなのです(9)。

ニクソンは多くのアメリカ人が政権を支持していると信じ、訴えかけたのである。しかし、実際に全国民がニクソンを支持したわけではなく、彼のアピールが特定の集団に向けられていたことは疑いようがない。

この時代はカウンターカルチャーと呼ばれる伝統への挑戦がアメリカの若者たちを席巻していた。若者たちはアメリカの「伝統」を疑い、ポピュラー音楽を好み、果てはフリーセックス、ドラッグなどに耽溺していった。グラハムが「急進主義者」と呼んだ若者たちはベトナム戦争や公民権に関する自らの主張のために大学構内でデモなどの活動を行っていた。秩序を乱すと考えられたこの少数派に対して「サイレント・マジョリティ」という言葉が用いられたのである。実際、一九七〇年一二月時点のハリス社の世論調査では、サイレント・マジョリティはニクソンのベトナム政策を支持していた(10)。

一九六八年の選挙公約でニクソンがサイレント・マジョリティにアピールするために掲げたのは、ベトナムにおける「名誉ある平和」であり、戦地からの「名誉ある撤退」の実現であった(11)。テト攻勢と呼ばれた、北ベトナムと民族解放戦線による南ベトナムにおける一斉蜂起を経て、この時点までにアメリカの実質的な敗北は明白となりつつあった。それゆえニクソンの関心はベトナムでの勝利よりも、いかにアメリカがその名誉を傷つけずに撤退するかに向けられていた。そのために政権は戦争の「脱アメリカ化」、すなわち戦争の「ベトナム化」(Vietnamization) を進めた。ニクソンは米軍を撤退させるために、南ベトナム軍が自国を防衛できるよう戦力の増強を試みたのである。

ニクソンは戦略の一環として戦争をエスカレートさせていくが、グラハムは大統領を支持し続けた[12]。その典型的な例は、一九七〇年五月の中立国カンボジアへの爆撃の支持をめぐるものである。ニクソンのカンボジア爆撃の宣言は国内で論争を巻き起こし、五月四日のケント州立大学で起きた、州兵によるデモ参加学生の殺害へと至る。この事件により、反ベトナムの運動は拡大していった。ニクソンは状況を改善するためにグラハムに支援を要請した。その一つの帰結が、グラハムの提案した「プロ・アメリカ・ラリー」(pro-America rally) であると言っていい[13]。これは一九七〇年の独立記念日までに行われた、愛国心を高める一連のイベントである。ニクソンはノックスビルでのクルセードにて、グラハムを横にしてスピーチを行った。このラリーのクライマックスは七月四日の「アメリカを讃える日」であり、ニクソンとグラハムはアメリカという国家を称え、国民、特にサイレント・マジョリティへ自らの政策をアピールしていったのである。

この大統領と福音伝道者の姿を冷ややかな目で見る人物がいた。その人物こそハットフィールドである。次に彼の経歴、ベトナム政策批判を見る。

(2) ハットフィールドのベトナム政策批判

マーク・O・ハットフィールドはオレゴン州ダラスに生まれ、父の影響でバプテストの洗礼を受けた。彼は敬虔なキリスト教徒と目され、一九七四年の『タイム』誌が「ワシントンにおける神のネットワーク」と呼ぶ超党派の議員の一人に選ばれている。(14) またハットフィールドは両親の影響で共和党員となり、一〇歳のときにはハーバート・フーヴァーのキャンペーンに参加している。(15) 第三章で概観したように、フーヴァーの政敵であるローズヴェルトは「自由」という言葉を用いて、大きな政府を伴う自身の政策を正当化していった。これは連邦政府、延いては大統領の権限を拡大するものであり、ハットフィールドはフーヴァーに倣いローズヴェルトを「帝王的大統領」(imperial presidency) と呼んで批判した。(16)

ローズヴェルトが率いた第二次世界大戦はハットフィールドの人生、その戦争観に大きな影響を与えた。(17) ハットフィールドはオレゴン州ウィルメッティ大学 (Willamette University) に入学したが、太平洋戦争により海軍に入隊した。ハットフィールドはメノナイトの反戦主義者が住んでいたオレゴンの地域で生まれ育ったが、むしろ第二次大戦で訪れた硫黄島、沖縄、原爆が投下されて数か月後の広島、そしてインドシナのハイフォンでの経験により平和を希求するようになっていったという。彼は同時にキリスト教の平和主義にも深く共感していた。経験と信仰が彼に反戦を決意させたのである。皮肉なことに、多くの福音派から支持を得たのは、ハットフィールドと似た従軍経験や信仰を持ちつつベトナム戦争を積極的に進めたニクソンであった。(18)

ハットフィールドは一九四八年にスタンフォード大学でフーヴァーに関する研究で修士号を得た後、母校ウィルメッティで教鞭を取りつつ、オレゴン州の下院議員を五一年から五五年まで務めた。彼は政治家としてのキャリアを順調に積み重ね、一九五五年に州上院議院、五七年に州務長官、五九年に州知事を歴任した。

ハットフィールドは早い段階からアメリカのベトナム政策を問題視していた。おそらく初めて彼の反ベトナムの態度が注目されたのは、州知事時代の一九六五年にジョンソン政権からベトナム戦争への支持を求められたときだろう[19]。まだ多くのアメリカ国民がベトナム戦争を支持していた中、ミシガン州のジョージ・ロムニー（George W. Romney）知事すら政権に妥協した中、ハットフィールドは反対し続けた。このとき、ハットフィールドは連邦上院選に共和党から出馬を予定していたが、世間の風当たりが強く、自身の政治家生命の終わりを覚悟したという。しかし、ハットフィールドは政権批判を弱めることはなかったし、一九六六年の選挙にも勝利した。

以後もハットフィールドは一九九七年に上院議員を引退するまで、一度も選挙に敗北することはなかった。また彼は上院歳出委員会（Senate Appropriations Committee）に配属され、一九八一年と一九九五年の二回、委員長の座に着いた。人気の高い委員会の長に着いたことからもわかるように、ハットフィールドは共和党内でも一目置かれる存在となっていたのである。しかし、上院議員となってからも、ハットフィールドはベトナム政策をめぐって政権を批判し続けた。批判の矛先は戦争を支持していた共和党保守派にも向けられた。

一九六〇年大統領選挙におけるニクソンの敗北以来、共和党内ではゴールドウォーターに代表される保守派が、アイゼンハワー政権の中道路線を引き継ごうとする穏健派、あるいはニューヨーク州知事ネルソン・ロックフェラー（Nelson Rockefeller）らリベラル派と主導権を争っていた[20]。ハットフィールドは党内保守派を嫌っており、一九六八年の大統領選挙の当初、反戦派のユージーン・マッカーシー（Eugene McCarthy）民主党上院議員を支持しようと考えていた。最終的にハットフィールドは、ジョンソンのベトナム政策の継続を意図していたヒューバート・ハンフリー副大統領でも、リベラル派だがヘンリー・キッシンジャー（Henry Kissinger）を外交補佐官にしていたロックフェラーでもなく、ニクソンを支持した。その理由は『クリスチャニティ・アンド・クライシス』（*Christianity and Crisis*）誌に掲載された(21)。ハットフィールドによれば、ニクソンは対共産主義に関しては戦争よりも経済や人権の分野に力を入れる方が有効と考え、徴兵制よりも志願兵制を支持していた。またニクソンがこの時点ではベトナム戦争に対する態度を明らかにしていなかったことも重要である。ハットフィールドは政権の外部からよりも内部から影響力を行使するほうが効率的であると考えたのであった。

ハットフィールドはニクソン支持を以上のように正当化しているが、おそらく彼に副大統領への野心があったことは否定できないだろう。グラハムがニクソンにハットフィールドを副大統領候補として推薦していたのである(22)。「何よりもまず、彼はキリスト教徒の偉大なリーダーである。彼は聖職者と言ってよい。彼は教育者であり、ほとんどの問題であなたよりリベラルな立場にある。私は正副大統領の候補にはそのようなバランスが必要だと思う」。神学者の宇田進はここに「福音の社会的意味に関する彼のもう一歩突っ込んだ展開(23)」、すなわちグラハムの社会への関心を見出している。グラハムはニクソンの側近から、ニクソンが副大統領候補をハットフィールドとメリーランド州知事スピロ・アグニューの二人で決めかねているという連絡を受け、その旨をハットフィールド本人に伝えた。しかし、グラハムの希望は叶わなかった。ニクソンは南部の議員に配慮し、アグニューを副大統領候補に選んだのである。グラハムはアグニューとは面識もなく、「私は落胆せざるを得なかった。なぜなら私はハットフィールドが政権に道徳的にも霊的にもよい影響をもたらすだろう思っていたためである」[24]と当時を回顧している。

ニクソンが大統領となり、ベトナム政策を進めていくと、ハットフィールドは政権に対する不信感を募らせていく。なぜなら第四章で概観した通り、ニクソンは「名誉ある平和」を掲げつつも、ときに戦争をエスカレートさせたからである。ハットフィールドは政権を批判し、カンボジア爆撃と同年の一九七〇年一二月にジョージ・マクガヴァン民主党上院議員とともに、マクガヴァン＝ハットフィールド修正案（McGovern-Hatfield Amendment）を議会に提出した。この超党派の修正案は、直前に議論されていた即時的な撤兵とは対照的に、三〇日以内にカンボジアからの、また年内にベトナムからの撤退を目指した政治的に穏健なものであった[25]。ハットフィールドらのアイディアはケント州立大学事件後に脚光を浴びることとなったが、ニクソン政権の圧力もあり、上院を通過することはなかった。一九七一年になされた同様の提案もまた、採用されることはなかった。

ハットフィールドと党内保守派の対立は続いた。ニクソンとマクガヴァンが争った一九七二年の大統領選挙において、共和党のリーダーたちはハットフィールドに、ベトナム問題を棚上げし、ニクソンを支持することを要請する[26]。またグラハムはハットフィールドの大統領選出馬の噂を聞きつけ、彼にそれを断念し、ニクソンを支持するよう説得した[27]。ハットフィールドは出馬を見送るものの、ニクソン支持の要請には応じなかった。そえゆえ彼に対する批判は党内から噴出することとなる。オレゴン州の共和党のリーダーは、ハットフィールドに民主党への鞍替えを進めるほどであった[28]。またアグニュー副大統領はハットフィールドのような人物を「過激なリベラル野郎」（radic-libs）と呼んで批判した。[29]それでもなおハットフィールドの政権批判は続いた。その到達点は一九七三年二月にホワイトハウスで行われた朝食祈祷会での政権批判のスピーチである。
この朝食祈祷会を主催したのはニクソンであった。ニクソンは自身が教会に通う代わりにホワイトハウスでの日曜礼拝を開催するなど、多くの宗教イベントを開催した。[30]その宗教イベントに、なぜニクソンの政敵であるハットフィールドが呼ばれたのか。ハットフィールドによれば、前年のスピーカーが保守的な南部人で、民主党から共和党に鞍替えしたストロム・サーモンド上院議員であったため、バランスをとるために共和党内でも政権に批判的なハットフィールドに白羽の矢が立ったという。[31]
そのスピーチでハットフィールドは、ニクソンやその右腕キッシンジャー、そしてグラハムを驚愕させる。なぜならパリ和平で一定の成果を上げたかに見えた政権のベトナム政策を、ハットフィールドは痛烈に批判したからである。それはあたかも預言者のようなスピーチであった。

この朝食祈祷会に集まるときに、注意をしなければならない危険があります。それは私たちの忠誠心が誤ったところに向けられているということです。完全な偶像崇拝にはならないまでも、アメリカの市民宗教の奉ずる神と、聖書とイエス・キリストの中に御自身を現わされる神とを区別することができなくなっています。(…)忘れてはならないことは、キリストに従う者たちは心地よい多数派(comfortable majorities)と共にではなく、みじめな少数派(miserable minorities)と共にいるのです。今日、私たちの祈りは悔い改めで始まらなければなりません。個人としては、心の中から愛を追放したことのために赦しを乞わなければいけません。国民全体としては、国民の魂を傷つけた罪のために、悔い改めなければいけません。[32]

アメリカは自身の「罪」を認めることから始めねばならない。ハットフィールドは停戦を「名誉ある平和」と呼ぶニクソン、それに満足するアメリカに不遜な高慢を見ているのである。[33]

このスピーチの草稿を書いたのは福音派の新世代を代表するジム・ウォリスであった。ウォリスも自身の原稿が実際に使用されるとは思っていなかった。[34]「我々は朝食祈祷会が開催された夜、夕方のニュースを見ていたが、ハットフィールドのスピーチはすべてのチャンネルで話題になっていた。彼はほとんど一語一句、ファックスで送ったスピーチ原稿を用いており、私はベトナムにおける戦争が国家的な罪であり、不名誉である（national sin and disgrace）と呼ばれる瞬間の、リチャード・ニクソンとヘンリー・キッシンジャーの顔を観ていた」。

ハットフィールドによれば、実際には人々に悔恨を求めただけであり、スピーチではベトナム戦争やニクソンに直接言及することはなかった。[35]しかし、このスピーチは政権批判として大々的に取り上げられた。例えば、『ニューヨーク・タイムズ』誌には「ニクソンは戦争が「罪」と呼ばれるのを聞いた」という記事が掲載された。[36]

ハットフィールドの政権批判に衝撃を受けたのは、彼の反ベトナムの態度を知っていたグラハムも同じであった。[37]次にハットフィールドのグラハム批判を見てみよう。

第二節　ハットフィールドの「市民宗教」批判

(1) ハットフィールドのグラハム批判

グラハムはニクソンを擁護するために筆を執り、ハットフィールドに手紙を送った。ハットフィールドの著作である『苦渋の決断』が引用しているのは、次のようなグラハムの言葉である。

この朝食祈祷会は政治指導者のために祈り、励ますときであると私には思われます——特に大統領のために！　もし私が忠告していたならば、戦争批判者としてのあなたは大統領の方を振り向いて、ベトナムでの停戦に漕ぎつけた彼の決断と忍耐を賞賛することができたでしょうに。そして、それは今まさにこの国が切実に必要としている一致（unifying effect）をもたらしたでしょうに。[38]

グラハムはベトナム戦争をめぐって国民が二分されていることを憂いていた。ハットフィールドとニクソンの協力がアメリカ、よりグラハムが求めているものに即して言えば「神の下の国家」アメリカの「一致」を促すだろうという期待がここに見える。

グラハムはこの時期「一致」にこだわっていた。それはグラハムがキリスト教徒の、より正確に言えば福音派の一致、「エキュメニズム」（ecumenism）を推進していた姿にも見える。「エキュメニズム」

とはキリスト教の用語であり、当初はプロテスタントの教派を超えた「協力と一致」(cooperation and unity)の試みを表すものとして使用されてきた。[39] この運動は主にリベラル派のキリスト教徒たちが推進しており、第三章で触れたように、マッキンタイアのような保守派はそれを訝しく思っていた。しかし、グラハムは福音派の一致を求め、一九六六年のベルリン、一九七四年のローザンヌにおける会議をリードした。[40]

グラハムは国内においても、エキュメニズムを推進した。[41] 例えば、グラハムは就任までの一連のセレモニーで祈祷するよう依頼されたが、「ディック、君は全ての信仰を代表しなければならない。そうでなければ君はトラブルに巻き込まれる」と述べ、ニクソンが行おうとする宗教儀式に多様な宗教アクターの参与を呼び掛けるよう説得した。グラハムの説得の末、ニクソンはこの「エキュメニカルな案」を受け入れた。

グラハムは国内外で福音派のエキュメニズムを推進し、特に国内ではニクソンと協力しつつ「神の下の国家」を支える一致、すなわち「政治的エキュメニズム」とでも呼べるものを推進したのである。グラハムの戦略は「アメリカを讃える日」にも見出すことができる。その祭典にはグラハムをはじめ、ローマ・カトリックのフルトン・シーン、ユダヤ教ラビのマルク・タネンバウム(Marc Tanenbaum)、アフリカン・アメリカンの牧師E・V・ヒルらが出席していた。スティーヴン・ミラーはグラハムが「ユダヤ・キリスト教的伝統」(Judeo-Christian tradition)を強調し、一神教のラインを跨ぎ、また人種やエスニックの分断を超えた市民の信仰を促進させたと指摘している。[42]

このようなグラハムの政治権力への態度こそ、ハットフィールドが問題視したものであった。グラハムとニクソンの関係は世間の注目を浴びた。前章で見たニーバーの批判に加えて、『ニューズウィーク』誌は、「アメリカを讃える日」におけるグラハムの愛国主義的な説教を、宗教による政治の正当化であるとして、ルソーの「市民宗教」に言及しつつ批判している。[43]

この「市民宗教」論、あるいは分析概念が現代アメリカで脚光を浴びたのは、一九六七年に社会学者ロバート・ベラーが論じてからであろう。ベラーは市民宗教を語ることで、ときに宗教的なナショナリズムを主張していると誤解されることもあったが、彼自身が強調したのは「アメリカの市民宗教はアメリカ国民崇拝ではなく、アメリカの経験を窮極的、普遍的現実の光に照らして理解すること」であった。[44] 宗教が国家の政策を正当化するのではなく、国家を超えた視点からそれを審査することこそ、ベラーにとって市民宗教という分析概念の意義であった。

しかし、ベラーの意図を超えて、「市民宗教」は政教関係が持つ二つの側面を分析するものとして用いられてきた。第四章でも触れたピラードは、「市民宗教」を用いてニクソンを批判している。彼の議論は次のようなものである。まずピラードは市民宗教を「預言者的」(prophetic civil religion)なものと「祭司的」(priestly civil religion)なものに分ける。[45] 大統領はこの市民宗教の「預言者」、「祭司」、「説教者」、「牧師」を兼ね備えた「最高神官」を担うが、「預言者」と「祭司」のどちらの役割を意識するかで行動が変わってくる。「預言者」を自認するとき、大統領は国家を神の意志に照らし合わせることで「偶像崇拝的な宗教ナショナリズム」に対抗し、国民に悔恨を求める。他方で「祭司」を自認するとき、大統領は神ではなく国家・国是・安全保障そのものに重きを置き、国民に「国家を肯定し祝福するよう」働きかけ、人々の愛国心を満足させる。

このピラードの議論に見えるように、「市民宗教」は二つの側面を併せ持つものだったが、グラハムをはじめとした保守的なキリスト教徒を批判する文脈では、キリスト教による政治の「祭司的」な正当化という意味で用いられた。そして、市民宗教を批判する主体として預言者への言及がなされた。例えば、ウォリスは、市民宗教を「既存の体制に疑問を呈する代わりに、それを祝福する」[46]ものであるとして批判し、権力者に対して預言者のように振舞うべきであると指摘する。またニーバーのグラハム批判は旧約聖書の預言者アモスに[47]、『クリスチャニティ・トゥデイ』誌のウォーターゲート事件の特集号の記者は預言者ナタンに言及している[48]。

そして、実はベラー自身も市民宗教を論じる際に「預言者」という言葉を用いている[49]。彼は「わが国には預言者的な格の一人の人物がいる。（…）彼以前のリンカーンのように審判を受けるようこの国民に呼びかける」と述べ、ベトナム戦争におけるアメリカの傲慢を問題視した、ジェイムズ・ウィリアム・フルブライト（James William Fulbright）上院外交委員長を評価している。

この預言者と対置されているのが、ホワイトハウスでアメリカの市民宗教における「祭司」となっていたニクソンである[50]。ピラードは「精神、アメリカの善良さ、国家的使命」という「楽観的な祭司的市民宗教がニクソンを魅力的にした」と評する。「戦争に疲れた民衆は、彼の慰めと自信を取り戻させてくれる言葉を歓迎した。彼が基本的に自分の見解を神から切り離し、それを国家自体の超越性に結びつけなおしていたことに気づいた人はほとんどいなかった」という。

この市民宗教的な側面はニクソンの大統領就任の一連のセレモニーにも見出せる[51]。ピラードはニクソンの就任式におけるグラハムらの祈り、翌日のホワイトハウスでの礼拝式が市民宗教的なものだったと批判的に論じる。初回の礼拝式でのグラハムの「神の下の国家」という言葉を用いた祈りは「典型的な市民宗教の祈りの言葉」であった。さらにニクソンは「公的に礼拝を強調することにより、道徳的価値を復活させたいと望んでいた。だが、その結果、教会宗教と市民宗教とが混ざり合ってしまった」というのである。

この政教の混淆を批判する預言者としてピラードが言及するのがマクガヴァンであり、ハットフィールドである。[52] ハットフィールドはグラハムの伝道者としての職業意識を尊重していた。しかし、先に取り上げたグラハムからの手紙に対して、ハットフィールドは以下のように問題点を指摘している。

率直に言えば、ビリーがホワイトハウスから「利用される」危険を冒していることを私は深く心配した。大統領に牧会的配慮をするという彼の召命観を否定はしなかった。しかし私の考えによると、権力の座についている者に対して真の牧会者になるには、政治権力者たちが自分たちの政策に対して教会からの祝福を求めがちであることを弁えておく必要がある。このようにして、キリスト者は権力者に対して、牧会的であると同時に預言者的な証しをするという二面性を持ち続けていなければいけない。[53]

ハットフィールドはグラハムがニクソンに利用されていることを危惧し、権力に迎合せずに神の正義に沿うよう訴え続けた旧約聖書の預言者たちから学ぶよう「福音伝道者」に求めたのである。

グラハムへの忠告に続き、市民宗教に対する批判が展開される。先の朝食祈祷会における批判も痛烈なものであるが、ハットフィールドは市民宗教を次のように批判する。「市民宗教」には預言者的な次元の信仰やイエス・キリストの中に神が啓示されたという中心的な部分が欠けているので、国家の自己中心的な欲望や偶像崇拝の道具として利用される恐れが十分ある。歴史の教えるところによれば、聖書全体の文脈から切り離されたほんの少しばかりの宗教心は、善になるよりも害になる。正当な信仰を守ろうとする者は、聖書を全体として捉え、それを現代に当てはめることを主張し切り刻むやり方を、非聖書的として斥けるべきである。この原則に立って、市民宗教に対して確固たる態度を取るべきである。(54)

市民宗教が、キリスト教の重要な要素である預言者ともイエスとも、相容れないというのである。市民宗教が無信仰よりも害をもたらすというのは、非常に厳しい批判だと言える。

おそらく政治と権力者との付き合い方に関して、グラハムとハットフィールドは異なる意見を持っていた。両者の政教観は彼らのキリスト教理解から生じたものであり、前者の相違を明らかにするためには後者の相違を明らかにしなければいけない。両者の信仰はどのようなものであったか。

(2)「福音派」と呼ばれる人々の信仰の違い

グラハムとハットフィールドは、外面的に言えば、同じ教派に属し、また福音派のキリスト教徒であった。両者の属するバプテストの特徴は罪と政教分離の強調であろう。例えば、一九六〇年の大統領選挙でのケネディ候補に対するバプテストからの批判の一つは、ローマ・カトリック教徒が特定の政治的イシューにおいて教皇に従うことで政教分離を犯す可能性に向けられていた[55]。もちろんハットフィールドの属するオレゴン州のバプテスト教会も政教分離を重視していた。彼は幼少期、政治の議論や投票はむしろすべきだが、それ以上の関与は信仰に背を向けることだと教えられた[56]。しかし、ハットフィールドは政治家という道を選んだ。彼は政治家としての自らの召命観を「政治の世界における私たちの証しは、キリストによって宣べ伝えられた新しい秩序の幻に妥協することなく忠実に従っていなければならない」と考えていた。政治家にはイエスに倣い権力欲を捨て、「自己犠牲の愛と他の人々への奉仕」という指導力を持ち、現状に蔓延る不正義を告発する預言者的な証しをすることが求められるというのである[57]。

またグラハムとハットフィールドはいわゆる福音派と呼ばれるキリスト教のグループに属していた。「福音派」とは聖書主義と回心主義、アクティヴィズムに加えて「十字架中心主義」(Crucicentrism)を特徴とするキリスト教徒である[58]。この定義に従えば、福音派とはイエスによる贖罪、すなわちイエスの十字架上での殉教が人類の罪の贖いを意味したことを信じている人々のことを指す。

さらに内在的な側面から言えば、グラハムやハットフィールド自身もまた「罪」や「イエス」を論じてきた。ハットフィールドは上述した朝食祈祷会でのスピーチで罪を語っていた。またグラハムに関しても第四章で論じたように、『イエスの世代』の中で罪を強調している[59]。「罪は自己中心の態度である。それは神の律法への違反、神の定められた道徳基準に至らないことである。これらのために我々全員が有罪である」。両者とも人間の罪深さを説いて悔恨を促した上で、イエスによる贖罪を強調するのである。そして、悔い改めた、あるいは悔い改めようとしている人々に、両者ともイエスに従って生きるべきだと説く。しかし、両者の語り方は異なる。

一方のグラハムは福音伝道者として福音に従うよう人々に説くが、その焦点は個人の生活に向けられていた。(60) グラハムはイエスに従う生活、すなわち「自分を捨て、自分の十字架を背負って、わたしに従いなさい」（マタイ16・24）ということが厳しいことを認める。「キリストの道は自己訓練、放棄、困難の道である」。その上で、彼は現世での具体的な問題、例えば仕事や麻薬、ポルノ、人種や環境問題、政治、教会などの問題に対して、キリスト教徒として相応しい態度をとるよう求める。なぜなら彼は「キリスト教徒の仕事は、たとえそれがどのようなものであっても、主に向かってなされるのである」と理解するからである。グラハムは彼岸志向のある人々に訴えるためか、「主人が帰って来たとき、言われたとおりにしているのを見られる僕は幸いである」（マタイ24・46）というイエスの言葉を引用し、以下のように述べる。

一部の人たちはキリストが本当に帰って来られるとしたら、なぜ仕事を続けるのかと考えている。彼らは、なぜ仕事をやめ、キリストの再臨を待つことに専念しないのか、と言う。これはパウロがテサロニケの信徒にあてて手紙を書いたときの、一つの問題意識であった。彼は終わりの時代の詳細のいくつかを説明してから、仕事に打ち込むようにと勧めている。キリストが来られるという望みは、いっそう我々を仕事へと駆り立てるべきである。そうしてこそ私たちは、「御子が来られるとき、御前で恥じ入るようなことがありません」（一ヨハ2・28）と胸を張って言える

者となる。(61)

グラハムは終末と現在を紐づけ、現世における仕事の重要性を繰り返し強調するのである。

このようにグラハムは、現世で個々人がイエスに従おうと努める際に生じる不安や疑問に対して、個人主義的で、かつ秩序の枠内での行動を勧めた。まず個人の生活を語り、その上で社会のことを語るグラハムの手法である。ここに問題を見たのがニーバーであった。グラハムの態度は現世の秩序を肯定しているようにも見えるし、その良し悪しすら棚上げしているように見えてしまったのだろう。

他方のハットフィールドは、イエスに従うことを、敵を愛し、人々に奉仕し、かつ友人のために生命を投げ出すことであると言う。(62) 彼の眼から見ると、多くのアメリカ国民は国家を崇拝してしまい、貧しい人々や抑圧されている人々に目を向けることも、預言者のように不正の構造や国家崇拝と対立することもない。これが多くのキリスト教徒が陥っている状況であるというのである。

以上のように、グラハムとハットフィールドは「イエスに従いなさい」と説くが、その言葉が意味することは異なっていたと言える。

さらに政治と宗教の関係を論じるために用いられる「市民宗教」という概念をどのように理解するかも、ハットフィールドとグラハムの政教観が異なる要因だったのかもしれない。一方で、グラハムは先のピラードの指摘にあるように、既成秩序を正当化する傾向があった。確かにグラハムは自身とニクソンとの関係が世間からどのように見られるかに気を配っていたし、朝食祈祷会が政治的なものになることを危惧していた。これはハットフィールドも認めるところである。(63) しかし、ニクソンとの関係に限っても、グラハムは政治権力に深入りし過ぎた。グラハムはホワイトハウスでの日曜礼拝も、保安対策上ニクソンが「教会に行かないよりはましだ」と擁護し、それが市民宗教の実践のようだと言うハットフィールドらの意見を退け、これは政治的含意がないと説明した。ニクソンが国全体の見本となりたいと願っている、とグラハムは楽観的に考えていたという(64)。もし福音伝道者が市民宗教の祭司に妄従していたとしたら、預言者が政教の緊張関係が緩むことを問題視したのも当然であったと言えよう。さらにこのグラハムの態度がほかの牧師やキリスト教徒に影響を与えかねないことも問題であった(65)。

他方、ハットフィールドは国家と宗教の関係そのものを問題視した。彼はこの問題を「コンスタンティヌスの遺産」、「市民宗教」と呼んで論じている。彼は聖書から論を進める。彼は権力者が頻繁に引用する「人は皆、上に立つ権威に従うべきです。神に由来しない権威はなく、今ある権威はすべて神によって立てられたものだからです」という「ローマの信徒への手紙」の一節を取り上げ、「国家についての神学を、「ローマの信徒への手紙」一三章だけに基礎づけるべきではない。新約聖書によれば、国家は神の権威に頼って立っていると同時に、悪魔の道具でもある」(66)とその解釈を論じている。

では、この国家とキリスト教の蜜月関係はいつから始まったのか。ハットフィールドはローマ皇帝コンスタンティヌスによるキリスト教の公認に答えを求める(67)。この時以来、教会は帝国に「是認と祝福」を与え、さらに帝国の戦争に加担し、かつアウグスティヌスがそれを正当化してしまった。ハットフィールドの見るところ、キリスト教が様々な文化を吸収し、かつ官僚化することで、「福音の世俗化」、すなわち「キリスト教の共同体とこの世との区別が曖昧なものになり始めた」。

この「コンスタンティヌスの遺産」が今日にも影響を与えているとハットフィールドは見る。[68] 多くのキリスト教徒は政教関係を文化・歴史から理解し、「ローマの信徒への手紙」一三章を安易に文脈から切り離して言及してしまう。その結果、教会が国家としてのアメリカを祝福しようとする「コンスタンティヌス的な同盟」（Constantinian alliance）が誕生してしまった。この同盟に属してしまった多くのキリスト教徒、福音派の人々は、ベトナム戦争が国家の罪ではなく、正義の十字軍だと固く信じ込み、ニクソン大統領に信頼を置き続けてしまっている。しかし、ハットフィールドによれば、ベトナムとウォーターゲートの苦悩が「信仰と国家権力の間にある固有の緊張関係」を再発見するきっかけになり得る。ハットフィールドは「伝統的な偏見、国家主義、文化」といった悪習を断つために、聖書とイエスに従った初代教会に目を向けることが必要であると説くのである。

この「コンスタンティヌス主義」（Constantinianism）批判に続き、ハットフィールドは「市民宗教」を論じる。そこでも問題は同時代のキリスト教徒が現世を聖書の視点ではなく、国家の事情や文化などから理解していることであった。

私たちが証しの生活をするときに、イエスの御言葉が生きていることを再発見し、現代文明の価値に挑戦しなければならない。「あなたがたはこの世に倣ってはなりません」とパウロは言う。（…）私たちはこの社会の価値基準にあまりにも疑問をさしはさまずにきた。物質主義、軍国主義、民族主義といった厄介な問題に取り組むことに躊躇する。そのことで、アメリカ的生き方とキリスト教的な生き方とを同一視し、「この世と妥協するな」という戒めに逆らう危険を冒している。[69]

ハットフィールドはキリスト教が国家政策の正当化に利用されることを危惧し、聖書からラディカルな主張を引き出すのである。

ハットフィールドはグラハムのような愛国主義的な市民宗教に代わる信仰の在り方として、ベラーが預言者の一人として描いたリンカーンに言及する。[70] ハットフィールドによれば、リンカーンは「集団としての罪を認め、国民の罪を告白することによってのみ、この国は国としての目的と一致を取り戻すことが出来る」と信じ、国家が教会を設立するのではなく、逆に「神の正義の絶対的な基準に国家が達しなかったことを精査する必要がある」と主張した。このことは、グラハムが「一致」をニクソンという祭司を中心に目指したことと対照的である。ハットフィールドはリンカーンに倣い、一九七四年四月三〇日を「恥辱、断食、および祈りの記念日」（National Day of Humiliation, Fasting and Prayer）とする法案を提出した。ニクソンのスキャンダルが次々に暴露されていく中で出された法案である。ピラードはこれをもって「市民宗教の祭司長がもはや機能していないことを意味していた」と評している。[71]

またハットフィールドは国家によって操られるのではなく、国家を精査するためのキリスト教徒による共同体の可能性を示唆する。ハットフィールドは市民宗教という現世に迎合的な「宗教的なもの」とキリスト教とを区別する必要性を強調した上で、その模範をローマ帝国の権力者に屈することなくイエスに従った初期キリスト教徒に求める。ハットフィールドはイエスに従った人々がローマ帝国内での不正義に抵抗したことを引きつつ、イエスに従うことが政治・社会的な意義を持つことを強調する。

第一の任務はキリストの生命を具体化することである。この召命に忠実であれば、社会における我々の職業やコンフォーミストが主張するような、「成功」こそ至上の命令といった考えは完全に乗り越えられる。キリストと一つになることで、この世界の抑圧されている人々を助けることになるだろう。不正や罪の犠牲者たちを助けることになるだろう。貧しい人々の立場に立って、社会の構造を見始めるだろう。私たちの希望は神が引き続き愛し続けるという約束の中に、また人間世界に新しい秩序をもたらすという御旨の中にある。この希望をキリストの体と呼ばれる人々の中に最初に見出す。(72)

イエスに従う「キリストの体」が現世における不正義を是正することに、ハットフィールドは期待を寄せるのである。

ハットフィールドは市民宗教と決別し、その上でリンカーン、あるいは使徒に、キリスト教徒としての現世での歩み方を学ぼうとするのである。特に後者は罪深い人間に実現可能なのかという問題を孕みつつも、(73) その政教の緊張関係の論じ方は神学者ジョン・ハーワード・ヨーダー（John Howard Yoder）らの「政治神学」（political theology）(74) の伝統に連なるものと言える。実際、ハットフィールドは「十字架の政治」というチャプターで、ヨーダーの『イエスの政治』に基づいて議論を展開している。(75)

ハットフィールドは高い倫理観を、自己を含めてキリスト教徒に課したのである。[76] この預言者の姿は福音派が目指すべき一つの模範になったであろうことは想像に難くない。

以上、グラハムに対するハットフィールドの批判を、ニクソン政権のベトナム政策を軸に概観してきた。グラハムとハットフィールドは同じバプテストに属し、かつ福音派の信仰を持ち、罪とイエスを強調したが、強調点の置き場所が異なっていた。すなわち、両者とも終末までの日々をイエスに従うべきだと説きつつ、グラハムは福音伝道者として人間の弱さを念頭に置き、仕事や選挙といった日常生活や制度の枠内の行動の意義を強調したが、ハットフィールドは預言者のように、政教の歪な結びつきである市民宗教を退け、国家や文化に妥協しないキリスト教徒の在り方を模索した。

両者の信仰、それに基づく政教観は些細なものであるが、異なっていたのである。それでも両者の交友は続き、ハットフィールドはグラハムの「理想の政治家」と評されたのである。なぜだろうか。

第三節　グラハムはハットフィールドをどう理解していたか

（1）政治家としてのハットフィールド

グラハムがハットフィールドを「政治家」として評価していたことは間違いない。その際に考慮すべきは、共和党の右傾化、保守化である。アメリカの分極化、共和党の保守化の要因に関しては議論が尽きないが、その契機の一つにゴールドウォーターの登場を挙げることができるだろう。それはニクソンにも影響していた。ニクソンは出馬した二回の大統領選挙でイデオロギー的な立ち位置を変化させていたという[77]。すなわち、一九六〇年のニクソンはアイゼンハワーの政策を受け継ぎつつ、「中道」あるいは「穏健」な立場にあったが、ゴールドウォーターが一九六四年に共和党予備選に勝利したことで党内保守派が活気づき、一九六八年のニクソンは彼らに接近したと言うのである。「生まれ変わったニクソン」は共和党内保守派に配慮し、「法と秩序」、「福祉の不正受給」、「慢性失業者」、「強制的統合」、「安全な近隣居住区」などの言葉を用いてサイレント・マジョリティに訴えかけており、ゴールドウォーターやサーモンドなどの保守派から熱烈な支持を受けた。

ハットフィールドは共和党内の保守派に批判的であった。それはベトナム政策だけではない。ハットフィールドはカリフォルニアで行われた共和党の全国大会での基調演説を任され、資本主義、自由企業体制、反共主義、民主主義、宗教といった党の基本的な価値を確認した後、「レイシズムやヘイトに対するアメリカ国民の権利」を主張する文脈で、自党の大統領候補ゴールドウォーターの支持者が多かったジョン・バーチ協会（John Birch Society）を批判した[78]。「我が国家にはヘイトの毒を吐き出す偏狭な人々（bigot）がいる」。「彼らは、共産党、クー・クラックス・クラン、そしてジョン・バーチ協会などの非常に多くの肩書の下で活動している」。ハットフィールドのスタッフも務めた歴史家ロン・フェンダルによれば、「ハットフィールドは偏狭な組織のリストの中で意図的にジョン・バーチ協会を含めた」。

とは言うものの、ハットフィールドは共和党の人間であり、イデオロギー的には保守派であった。彼は党がプロ・ライフと結びつく以前から人工妊娠中絶には反対だったし、反ニューディールの財政保守であった[79]。この点、ハットフィールドはいわゆる経済保守・文化保守であったのである。

しかし、ハットフィールドの「保守」と「共和党」は、ゴールドウォーターらのそれとは異なっていた。ハットフィールドの理想はハーバート・フーヴァーであり、その「革新主義」（progressivism）であった。[80]先述したように、ハットフィールドは一九三二年のフーヴァーの再選を目指す選挙運動に参加しているし、またスタンフォード大学大学院での研究テーマはフーヴァーであった。ハットフィールドは思いやり（compassion）、オープンマインド、働く機会の平等といった自らの革新主義をフーヴァーの『自由への挑戦』（一九三四年）[81]という著作から引き出しており、彼はそれをフランクリン・ローズヴェルトの「リベラリズム」との違いを意識して「クラシカル・リベラリズム」（classical liberalism）と呼んでいた。第三章で確認したように、「自由」という言葉は解釈の余地を残していたのである。

加えて、ハットフィールドはフーヴァー以前の共和党を、抑圧された者、奴隷たちのために結成された党であると確信していた。[82]彼は共和党の強みとして人間の個性、尊厳、経済的機会などの回復を挙げ、党が二〇世紀半ばにおいても革新主義の諸価値を、スモールビジネスのオーナーやブルーカラーの労働者、都市の貧困者、農場で生計を立てている者といった困窮する人々に向けるよう努力していくべきであると主張していた。

ハットフィールドの見るところ、保守派に実権を握られた同時代の共和党はフーヴァーの、そしてリンカーンの党から逸脱していた。このような危機感がハットフィールドを共和党指導部への批判へと導いたのではないか。当時の文脈において、ハットフィールドは共和党内穏健派であり、ときには民主党の上院議員たちと協力してアメリカを立て直そうとしたのである。

この点、保守化したニクソンもハットフィールドとのイデオロギー的違いを認識していた。ニクソンの自伝には次のように記されている。「イデオロギー面の大きな違いは、いくらよい個人関係を育ててもさして解消されない。ここでもベトナム戦争がよい例となる。上院における私の親友に、ジョン・シャーマン・クーパーとマーク・ハットフィールドの二人がいた。しかし、二人とも、私が戦争を終わらせるのに必要だと思う政策に絶対反対を唱えていた」[83]。保守派に接近したニクソンにとって、革新主義的な共和党員であるハットフィールドは目の上のたん瘤であったと言えよう。

この穏健派としてのハットフィールドを、グラハムが高く評価したのも納得ができる。グラハムもまた当時の共和党内保守派とイデオロギー的に近かったとは言えない。第一にグラハムは南部出身の民主党員であった[84]。また個別のイシューに関して言えば、グラハムはジョンソンの「貧困との闘い」(War on Poverty)を支持したし[85]、一九六四年公民権法を支持した[86]。さらにグラハムは共和党保守派と距離を取っている。例えば、グラハムは、娘が支持したゴールドウォーターの選挙支援を断っている[87]。また早くも一九五五年には、グラハムは心臓発作に苦しむアイゼンハワーの代わりを務めるニクソンに、保守派との距離に気をつけるよう進言している。グラハムはニューヨーク州知事トマス・デューイ(Thomas Dewey)の懸念をニクソンに伝えている。「アメリカ合衆国の大統領に選出されるためには、人は中道路線(middle-of-the-road-position)を取るべきだ」[88]。このようにグラハムは党内保守派よりも穏健派に近く、それゆえハットフィールドとイデオロギー的に親近性があったと言えよう。

実際にグラハムはハットフィールドの穏健派のイデオロギーを評価している。第一節で触れた一九六八年大統領選挙での副大統領推薦の理由によれば、ハットフィールドはニクソンとコンビを組めばイデオロギー的にバランスがよく、かつ「キリスト教徒の偉大なリーダー」としてプロテスタントだけでなくローマ・カトリックへのアピールになる。グラハムは「政治家」ハットフィールドを評価していたのである。

さらに注目したいのは、グラハムがハットフィールドを「キリスト教徒の偉大なリーダー」としても期待を寄せていたことである。既に見たように、両者の信仰には些細ではあるが相違があったし、グラハムはハットフィールドの市民宗教への批判を苦々しく思っていた。しかし、グラハムはハットフィールドを自陣に取り込もうとした。その理由は「福音伝道者」という職務の特徴と、彼が依拠したパウロの教会論にある。この点を確認しよう。

（2）「福音伝道者」の限定された役割

グラハムは自伝『いさおなき我を』の中で「福音伝道者の召命は非常に限定されたもの（very specific）である」[89]と記したように、己の職務が「制約」されていることを自覚していた。だからこそグラハムは司牧者たちと進んで協力してきた。

ここで注目したいのは、『聖霊』の中でのカリスマ、すなわち、「聖霊の賜物」（gift of holy grace）に関する議論である。[90]グラハムは「賜物」が「教会の益」となるよう用いられるべき「道具」（tool）、「器具」（instrument）とも呼ばれてよいもので、聖霊により「キリストの体が機能を発揮するのに用いるべく、人々に与えられている」と考えていた。そして、各人は他者のカリスマ、才能に嫉妬することなく、自身に与えられているものを「神の栄光」のために用いるべきであり、グラハム自身、「私が伝道の賜物を持っていながら、それを用いなければ、それは私の罪になるだろう」と述べている。

続いてグラハムは具体的な「賜物」、「エフェソの信徒への手紙」四章に挙げられている、使徒・預言者・伝道者・牧師・教師という職務を論じる。伝道の賜物は「福音を伝える特別な能力」と端的に定義され、以下のように詳細が語られる。

伝道者のメッセージは当然とも言えるが福音の「内容」を中心としている。伝道者は第一に「メッセンジャー」であって、「良い知らせ」(good news)を届ける人である。ついでだが、伝道者は福音を宣べ伝える際に、教えたり牧師の働きをすることもあるが、彼の主要なメッセージはキリストの死、埋葬、復活、再臨、そうしてすべての人が悔い改めて信じる必要を中心としている。(91)

グラハムは人々の目がメッセージそのものへ向けられることを願う。「方法は何百でも異なったものを用いることができるが、重要なのはメッセージの内容である」(92)と繰り返されるのである。しかし、彼はいくつかの心配事を挙げる。(93)一つは少なくない教会、教派が福音伝道者の職を軽視してきたことである。グラハムはジョン・ウェスレーを例に挙げて、「彼らはしばしば組織された教会の外で召命に従わなければならなかった」と述べている。グラハムが望むのは教会という組織と福音伝道者が協働することであろう。もう一つの心配事は、福音伝道者がシンクレア・ルイスのエルマー・ガントリー的なものとして理解されていることである。ガントリーのモデルは伝道者ビリー・サンデーであり、物語内部で彼は大衆に訴える魅力的な語り口でキリスト教への帰依を説いたが、実は粗野で胡散臭い人物として描かれている。[94] グラハムは、偽物のイメージが福音伝道者の仕事を阻害し、人々からの批判の原因になっていることを危惧する。グラハムの見るところ、伝道の賜物があると思われる多くの人が活動を自粛してしまっている。彼らは「非知識主義（nonintellectualism）、感情主義、売名あるいは人数に関心がありすぎるなどと責められるのを恐れて、賜物を遠慮して抑えてしまっている」というのである。

このガントリー的な「福音伝道者」イメージを払拭したかったのだろう。グラハムは「真の伝道は知性（intellect）に訴えるものであり、感情を喚起するときもあればないときもある。しかし、その主要な働きは意志（will）に語りかけることである」と述べる。福音が宣べ伝えられるところでは人々が「決断」をすると言うのである。[95]「決断」は彼のお気に入りの言葉であり、『決断のとき』というラジオ番組の名や『決断』誌の存在がそれを物語っている。

福音伝道者の職務をこのように語るグラハムであるが、注目すべきは、このカリスマはフルタイムで従事している者に限られないと彼が考えている点である。[96]「伝道者」と呼ばれたフィリポがそうであり、専門家以外も「伝道者の働き」を求められているというのである。グラハムは「わたしについて来なさい。人間をとる漁師にしよう」（マルコ1・17）というイエスの言葉を引用しつつ、「すべてのキリスト教徒に、私は伝道者のわざをするように——伝道を専門に行うか否かに関係なく——お勧めする」と述べる。いわば「アマチュア」の伝道者が認められたのである。それがイエスからの命令、聖書がすべての人間に指令していることであるという記述に続いて、「だから、あなたがたは行って、すべての民をわたしの弟子にしなさい。彼らに父と子と聖霊の名によって洗礼を授け、あなたがたに命じておいたことをすべて守るように教えなさい。わたしは世の終わりまで、いつもあなたがたと共にいる」（マタイ28・19－20）というイエスの言葉で「福音伝道者」の項目が閉じられるのである。

ただしアマチュアが福音を宣べ伝える際、彼らはその道のプロと同じく高い倫理的要求がなされる。すなわち、「主の栄光」のために効果的にメッセージを伝達するためには、伝道者は「御霊に満たされ、実を結ぶ生活がメッセージの裏付けになっていなければならない[97]」。福音を宣べ伝える人自身の生活が人々の手本になっていなければならないのである。

なぜグラハムは福音伝道者のカリスマを持つ者以外に、福音を宣べ伝える役割を期待するのだろうか。注目すべきはグラハムが自身の召命された職務の「制約」を認識していたことである。あくまでそのカリスマは「福音を伝える特別な能力」であったのである。この認識はグラハムに他のカリスマとの協力、「一致」の必要を自覚させる。[98]『聖霊』の中でカリスマの目的を論じる際、グラハムは「聖なる者たちは奉仕の業に適した者とされ、キリストの体を作り上げてゆき」（エフェソ4・12）、それが「全体の益」（一コリ12・7）に資することが不可欠であると述べる。その上で、グラハムはパウロの言葉を取り上げ、以下のようにカリスマを持つ者の協働、「一致」を強調する。

> 神はまた、キリストの体を「一致」（unite）させるのに役立つように賜物を計画された。使徒パウロは「エフェソの信徒の手紙」四章第三節－七節で賜物を列挙する前に、私たちに次のことを勧めている。「平和のきずなで結ばれて、霊による一致を保つように努めなさい。体は一つ、霊は一つです。それは、あなたがたが、一つの希望にあずかるようにと招かれているのと同じです。

主は一人、信仰は一つ、洗礼は一つ、すべてのものの父である神は唯一であって、すべてのものの上にあり、すべてのものを通して働き、すべてのものの内におられます。しかし、わたしたち一人一人に、キリストの賜物のはかりに従って、恵みが与えられています」。パウロが「一つ」(one)という語を繰り返すことによって一致を強調している点に注目しなさい。このように御霊の賜物は、決してキリストの体を分裂させるべきでなく、一致させる(unify)べきものである。(99)

神が各人にカリスマを与えた所以はキリストの体を一つに保つためであると言うのである。各人は自身に与えられた職務の範囲内でベストを尽くしつつ、全体のために互いを支え合わなければならない。その実践例はグラハムがクルセードの参加者に地域の教会を紹介していることである。(100) グラハムは福音伝道者と教会に属する聖職者とが、各々スペシャリストとして協力することが必要であると考えていたのである。福音伝道者は人々がイエスに従う生活を始める起点ではある。しかし、回心者の現世での生活はクルセードの後も続く。キリスト教徒は「罪」を背負いながら、イエスに従う努力を世界の終わりがくるまで続けねばならない。お茶の間でテレビやラジオを通して伝道者の説教を聞くだけでは十分ではない。教会で聖餐をはじめとするサクラメントに参与し、ともに切磋琢磨することが不可欠である。福音伝道者と教会とが協力しなければ、罪深い人々がイエスに従う生活を送り続けることができない。ここにグラハムの罪に関する理解が現れるのである。

では、アマチュア伝道者として期待できる「他の」カリスマはあり得るのだろうか。注目すべきことに、ここでグラハムは自身の職務ではないと否定した「預言者」と「福音伝道者」とをパラレルに語る。その際、グラハムはパウロの「異言」と「預言」を区別する議論に言及しつつ[101]、旧約聖書の預言者と新約聖書における預言者の役割の相違を次のように描いている。すなわち、旧約時代の預言者は「未来を予知した」のに対し、新約時代の預言者は「むしろ伝道者に似た働きをした。彼らは神の言葉を宣べ伝え、人々に罪を悔い改めるよう求めた。彼らは罪のうちにある人々の心を動かした[102]」。グラハムは預言者と福音伝道者という二つの職務の類似性を明確に指摘している。「伝道者に似た働きをした」預言者に福音を宣べ伝えることを、彼が期待しても不思議ではない。

ここにグラハムの理解する、個人カリスマに還元されることのない「福音伝道者」の姿がある。すなわち、福音伝道者は自ら福音を宣べ伝えると同時に己が職務の「制約」を自覚し、「御霊に満たされ、実を結ぶ生活」を送る人々と協力し、人々の目をイエスに向け続けねばならないのである。

以上の議論は教会に関するものである。しかし、グラハムは教会と「神の下の国家」アメリカをパラレルに論じる。再び一九六〇年代後半から一九七〇年代前半のアメリカに舞台を戻し、グラハムが信用するに値するカリスマを追う。

(3) グラハムはハットフィールドをどう理解していたか

ニクソン政権期、一九六〇年代後半から一九七〇年代前半はベトナム戦争やカウンターカルチャーをめぐってアメリカは分裂し、また「神の下の国家」というイメージも崩れつつあった。グラハムはニクソンの支持者たちを福音に導くため、終末を語る際にイエスの再臨という希望に強調点を置いた。またグラハムは保守的な福音派に、イエスに従うという厳しい生活を送るよう促さねばならなかった。ワッカーが指摘するように、福音派は終末の出来事が神の裁きとイエスの再臨という両輪によって語られることに慣れていた。[103]グラハムは罪の事実を重く受け止め、たとえ福音派でも罪人であり続け、道を誤り得ることを強調する。それゆえグラハムは、福音派がイエスに従う生活、すなわち「自分を捨て、自分の十字架を背負って、わたしに従いなさい」という厳しい生活を送れるようにするために、創意工夫をする必要があった。グラハムは彼らに「神の地上における組織」(God's organization upon earth) である教会でのトレーニングを説くとともに、[104]福音に従うということの模範例を示して、それに倣うよう求めた。

たしかにこの時代の福音派と呼ばれる教会は、リベラル派の教会が会員数を減らす中で、会員数を伸ばしていった。[105]しかし、マースデンが指摘したように、この時期の福音派は一枚岩ではなかった。加えて、彼らが政治的プレゼンスを持っていたとは言い難い。「福音派の年」と呼ばれたジミー・カーターの登場、福音派と共和党との同盟の起点であるキリスト教右派の勃興はまだ先のことである。グラハムはアメリカという国家におけるキリスト教の影響力低下を、『イエスの世代』の中で以下のように言う。

現代の政治家には、道徳、知性、経済の上でのきびしい圧力がかかるため、十分な資格のある政治家が国家に奉仕するという例は、減少の一途をたどっている。もし、ご都合主義者が政治家の席を埋めるという傾向が強まってくるなら、キリスト教信仰に根を深くおろした私たちのデモクラシーは、やがて失われていくことだろう。[106]

ここにグラハムの危機感が現れている。瓦解しつつある「神の下の国家」を再建するため、グラハムは福音派に現世の出来事にも関心を持つよう訴える必要があった。

彼は若者たちにデモに参加して抗議するのではなく、「いっそうの重要性を帯びてくる政治の世界に、道徳的な正しさ、霊的な洞察力、それにすぐれた知性を吹き込むような立候補者を応援すること」を勧める。[107]敬虔な政治家を支援する「建設主義者となることが若いキリスト教徒の責任」であると言うのである。政治の世界にも「御霊に満たされ、実を結ぶ生活」を送る人物が必要であった。グラハムにとって、ハットフィールドこそふさわしい人材であった。

ハットフィールドは敬虔なキリスト教徒であり、同時に愛国的な政治家だった。ここで重要なのが、政治のアウトサイダーではなく、政治家としてアメリカを変えていこうというハットフィールドの意識である。歴史家デイヴィッド・シュワルツは、ハットフィールドがウォリスら『ポスト・アメリカン』とベトナム戦争や市民宗教に対する問題提起の際に協力したことを認めつつ、両者を区別する。[108]ハットフィールドは、『ポスト・アメリカン』などが用いた「アメリ禍」（Amerika）という単語や「アメリカ的生活様式」をもじった「アメリカ的死に様」（American Way of Death）という、国家を侮辱するような言葉を用いていない。「彼はまだ国家に贖罪の可能性を見ており、アメリカの政治文化に建設的に従事しようと願った」。そのため「彼は国家を癒す（repair）、つまり国家に霊的資源を注ぐことを願った」という。

このように、ハットフィールドは堕落した国家アメリカの再生を目指すためにキリスト教に頼り、活動家ではなく政治家として国事に従事していったのである。「政治の世界における私たちの証しは、キリストによって宣べ伝えられた新しい秩序の幻に妥協することなく忠実に従っていなければならない」。『苦渋の決断』で表明されたハットフィールドの決意はアメリカという国家の中でこそ、意味を持つのである。

ここにベラーが本来意図した意味での市民宗教を見出すことができるだろう。先述したとおり、国民にベトナム戦争という罪の悔い改めを求めたときにハットフィールドが手本としたのは、ベラーが市民宗教の預言者を体現していると論じたリンカーンその人であった。ハットフィールドはこの時代、ニクソンに劣らず敬虔な政治家と見なされたが、後者が市民宗教の「祭司」ならば、前者は「預言者」だったのである。

この預言者を、「神の下の国家」の再建を目指す福音伝道者はどう見ただろうか。すでに見てきたように、両者には些細な信仰の相違があり、かつハットフィールドは罪を強調することでグラハムの盟友ニクソンを痛烈に批判し、この福音伝道者が慰めようとしていた人々の不安を結果的に煽る可能性があった。しかし、ハットフィールドは敬虔かつ建設的な政治家であり、グラハムは彼に福音派の模範となることを期待できたのである。

それは翻って、ニクソンには不合格の烙印が押されていたことも意味する。確かにグラハムはニクソンを敬虔なクエーカーの息子であり、政治家としての資質を認めていた。しかし、嘘にまみれたスキャンダル以前から、グラハムにも不満はあった。第四章で触れたように、それはニクソンが自身の信仰を公に語らず、また教会に通わなかったことである[109]。ニクソンはホワイトハウスで日曜礼拝を行うようになるが、それは「教会に行かないよりはましだ」という程度である。福音伝道者は教会での儀礼や交わりに参加することの重要性を繰り返し強調しており、ニクソンの信仰の実践では福音派に示しがつかないと考えていても不思議ではない。グラハムの目には、ニクソンは福音に従って生きる政治家の模範としては満点ではなかったのである。

しかし、グラハムはニクソンを必要としていた。ニクソンはアイゼンハワーの副官として「神の下の国家」の建設に携わっており、おそらくグラハムは彼の協力なしにそれを再建することが不可能であることを認識していた。グラハムは福音に従って生きる見本であるハットフィールドと及第点のニクソンとの「一致」を求めたのであった。ベトナムをめぐって実現することはなかったが、両者の協力はワシントンだけでなく、福音派のサークルにもアピールすることとなっただろう。なにせグラハムのお墨付きの、敬虔な二人の同盟であったためである。

グラハムが再建を目指した「神の下の国家」、その国民である福音派とその模範となるハットフィールド、そして、元首であるニクソン。これがウォーターゲート事件を機に政治となるべく距離を置こうとした、福音伝道者がパウロの教会論を援用しつつ構想した最後の政治的な産物、「政治的エキュメニズム」だったのではないだろうか。

おわりに

本章は「福音伝道者」の特徴の一つである「制約」の側面を見てきた。グラハムは自身の職務の限界を認識しているがゆえに、ほかのカリスマとの協力を教会においてだけでなく合衆国においても望んだ。

第一節で見たように、ハットフィールドはニクソンのベトナム政策を痛烈に批判した。グラハムはハットフィールドを諫める手紙を送ったが、第二節で見たように、この福音伝道者の態度こそ預言者に例えられる上院議員が問題にした政教の混淆、「市民宗教」であった。グラハムとハットフィールドはともにバプテストに属していたが、前者が個人を中心に語り、後者が社会におけるキリスト教徒の義務を説いたと言えよう。

しかし、第三節で明らかになったのは、依然ハットフィールドはグラハムの「理想の政治家」と言えるということである。グラハムはハットフィールドを穏健な保守的な政治家として評価していた。より重要なのはグラハムがハットフィールドを「キリスト教徒の偉大なリーダー」としても評価していたことである。グラハムは自らの職務の制約を踏まえた上で、パウロの「御霊の賜物は、決してキリストの体を分裂させるべきでなく、一致させるべきものである」という言葉を同時代のアメリカに援用した。グラハムにとって、教会の運営において福音伝道者は祭司や預言者といったほかのカリスマと協働する必要があるとすれば、「神の下の国家」アメリカにおいてもカリスマの所有者たちは協働する必要があるということであった。

この点は『イエスの世代』の政治評にもみられる。すなわち、政治が「ご都合主義者」の手に渡れば「キリスト教信仰に根を深くおろした私たちのデモクラシー」が失われていく。彼は「神の下の国家」という国家像が崩壊しつつあることを危惧していた。だからこそ、グラハムは若者にデモに注力するのではなく「政治の世界に、道徳的な正しさ、霊的な洞察力、それにすぐれた知性を吹き込むような立候補者を応援すること」を勧めた。

グラハムにとって、この「霊的な洞察力」を持つ政治家こそハットフィールドであった。ハットフィールドは預言者のように権力を批判したが、旧約聖書の預言者のような政治権力のアウトサイダーとしてではなく、政治家としてキリスト教の価値を国家に反映しようと試みた。ハットフィールドこそ「キリスト教徒の偉大なリーダー」であり、グラハムがジーザス・ピープルと呼ばれた若者たちの模範足り得ると見なした存在だったのである。これこそハットフィールドがグラハムの「理想の政治家」と呼ばれる所以なのである。

グラハムがハットフィールドに送った手紙に書かれていた「今まさにこの国が切実に必要としている一致」とはこのことを指す。すなわち、福音伝道者、アマチュアの福音伝道者として十分な倫理的な素質を持つ預言者、そして大統領という国家の祭司の一致である。この一致を軸に、さらにジーザス・ピープルとその親世代が一致すること。これこそが「神の下の国家」を再建するために必要な「政治的エキュメニズム」であると、グラハムが考えていても不思議ではないだろう。

注

(1) Kruse, *One Nation under God*, pp. xiii-xiv, 293-4.
(2) Marsden, *Understanding Fundamentalism and Evangelicalism*, pp. 74-6.
(3) Miller, *The Age of Evangelicalism*, p. 13.

（4）Gibbs and Duffy, *The Preacher and the Presidents*, p. 157.

（5）Hatfield, *Between a Rock and a Hard Place*.

（6）ベトナム戦争に対する一般的な説明は以下を参照にした。ガブリエル・コルコ（陸井三郎監訳）『ベトナム戦争全史——歴史的戦争の解剖』（社会思想社、二〇〇一年）、松岡完『ベトナム戦争——誤算と誤解の戦場』（中央公論新社、二〇〇一年）、藤本博『ヴェトナム戦争研究——「アメリカの戦争」の実相と戦争の克服』（法律文化社、二〇一四年）。

（7）松岡『ベトナム戦争』一九〇－二頁。

（8）加えて言うならば、グラハムはベトナム戦争を「正戦」（just war）として理解していた節もある。Preston, "Tempered by the Fires of War," pp. 191-200; Martin, *A Prophet with Honor*, p. 317.

（9）Nixon, *In the Arena*, pp. 215-6.〔二九二頁〕

（10）回答者のうち五二パーセントが自身を「サイレント・マジョリティ」の一員であると答え、その中の七四パーセントが戦争批判派を問題視していた。藤本『ヴェトナム戦争研究』一九〇頁。

（11）佐原彩子「非民主的政治外交の展開とその限界——リチャード・M・ニクソン、ジェラルド・R・フォード」青野利彦編、倉科一希編、宮田伊知郎編『現代アメリカ政治外交史——「アメリカの世紀」から「アメリカ第一主義」まで』（ミネルヴァ書房、二〇二〇年）一三八－九頁。

（12）グラハムは極東のミッショナリーに、また一九六九年にバンコクでベトナム兵に会い、「ベトナム化」に対する意見を聞いた。帰国後、グラハムはニクソンにレポートを提出したが、そこに書かれていたのはミッショナリーの多くがタカ派であり、プロ・アメリカであると同時にプロ・ニクソンであり、パリ平和協定の結果を恐れているということだった。Graham, *Just as I Am*, pp. 452-4.

（13）Kruse, *One Nation under God*, p. 263. グラハムの説教のテキストは以下を参照。"Billy Graham: The Unfinished Dream," *Christianity Today* (31 July, 1970), pp. 20-1.

（14）Miller, *The Age of Evangelicalism*, p. 38.

（15）David R. Swartz, *Moral Minority: The Evangelical Left in an Age of the Conservatism* (Philadelphia, Pennsylvania:

University of Pennsylvania Press, 2012), p. 69.

(16) のちに「帝王的大統領」という用語は、議会を軽視したニクソンを批判する際に研究者やジャーナリストによって用いられた。待鳥聡史『アメリカ大統領制の現在――権限の弱さをどう乗り越えるか』(NHK出版、二〇一六年) 七四頁。

(17) ただしハットフィールドを絶対的な非戦主義者であったということはできない。彼はイラクへの派兵は支持している。Lon Fendall, *Stand Alone or Come Home: Mark Hatfield as an Evangelical and a Progressive* (Newberg, Oregon: Barclay Press, 2008), pp. 71, 78-9.

(18) ハットフィールドは福音派から敵視されたことを嘆くが、同時にフラー神学校や『ポスト・アメリカン』のメンバーから励まされたことに慰められた。Hatfield, *Between a Rock and a Hard Place*, pp. 13-4, 23-5. [二六-七、四二-五頁]

(19) Fendall, *Stand Alone or Come Home*, pp. 102-5.

(20) 西川『分極化するアメリカとその起源』一七七-八二頁。

(21) Fendall, *Stand Alone or Come Home*, p. 34.

(22) Martin, *A Prophet with Honor*, p. 358. グラハムは自伝でもこのエピソードを語っている。グラハムはニクソンから副大統領候補のリストを見せられ、意見を求められた。「私は自身が最も好む選択肢としてオレゴン選出のマーク・ハットフィールド上院議員の名を挙げた。彼は正副大統領候補にイデオロギー的によいバランスとなるリベラル・リパブリカニズムに立つ敬虔な福音派である。「私は彼が献身的で忠誠心のある副大統領になると思う」、「彼はきっと、熱心なキリスト教徒の有権者、プロテスタントだけでなくカトリックにもアピールするだろう」と私は述べた」。Graham, *Just as I Am*, p. 446.

(23) 宇田「アメリカ人の宗教意識、福音派、ビリー・グラハム」一七四頁。

(24) Graham, *Just as I Am*, pp. 446-7; Miller, *Billy Graham and the Rise of the Republican South*, pp. 133-4.

(25) Fendall, *Stand Alone or Come Home*, pp. 116-7.

(26) Fendall, *Stand Alone or Come Home*, pp. 38-40.

(27) Martin, *A Prophet with Honor*, p. 398; Miller, *Billy Graham and the Rise of the Republican South*, p. 147.

(28) Fendall, *Stand Alone or Come Home*, p. 38.

(29) Fendall, *Stand Alone or Come Home*, p. 119.

(30) ホワイトハウスでの礼拝ではなく教会に行くべきだと示唆する者に対して、ニクソンは「大統領が日曜日にどんな礼拝の仕方をしようとも、彼が決める権利を尊重すべき」と主張した。Nixon, *In the Arena*, p. 90.〔一二〇頁〕

(31) Hatfield, *Between a Rock and a Hard Place*, p. 90.〔一〇五頁〕

(32) Hatfield, *Between a Rock and a Hard Place*, p. 94.〔一一一－二頁〕

(33) Hatfield, *Between a Rock and a Hard Place*, pp. 92-3.〔一〇八－九頁〕

(34) Jim Wallis, "Foreword: My Favorite Senator," in Fendall, *Stand Alone or Come Home*, p. xiv.

(35) ハットフィールドは祈祷会で「我々の国家の魂の罪を癒すこと」を強調したが、それがニクソン政権批判に結び付けられてしまったと語る。ただ、もちろん国民すべてが「罪深い」戦争に責任を共有しているため、ここで問題提起することは正しかったと彼は回顧している。Hatfield, *Between a Rock and a Hard Place*, p. 98.〔一一九頁〕; Mark O. Hatfield, *Against the Grain: Reflections of a Rebel Republican*, as told to Diane N. Solomon (Ashland, Oregon: White Cloud Press, 2001), p. 165.

(36) Hatfield, *Between a Rock and a Hard Place*, pp. 96-8.〔一一四－九頁〕

(37) ホワイトハウスのテープには、グラハムがハットフィールドのスピーチを苦々しく思っているとニクソンに伝えたことが記録されている。Swartz, *Moral Minority*, p. 81.

(38) Hatfield, *Between a Rock and a Hard Place*, p. 99.〔一二一－二頁〕またグラハムはアメリカのベトナム介入に関して明確な声明を公にしない理由として、複雑な政治問題への解答を持ちえないと答え、また「これはアメリカにおいて非常に不和を生じさせる、かつ感情的なイシューであるために、私の仕事は両陣営の人々に福音を宣べ伝えることであると決めました。もし私がどちらかの陣営の立場をとったとしたら、半分の人々は私がキリストについて述べたことを聞かないでしょう」と述べている。Frost, *Billy Graham,*

p. 141.

(39) T. P. Weber, "Ecumenism," in *Evangelical Dictionary of Theology*, pp. 261-4.

(40) グラハムは早くも一九四八年にはキリスト教徒の協力の必要性を、ＷＣＣの会合に出席したことで実感していた。Martin, *A Prophet with Honor*, p. 106.

(41) Graham, *Just as I Am*, p. 450.

(42) Miller, *The Age of Evangelicalism*, p. 11.

(43) "The Preaching and the Power," *Newsweek* (20 July, 1970), p. 50.

(44) Ｒ・Ｎ・ベラー「アメリカの市民宗教」（河合秀和訳）『社会変革と宗教倫理』（未来社、一九七三年）三六九－七一頁。

(45) 翻訳では「司祭的市民宗教」となっているが、全体の統一のためにここでは変更した。ピラード、リンダー『アメリカの市民宗教と大統領』三四－五頁。

(46) Jim Wallis, *Agenda for Biblical People: A New Focus for Developing a Life-style of Discipleship* (New York: Harper & Row, Publishers, 1976), p. 42.

(47) Niebuhr, "The King's Chapel and the King's Court," p. 271.

(48) "Watergate," *Christianity Today*, pp. 9-10.

(49) ベラー「アメリカの市民宗教」三六九－七〇頁。

(50) ピラード、リンダー『アメリカの市民宗教と大統領』二六九頁。

(51) ピラード、リンダー『アメリカの市民宗教と大統領』二七〇－一頁。

(52) ピラードは一九七二年大統領選挙を取り上げ、「預言者」マクガヴァンが罪を語ることで民衆の心を掴めなかったのに対し、「祭司」ニクソンがアメリカを肯定し、慰めることで人々から支持を得たと評するのである。ニクソンが強調したのは「神への信仰と国家への信条とが完全に調和し、神の意志と国家の安寧とが一致していた」市民宗教であったというのである。ピラード、リンダー『アメリカの市民宗教と大統領』二七四－五頁。

（53）Hatfield, *Between a Rock and a Hard Place*, pp. 100-1.〔一一三－四頁〕

（54）Hatfield, *Between a Rock and a Hard Place*, p. 101.〔一一五頁〕

（55）Martin, *With God on Our Side*, p. 51.

（56）Fendall, *Stand Alone or Come Home*, p. 3.

（57）Hatfield, *Between a Rock and a Hard Place*, pp. 26-30.〔四六－五三頁〕

（58）Bebbington, *Evangelicalism in Modern Britain*, pp. 2-17.

（59）Graham, *The Jesus Generation*, p. 143.〔一九三頁〕

（60）Graham, *The Jesus Generation*, pp. 167-74.〔二三四－四七頁〕

（61）Graham, *The Jesus Generation*, p. 187.〔二六七－八頁〕

（62）Hatfield, *Between a Rock and a Hard Place*, p. 26-8.〔四八－九頁〕

（63）Hatfield, *Between a Rock and a Hard Place*, p. 99.〔一一二頁〕

（64）Martin, *A Prophet with Honor*, p. 362; Martin, *With God on Our Side*, pp. 97-8. グラハムによれば、「ニクソンはホワイトハウスでの最初の礼拝に乗り気ではなかった」し、この礼拝は「政教分離の侵害」（infraction of church-state separation）ゆえに批判された。しかし、この礼拝ではグラハム自身やピールだけでなく、プロテスタント、ローマ・カトリック、ユダヤ教の聖職者たちも説教をしており、ホワイトハウスのスタッフの一人が「メインストリームのアメリカ人たちは祈りの場の大統領に共感することができた」と言ったという。Graham, *Just as I Am*, pp. 450-1.

（65）一九七四年にも『ワシントン・ポスト』誌でハットフィールドはグラハムとニクソンの関係を「市民宗教」のロジックを用いて説明している。「ビリーは神に近い。ビリーはニクソンに近い。だから神はニクソンを大統領とし、彼〔ニクソン〕はビリーを通して彼〔神〕のメッセージを得ているに違いない」。"From Pulpit, Sen. Hatfield Calls on Nation to Repent," *Washington Post* (3 May, 1974); Gibbs and Duffy, *The Preacher and the Presidents*, p. 158.

（66）Hatfield, *Between a Rock and a Hard Place*, p. 35.〔六二頁〕

(67) Hatfield, *Between a Rock and a Hard Place*, pp. 83-8.［九六－一〇二頁］

(68) Hatfield, *Between a Rock and a Hard Place*, pp. 88-9.［一〇二－三頁］

(69) Hatfield, *Between a Rock and a Hard Place*, p. 108.［一三五－六頁］

(70) Hatfield, *Between a Rock and a Hard Place*, p. 103.［一二七頁］

(71) ピラード、リンダー『アメリカの市民宗教と大統領』二七六頁。

(72) Hatfield, *Between a Rock and a Hard Place*, pp. 217.［一九八－九頁］

(73) ハットフィールドの「制度的教会」に対する批判的な態度について、また彼が「神学的な模倣説」(theological exemplarism) に陥るかもしれないという指摘については以下を参照。Robert Eells and Bartell Nyberg, *Lonely Walk: The Life of Senator Mark Hatfield* (Chappaqua, New York: Christian Herald Books, 1979), pp. 166-7.

(74) この「政治神学」はドイツの公法学者カール・シュミットに由来するものではなく、教会論を中心とした神学の議論である。近年の「政治神学」の議論については以下を参照のこと。ウィリアム・T・キャヴァノー（東方敬信、田上雅徳訳）『政治神学の想像力――政治的実践としての典礼のために』（新教出版社、二〇二〇年）。

(75) Hatfield, *Between a Rock and a Hard Place*, Chapter 4, note 2, pp. 220-1; Eells and Nyberg, *Lonely Walk*, p. 189 (chapter 9, note9).

(76) もしハットフィールドの経歴に傷があるとすれば次の三点である。一つは高校時代に起こした交通事故である。オレゴン州知事選挙の際、政敵がこの点を攻撃した。二つ目は妻アントネットの不動産売業に関するものである。アントネットはギリシアのビジネスマンに不動産を紹介して手数料を得たが、その同じビジネスマンが上院歳出委員会長であるハットフィールドにスーダンにおける採油を支援するようロビイングしていた。このことが選挙期間中の一九八四年に発覚し、問題視されたのである。最後の傷はハットフィールドがサウスカロライナ大学学長から高額なプレゼントを受け取ったことを報告しなかったことである。一九九一年に発覚したこの事件は上院歳出委員長へのロビイングだと判断され、ハットフィールドはいくつかの問題と併せて謝罪した。Fendall, *Stand Alone or Come Home*, pp. 47-51.

(77) 西川『分極化するアメリカとその起源』二六一頁。
(78) Fendall, *Stand Alone or Come Home*, pp. 30-3.
(79) Swartz, *Moral Minority*, pp. 71. ただしハットフィールドは中絶に関しても典型的な「プロ・ライフ」の立場にあったわけではない。Fendall, *Stand Alone or Come Home*, p. 156.
(80) Fendall, *Stand Alone or Come Home*, pp. 25-7. ただしフーヴァーはアイゼンハワーらと対立していたという指摘もある。井口治夫『誤解された大統領――フーヴァーと総合安全保障構想』(名古屋大学出版会、二〇一八年)三五九－六〇頁。またフーヴァーの反共主義や反ニューディールについては以下を参照。ジョージ・ナッシュ「編者序文　ハーバード・フーバーのミステリアスな「大事業」」ハーバード・フーバー(ジョージ・H・ナッシュ編、渡辺惣樹訳)『裏切られた自由――フーバー大統領が語る第二次世界大戦の隠された歴史とその後遺症［上］』(草思社、二〇一七年)一〇四頁。
(81) フーヴァーによれば、「自由」は「国家の独立」や政治的「権利」ではなく、政治的平等や機会の平等、思想・報道の自由を保障するものであり、彼はファシズム、社会主義、共産主義、そして官僚による国家の統制が標榜する「リベラリズム」を偽りのものであると切り捨てる。Herbert Hoover, *The Challenge to Liberty* (New York: Charles Scribner's Son, 1934), pp. 2-4, 203-4.
(82) Fendall, *Stand Alone or Come Home*, p. 27.
(83) Nixon, *In the Arena*, p. 248.［三四〇頁］
(84) グラハムの政党帰属、忠誠は複雑である。Wacker, *America's Pastor*, p. 205.
(85) しかし、グラハムの「偉大な社会」への関心は一定ではない。グラハムは当初、「偉大な社会」がモラルや霊的関心を欠いていることに不満を抱いていたが、ロサンゼルスでの暴動を経て、一九六七年までに「貧困との闘い」にコンバートした。ただ一九七〇年代にはグラハムは再び支援とは距離を取り、ニクソンに接近する。このことがウォリスにとっては不満だった。David P. King, "Preaching Good News to the Poor," in Finstuen, Willis, and Wacker ed., *Billy Graham*, pp. 128-31.
(86) グラハムの「法と秩序」への信頼は批判されることもあるが、公民権運動との関わりで言えば一定の成果を見た。ロングによれば、グラハムは「法と秩序」を神の意志から正当化し、キングのような市民的不服従を拒否した。しかし、法が制定され、あるいは最高裁の判決が下されると、グラハムはそれを根拠に南部白人の人種差別を批判していった。彼は隣人愛に加えて「法と秩序」を掲げて、南部白人に人種差別を違憲と判断したブラウン判決や一九六五年投票権法の威光を受け入れるよう説いたのである。Long, *Billy Graham and the Beloved Community*, pp. 73-5, 96-99.

(87) Wacker, *America's Pastor*, p. 18.

(88) Martin, *A Prophet with Honor*, p. 212; Martin, *With God on Our Side*, p. 41.

(89) Graham, *Just as I Am*, p. xvii.

(90) Graham, *The Holy Spirit*, pp. 167-170.〔二一四−六頁〕第二章で論じたが、ここでいう「カリスマ」はウェーバーの議論したものとは異なる。ウェーバー『権力と支配』三〇−一頁。

(91) Graham, *The Holy Spirit*, pp. 180-1.〔二二八−九頁〕

(92) Graham, *The Holy Spirit*, p. 183.〔二三一頁〕

(93) Graham, *The Holy Spirit*, pp. 181-3.〔二二九−三一頁〕グラハムはこの点をフロストとのインタビューでも強調している。Frost, *Billy Graham*, p. 62.

(94) 神学者の森本あんりは「エルマー・ガントリー」のモデルになったビリー・サンデーにおいて、信仰復興運動と反知性主義が完成形態に到達したと評価し、「彼以降のリバイバリズムや反知性主義は、いわばこの原型をパターンとして応用しているにすぎない。ビリー・グラハムの大衆伝道しかり、ジョゼフ・マッカーシー上院議員の共産主義者狩りもまたしかりである」と述べている。森本あんり『反知性主義——アメリカが生んだ「熱病」の正体』(新潮社、二〇一五年)二二一−二頁。

(95) Graham, *The Holy Spirit*, p. 181.〔二二九頁〕この点をマイケル・ハミルトンが論じている。ハミルトンによれば、ガントリーのような大衆伝道が問題となっていたために、グラハム・チームは過度に感情に訴えること(emotionalism)を抑制しようと決意した。グラハムは回心が個人の理解力・感情・意志の協働を必要とすると考えるに至ったというのである。Hamilton, "From Desire to Decision," p. 45.

(96) Graham, *The Holy Spirit*, pp. 183-4.［二三一－二頁］
(97) Graham, *The Holy Spirit*, p. 184.［二三二頁］
(98) Graham, *The Holy Spirit*, p. 172.［二一七－八頁］
(99) Graham, *The Holy Spirit*, p. 172.［二一八頁］
(100) グラハムは多くの著作で教会に通うこと、すなわち他のキリスト教徒と交わることの重要性を強調している。特にこの点が強調されているのが『神との平和』である。「キリスト教は交わりの宗教である。キリストに従うことは、愛・義・奉仕を意味するが、これらのものは社会での相互関係によって達成され、表されるこの相互間の関係が教会の中に見出される」。グラハムにとって教会における交わりが重要であった。しかし、「家にいてラジオ説教を聞くこともできるし、そうすれば教会に行かなくてもよいと言う人も多い。しかし、それは十分でない。説教を聞くために教会に行くのではない。ほかのキリスト教徒との交わりのうちに神を礼拝し、そして神に仕えるために教会に行くのである」。Graham, *Peace with God*, p. 166.［二〇九－一〇頁］
(101) パウロの議論は「預言」をローマ帝国での異邦人への宣教のために「異国の言葉」で話す「異言」と比較した議論である。「愛を追い求めなさい。霊的な賜物、特に預言するための賜物を熱心に求めなさい。異言を語る者は、人に向かってではなく、神に向かって語っています。それはだれにも分かりません。彼は霊によって神秘を語っているのです。しかし、預言する者は、人に向かって語っているので、人を造り上げ、励まし、慰めます。異言を語る者が自分を造り上げるのに対して、預言する者は教会を造り上げます。あなたがた皆が異言を語れるにこしたことはないと思いますが、それ以上に、預言できればと思います。異言を語る者がそれを解釈するのでなければ、教会を造り上げるためには、預言する者の方がまさっています」。「このように、異言は、信じる者のためではなく、信じていない者のためのしるしですが、預言は、信じていない者のためではなく、信じる者のためのしるしです」（一コリ14・1－5、22）。
(102) Graham, *The Holy Spirit*, p. 179.［二二六頁］
(103) Wacker, *America's Pastor*, p. 47.
(104) グラハムは、多くの教会が過ちを犯してきたし、そこに偽善者がいることを認めた上で、それでも青年が礼拝に加えて、貢献することをも目的として、忠実に教会に足を運ぶべきであると述べる。Graham, *The Jesus Generation*, p. 174.〔二四六－七頁〕

（105）ミラーは福音派の興隆とメインラインと呼ばれるリベラル派の衰退を、社会学者ピーター・バーガーと神学者ディーン・ケリーという神学的にリベラルな学者たちを取り上げつつ説明する。バーガーは、ルター派の信徒ながら世俗化を論じて一世を風靡したが、福音派の興隆によって自身の議論を再考する必要を自覚した。またNCCにも関わったケリーは、リベラル派の教会が十分宗教的ではないために人生の意味といった問いに答えられないと指摘し、その衰退を見た。Miller, *The Age of Evangelicalism*, pp. 14-8.

（106）Graham, *The Jesus Generation*, p. 173.〔二四五頁〕

（107）Graham, *The Jesus Generation*, p. 173.〔二四五頁〕

（108）Swartz, *Moral Minority*, pp. 84-5.

（109）ハットフィールドへの手紙にはニクソンを「自己修養、家庭生活、教会出席などの面で手本を示している」とあるが、グラハムがニクソンの信仰に不満を持っていたことは間違いない。Hatfield, *Between a Rock and a Hard Place*, pp. 99-100.〔一二二頁〕

結　論

はじめに

本書は「福音伝道者」ビリー・グラハムの思想と行動を描いてきた。グラハムの生涯は超大国となったアメリカの盛衰と軌を一にしている。この福音伝道者のすべての側面を描くことはかなわない。そこでグラハムという福音伝道者が政治と関わった側面、特に一九七〇年代までを中心に描いてきた。今一度、各章の要点を確認し、最後にグラハム研究から得られる含意、そして今後の課題を述べたい。グラハムの経歴を概観した第一章は省略し、第二章から確認する。

第一節　総　論

(1) 理論的枠組み

第二章は本書全体を貫く理論的な根拠を挙げてきた。その際に注目したのは、グラハムの「罪」を強調する神学と「福音伝道者」としての職務観の二点である。

第一節では「罪」の神学を論じた。グラハムはクルセードの中で自らの思想を発展させてきた。逆を言えば、初期のグラハムの神学は未熟なものだったのである。それを痛烈に指摘したのがニーバーであった。

ニーバーによれば、グラハムは「敬虔主義的な道徳主義のフレームワーク」で思考している。その問題点は個人の回心が人間社会の問題を解決するだろうと楽観的に想定していることにある。グラハムは回心を「魔法の万能薬のようなもの」として処方し、人々が回心しさえすれば原子力爆弾や水素爆弾、人種差別といった社会問題を解決できると安易に語ってしまう。グラハムは人間の罪と責任の複雑さを認識していない。ニーバーが強調するのは、人間社会の複雑な問題を解決するのは人間の善意に基づく行動ではなく「神の赦しの福音」であり、共同体の正義という問題を曖昧にせず、かつ人間を「救われた者」と「救われない者」に区別しないよう現世を生きることであった。

この批判にあるように、初期のグラハムの神学とそこから派生する政治観・社会観はニーバーにとって未熟なものであった。しかし、グラハムは福音伝道者としての経験を積む中で自らの思想を研磨していった。その様子をフィンステューエンの議論によって確認した。

フィンステューエンはグラハムがニーバーやティリッヒに比べて神学的には未熟であるが、「不安の時代」と呼ばれた一九五〇年代に「人間の自由と善を罪によって制限する力の文脈に置く」と評価する。この段階のグラハムは罪を語りつつ、一貫性がなかった。しかし、一九六〇年代のグラハムは違った。フィンステューエンは『世界は燃えている』の「一方の側には、空虚があり堕落があり罪がある。他方の側には、善意があり親切があり温和があり愛がある」という記述を肯定的に取り上げ、

「人間のシチュエーションのパラドキシカルな性質——善と罪の共存——に対するグラハムの注目は彼の思想をニーバーやティリッヒのそれへと近づけた」とさえ評価するのである。

本書はグラハム論の中でフィンステューエンの研究を最重要なものと位置づけたが、同時にその問題点も指摘した。すなわち、フィンステューエンの神学に注目した研究は「不安な時代」に限定され、かつグラハムと政治権力との関係を説明できない。罪を強調することは、既存の政治権力を批判する方向にも正当化する方向にも傾き得る。本書はグラハムの神学に関するフィンステューエンの議論を踏まえた上で、グラハムの職務観にも注目した。

第二節ではグラハムの「福音伝道者」としての職務観を論じた。福音伝道者は「全世界に行って、すべての造られたものに福音を宣べ伝えなさい」というイエスの命令によって「良い知らせ」を宣べ伝える人である。しかし、その職務はカルヴァンによるイエスの三職論からも漏れており、これまで十分論じられてこなかった。また宗教社会学の泰斗マックス・ウェーバーは祭司と預言者を対比して論じたが、「福音伝道者」には触れなかった。このウェーバー流の理念型を用いて「福音伝道者」を預言者との対比から論じたのがリチャード・ピラードであった。このピラードの研究を含め、これまでの研究は「福音伝道者」の非政治性を指摘するに留まっていた。グラハムは個人の魂の救済に注力するため、預言者のように社会の不正義や差別を告発することはなかったというのである。

これらの先行研究はグラハムにとって伝道が第一で、政治を語ることが二の次であったと指摘している点で共通している。グラハムがイエスの言葉を個々人に届けることを最重要視していたことは否定しえない。しかし、本書はその際にとったグラハムの戦略に注目する。グラハムは罪を重く見ていために、弱い人間がイエスに従うという、厳しい生活を現世で送るよう鼓舞するために戦略を練らねばならなかったのである。グラハムの職務は「説得」と「制約」という二つの側面を持ち、各々が自伝『いさおなき我を』で「福音伝道者」の召命を表明した箇所に現れている。

一つ目の「説得」の契機は、福音伝道者の目的を「人々を悔恨と信仰においてイエスへと向け、イエスの意志を奉じることでイエスに従うよう促すことである」と定義する箇所に現れる。グラハムは終末論を構成する両輪、すなわち神の裁きからイエスの再臨へと強調点を変えることで、自らの職務を全うしようとした。一九六〇年代には神の裁きが間近に迫っていることを強調し、「神による赦しと新しい命の提供は現在でも有効である。しかし、その扉はいつか閉じられ、いつか手遅れになるだろう」と人々の恐怖を煽り、悔恨へと駆り立てた。他方、一九七〇年代にはイエスの再臨を強調し、「今は真に、生きるのにスリルがあり興奮のある時代である。私は、今以外のときに生きたいとは思わない」と人々に希望を提供するのである。この一つ目の戦略が、グラハムとニクソンを結び付けたものであった。

二つ目の「制約」の契機は「福音伝道者の召命は非常に限定されたものである」と述べる箇所に表現されている。グラハムは教会の指導者たちがカリスマ、聖霊の賜物を所有しており、プロフェッショナルな役割を期待されていると指摘する。福音伝道者もメッセージの伝達という使命を与えられている。このカリスマの所有者たちは、パウロが教会の一致を求めたように、協同せねばならない。グラハムはこの議論を政治共同体にも適用し、アメリカが文化戦争やベトナム戦争をめぐって分裂する中、ニクソンの政敵であるハットフィールドに「神の下の国家」アメリカの維持に協力するよう期待をかけたのである。

続く章では、この「罪」の理解と「福音伝道者」の職務観が、どのようにグラハムの行動を規定したのかを論じた。

(2) 各　論

第三章はグラハムの「罪」に関する洞察が深まる過程を、彼の反共主義と自由の理解とを補助線に描いてきた。その際、保守的なキリスト教徒の典型としてマッキンタイアを取り上げ、グラハムとの比較を試みた。

第一節では「自由」の概念史を概観し、トルーマン・ドクトリンに典型的に表れているように、冷戦期の自由が二元論的に解されていることを見た。この時代には、アメリカが掲げる「自由」とソ連が奉じる「共産主義」が対置されて理解されたのである。マッキンタイアはこのような冷戦の中で、神学的には許容範囲にあるグラハムを、神学的リベラル派との協力ゆえに執拗に攻撃した。

第二節では、実際にグラハムとマッキンタイアの著作を分析し、比較を試みた。マッキンタイアは典型的な反共主義的キリスト教徒であった。彼はキリスト教とアメリカの政治制度を結び付け、アメリカを自由の擁護者として描く。他方で、ソ連は神に反し、人間の自由と責任感を奪う者として描く。この二元論の下、彼の結論は「世界を自由へと導くのはアメリカの務めである」というものだった。

他方のグラハムは保守的なキリスト教徒であったが、「神の律法に従おうとせず、我々自身の権力と力によって王となろう」と試みる罪の事実を重く捉え、アダムから始まる罪の人類史を描く。この罪にアメリカのキリスト教徒も囚われ、彼らが賛美する「自由」も完全ではない。グラハムは罪に対する問題意識ゆえにマッキンタイアが絶対視した自由を相対化し得た。さらに彼の思想が深まった『世界は燃えている』においては「一方において彼は無力な罪人であるが、他方において彼は自分自身を神に結び付ける能力を持っている」と、人間の両義性を強調する。さらには彼の罪に対する深い洞察が福音伝道者の職業意識と結びつくことで、グラハムは「神が欧米に対する裁きとして共産主義を用いているのではないかと私は考えている」と、共産主義をアメリカに自省を促す「神の道具」と見なすに至ったのである。マッキンタイアの議論が一定の説得力を持って捉えられた冷戦の中で、グラハムはその「罪」理解ゆえ共産主義を消極的ではあるが肯定的に評価したのである。

以上の議論を通してグラハムの「罪」理解の深まりを捉えた。続く二つの章で「福音伝道者」の特徴がグラハムの行動にどのような影響を与えたのかを描いた。

第四章で注目したのは、福音伝道者の「目的は人々を悔恨と信仰においてイエスへと向け、イエスの意志を奉じることでイエスに従うよう促すことである」という記述である。グラハムはニクソン政権期に人々を「説得」するために終末論の強調点を変えた。

第一節では議論の背景となるグラハムとニクソン、さらにピールの関係を概観した。ニクソンは、自身が「サイレント・マジョリティ」と呼んだ保守的な人々にアピールするために「一九六〇年代の混乱への反発」を代弁した。それはベトナムからの「名誉ある撤退」、国内における「法と秩序」の遵守という主張に表れていた。このニクソンを支持したのが、グラハムやピールといった保守的なプロテスタントたちであった。両者は大統領選挙でニクソン候補を支持し、グラハムに至っては選挙に敗北したニクソンを鼓舞し、ベトナム政策を含めて政権をキリスト教の語句を使って正当化していった。「ミスター・グラハムは王の聖所、王国の神殿の現代版における最初の説教者」とニーバーから批判された所以である。しかし、グラハムとニクソンは、イエスや聖書といったキリスト教の根幹に関わる論点について意見を異にしていた。むしろニクソンへのピールの影響が指摘されてきた。

第二節で見たように、ピールは「人は自身をイエス・キリストに捧げ、助けと赦しを請い、自身の心をキリスト教の巨大な癒しの力へと開く」と述べ、罪を思考法と神の力とによって克服可能なものと捉えた。他方で、グラハムは『世界は燃えている』に引き続き、『イエスの世代』においても罪を克服不可能なものと見なし、人々に悔い改めを求めた。両牧師ともニクソンに寄与したが、大統領はピールの「癒し」の信仰に社会的効用を期待したのであった。しかし、「罪」を強調したグラハムが、『イエスの世代』では、ピールを想起させる、人々を鼓舞するような終末の語り方を展開する。

第三節で見たように、一九六〇年代のグラハムは、神の裁きという「恐怖」を強調して冷戦下アメリカの愛国主義者たちに悔い改めを求めた。しかし一九七〇年代のグラハムは、イエスの再臨という「希望」を強調した。この希望の強調こそ、ニクソンが信仰に求めるものと合致したと言える。この強調点の変化は「福音伝道者」の特徴の一つである「説得」の契機に由来するものだった。すなわち、グラハムは福音伝道者として、罪を負うがゆえに弱い人間を福音へと導くために強調点を変えた。愛国主義に陥るアメリカ国民には神の裁きという恐怖、自信を喪失したサイレント・マジョリティにはイエスの再臨という希望を強調することで、グラハムは人々を「福音」へと導こうとしたのである。

しかし、同じく重要なのは、グラハムが「福音伝道者」を何でもできるスーパーマンのように考えていたわけではないということである。第五章はグラハムの職務観を『いさおなき我を』の「福音伝道者の召命は非常に限定されたものである」という記述に注目しつつ論じてきた。グラハムは自らの職務が「制約」されていることを前提に、ほかのカリスマの所有者との協働を求めた。

第一節では、議論の背景であるベトナム戦争に対するアメリカ世論を確認した。アメリカのベトナム政策は泥沼化し、その賛否をめぐってアメリカは二分していた。ニクソンはサイレント・マジョリティの誇りを傷つけないよう、ベトナムからの名誉ある撤退を謳った。保守的な福音派の多くが政権のベトナム政策を支持し、グラハムは「プロ・アメリカ・ラリー」を行うなど、ニクソンの政策を支持した。しかし、若い世代の福音派やその後ろ盾であるハットフィールド上院議員はアメリカのベトナム政策を問題視した。彼は朝食祈祷会では「国民全体としては、国民の魂を傷つけた罪のために、悔い改めなければいけません」と述べて政権を批判した。

ハットフィールドの批判の矛先はグラハムにも向いた。第二節でみたように、グラハムはハットフィールドの政権批判を諫め、「今まさにこの国が切実に必要としている一致」の重要性を強調したが、預言者に例えられた上院議員はここに「市民宗教」の問題を見出し、「キリスト者は権力者に対して、牧会的であると同時に預言者的な証しをするという二面性を持ち続けていなければいけない」と福音伝道者に忠告した。

グラハムはハットフィールドの自身や盟友ニクソンへの批判を苦々しく思っていたが、同時にハットフィールドに期待をかけていた。第三節では、グラハムがハットフィールドを高く評価した要因を探った。グラハムはハットフィールドの共和党内穏健派の立場を好ましく思っていた。共和党保守派が主導権を握る中、グラハムはハットフィールドの穏健な保守主義に共感していたのである。より重要なのはグラハムがハットフィールドを「キリスト教徒の偉大なリーダー」としても評価していたことであった。グラハムは「福音伝道者」の職務がメッセージの伝達に「制約」されていることを前提に、ほかの「カリスマ」の所有者との協働を求めた。パウロの教会の議論が引かれつつ、「御霊の賜物は、決してキリストの体を分裂させるべきでなく、一致させるべきものである」というのである。

グラハムはこのパウロの教会論を眼前のアメリカ社会に援用した。グラハムは「神の下の国家」という政治文化の崩壊を押し留めるため、預言者のように政治権力を批判しつつも政治家としてキリスト教の価値を国家に反映しようと試みたハットフィールドにも協働を求めたのであった。グラハムがハットフィールドに書き綴った「今まさにこの国が切実に必要としている一致」とは、福音伝道者、預言者的上院議員、そして大統領という国家の祭司の協働を指すのであり、「神の下の国家」を再建するために必要だとグラハムが夢想した「政治的エキュメニズム」であったと言えよう。

以上、グラハムが「罪」の神学と「福音伝道者」の職務観からアメリカをどう分析し、どのように人々に福音を説いたかを見てきた。しかし、グラハムの政治的試みはウォーターゲート事件によって潰える。最後に本書の持つ宗教社会学、アメリカ史、そして政治思想史への含意を示したい。

第二節　含意と今後の課題

（１）含意と課題

本書はグラハムの神学と思想が彼の政治行動とどのようにつながっているかを論じてきた。その際に注目したのが「福音伝道者」という職務観であった。第二章でも論じたが、マックス・ウェーバーの宗教社会学がモデルとして提示したのは「祭司」と「預言者」であった[1]。前者は「神聖なる伝統の名において権威を要求」し、「その職務によって救済財を施す者」であり、後者は「みずからの使命によってある宗教的な教説ないし神命を告知するところの、もっぱら個人的なカリスマの所有者」と定義される。また社会学者メレディス・マクガイアはウェーバーに倣い、「預言者は、批判的なメッセージだけでなく、体制の外側にある権威を主張することで、既存の物事のやり方に挑戦する[2]」と述べている。本書はこの理念型の再考を促したい。

アメリカにおいても、この「預言者」に例えられるリベラルなキリスト教徒は少なくない。例えば、ハットフィールドやウォリスの名が挙げられるだろう。彼らは体制の不正義、あるいは差別是正に対する消極的な態度を問題にしてきた。その意味で、彼らは「左派」「リベラル」「革新主義」と形容される。しかし、今日の福音派と共和党の同盟を構築したキリスト教右派も、預言者の役割を自任していたことを忘れてはならない。例えば、レーガンを支援した圧力団体であるモラル・マジョリティの幹部を務めたエド・ドブソン（Ed Dobson）は、この組織が預言者の役割を果たしていると考えていた。

サンドラ・デイ・オコナー（Sandra Day O'Connor）が最高裁判事に指名されようとしたとき、ドブソンはモラル・マジョリティが預言者の役割を果たせなかったと指摘する。オコナーの人工妊娠中絶や男女平等憲法修正条項（ERA）に対する好意的な態度は宗教右派が問題視するものだったにもかかわらず、団体の代表を務めるファルウェルはロナルド・レーガンからの電話を受けてもオコナー指名に強く反論しなかったし、またモラル・マジョリティもそのことを批判しなかった。ドブソンは、モラル・マジョリティが預言者から助言者へと立場が移り変わったことで、政権に反して語る能力が落ちたと回顧している(3)。既存の秩序が新しい価値を取り入れた時、彼らはそれを世俗化であり、神の意志に反するとして「預言者」的に語るのである。

ここに「預言者」という理念型の問題点がある。すなわち、預言者というものは保守的な政権やコンフォーミストを外部から批判するものだという前提に立つならば、「預言者」を自認する保守派の論客をどのように論じたらいいのだろうか。

この問題は「市民宗教」論に顕著である。ロバート・ベラーはこの概念を、国家の政策を正当化する愛国主義的なものではなく、「アメリカ国民崇拝ではなく、アメリカの経験を窮極的、普遍的現実の光に照らして理解する」ものだと捉え、ベトナム戦争の最中で「幸いにも、預言者的な声には決して不足していなかった」と述べている(4)。またピラードも大統領が預言者的役割を自覚する際には、「国家の行動を全能なる神の意志に適うようなものとすることによって偶像崇拝的な宗教ナショナリズムに対抗し、国民に対しては国家の政治的罪を懺悔するように呼び掛ける」と述べている(5)。

しかし、「体制の外側にある権威」や「普遍的現実の光」、「全能なる神の意志」は革新派の独占物ではない。それを解釈し主張するのも人間である。ドブソンの例が明らかにしているのは「預言者」という概念の使い勝手の良さである。左右、保革を問わず、政権を批判する際に「預言者」という概念は使われ得るということである。その意味で、「預言者」は両義的なものと言ってもいいかもしれない。偽預言者と本物をどのように見分ければいいのだろうか。

さらに、本書が示したように、この二つの理念型に収まらないキリスト教の職がある。それが「福音伝道者」である。この職務を類型化することは、宗教社会学や神学の知見を広げることに貢献するだろう。加えて、アメリカのキリスト教を特徴づける信仰復興を担ったのは伝道者たちであり[(6)]、その意味でアメリカ社会を理解する上でもこの職務の分析は価値があると言える。もちろん本書が論じたのはビリー・グラハムのみである。ホイットフィールド、ムーディ、サンデーといった歴代の「福音伝道者」を論じる必要がある。

また「福音伝道者」と見なされながら、その職務を拒否する者たちを論じることも必要だろう。グラハムの次世代であるパット・ロバートソンの自己認識も興味深い。彼は一九八八年大統領選挙に出馬した際、自身が「福音伝道者」であることを頑なに否定した[(7)]。

ウィリアム・マーティンによれば、多くの記者たちはロバートソンを「福音伝道者」と見なしたが、彼のテレビ番組『七〇〇クラブ』（*700 Club*）は「厳密に言えば福音伝道的な番組ではない」。マーティンは、「ロバートソンは彼自身が福音伝道者の役目を務めたことはないと指摘した点で正しい」と評価し、福音伝道者の職は「人々をキリストに向けることであり、その後、人々は他の役目を担う人によって牧会される」と表現される。ロバートソンは教会に使徒、預言者、牧師、教師、福音伝道者、聖餐式の執行者、教育者、人道支援など多様な職務があるとした上で、メディアがそのすべてを「福音伝道者」と考えることを批判した。「私は福音伝道者となるよう神から定められていません。私は牧師であり、教師であり、私には神が私にお定めになった別のことがあります。ただ私は福音伝道者ではないのです。それは特別な職務であります」。ロバートソンはこの点で徹底しており、彼の選対は彼を「テレビ伝道師」（television evangelist）ではなく「クリスチャン・ブロードキャスター」（Christian Broadcaster）と称し、「師」（Reverend）ではなく「さん」（Mr.）と呼ばせた。ロバートソンのエピソードが示しているのは、福音伝道者の「本場」アメリカでもこの用語に混乱があるということである。

以上、本書が持つ含意を語ってきた。最後にグラハムの「酔いがさめた」過程を『いさおなき我を』に依拠しつつ概観しよう。

（2）「酔いがさめた」グラハム

グラハムとニクソンの関係はウォーターゲート事件によって一時的に途絶える。(8) グラハムはニクソンの普段のキャラクターを知っているため、一連の事件の中で録音・証言された大統領の言動を信じることができなかったという。「私にとってウォーターゲート事件は、善良な人間の長い政治的キャリアの中で生じた短い例外——私の全く理解できない例外——のようなものだった」。グラハムはホワイトハウスのテープが公にされたとき、ニクソンが下品な言葉を使っていたことにショックを受け、体調が悪くなったという。グラハムは『ニューヨーク・タイムズ』から依頼されて記事を書き、『クリスチャニティ・トゥデイ』のインタビューを受けた。ほかにも彼はラジオやテレビでこの事件に関する意見を述べたが、多くのメディアが彼を批判した。

またジャーナリストは一九七三年のウォーターゲートの調査の間に渡欧していたグラハムにも批判を浴びせた[9]。グラハムは渡欧が事前に予定されていたものであったことを強調するとともに、ニクソンの妻パット（Pat Nixon）からの依頼で、スイスのローザンヌからホワイトハウスの礼拝にクリスマスのメッセージを送ったと自伝で記している。

グラハムによれば、むしろニクソンが面会を拒否していた[10]。「政権最後の数日、私は彼に近づくことも、彼の秘書や子供たちと話すことすらできなかった。彼の友人の一人が後に語ったことによれば、彼はビリー・グラハムを遠ざけるよう命令していた」。グラハムはその理由を、彼の伝道がウォーターゲートのとばっちりを受けないようニクソンが配慮していたのではないかと推測している。大統領を辞任した二、三か月後に、グラハムはニクソンとウォーターゲート事件について議論したが、新しい事実は出てこなかったという[11]。

グラハムはこの事件がアメリカにとって破滅的なものと見ていた[12]。それゆえ彼はこの危機に対処したジェラルド・フォードを評価している。

ウォーターゲートとその隠蔽に関する失望と落胆により、多くのアメリカ国民は大統領府に対する信頼を失っていた。私はフォードがリチャード・ニクソンに恩赦を与えることでそれを癒すことに着手するよう願った。私は個人的な理由を持ち合わせていたが、同時に恩赦が大統領という地位のために良いと信じていた[13]。

ウォーターゲートはアメリカの政治制度、大統領という職務に対する不信感を国民に植え付けた。フォードはこの不信感を払拭すべく奔走したというのである。「歴史は彼に名声をまだ与えていないが、ジェラルド・フォード大統領はウォーターゲート後のこの国の民主主義的な制度の高潔さを助ける手助けをした」。ジミー・カーターの就任演説における「彼〔フォード〕は我々の土地を癒した」という言葉にも、グラハムは同意している。

また大統領への恩赦はニクソン個人のためにも希求された。[14] グラハムはニクソンに恩赦を与えるようフォードに懇願した。恩赦は下ったが、その代償はフォードの政治的敗北であった。グラハムはこのことを否定し、「長引くウォーターゲートの足枷とは関係ない新しい政権を人々が欲したために、彼は敗北したのだと思う」と述べている。

ニクソンの引き起こしたスキャンダルはアメリカにも、そしてグラハム自身にも大きな爪痕を残した。[15] グラハムは最終的にニクソンをどのように評価するのか。『いさおなき我を』では「すべての人間関係と同じように、私とリチャード・ニクソンの関係もほろ苦いものだった」と記されている。[16] おそらくニクソンが政治家を引退した後も、グラハムとの関係はほろ苦いものであったと言える。スイートな思い出は、ニクソンが一九八八年のグラハムの訪中に尽力したことだろうか。[17]

他方でビターな思い出はグラハムのスキャンダルに関するものであろう。[18] 二〇〇二年に公開された、一九七二年のホワイトハウスにおけるグラハム、ニクソン、首席補佐官ボブ・ハルデマンの会話は、反ユダヤ主義と『ニューヨーク・タイムズ』のリベラル派への侮蔑の言葉で満ちていた。グラハムはユダヤ人コミュニティに対し「私にこれらのコメントをさせたものが何であるか想像できませんが、私はそれを完全に拒否します。理由が何であれ、私が大統領に異議を申し立てなかったことは間違いであり、気分を害された方に心から謝罪します」と述べた。彼は未熟さを恥じつつも、「私の人生の大半は巡礼でありました――常に学び、変化し、成長し、成熟するものでした。私は自身の信仰とメッセージのいくつかの含意をより深く理解するようになりました。それは特に人権、人種およびエスニックの理解の分野におけるものです」と述べた。未熟さという言いわけがグラハムの侮蔑的な言葉をどれだけ擁護できたのか。疑問が残る謝罪であった。

しかし、自伝におけるニクソンとの最後の思い出は印象深い。それはニクソンの葬儀をめぐるエピソードである。[19] 一九九四年四月に北朝鮮の国連大使主催の食事会の最中、グラハムはニクソンが病に倒れたニュースを聞き、クリントン大統領から情報を得た。グラハムは翌日の夕方に娘トリシア（Tricia Nixon）からニクソンが長くはないことを聞き、カリフォルニアでの葬儀を執り行うことを依頼される。「ディック自身も私に同じ希望を二〇年前に示した」。グラハムはクリントン大統領夫妻が葬儀に出席する許可をニクソン家から取った。グラハムによれば、大統領夫妻の出席により家族のために執り行うはずだった葬儀が、国葬のようなものとなったという。

葬儀においては、グラハムは次のようにニクソンの死を惜しんだ。「世界は偉大な市民を失い、アメリカは偉大な政治家を失い、彼を知る我々は友人を失った」、「公への彼の献身によって、彼は我々の運命を形作る出来事の中心に居続けるだろう」。その上でグラハムは希望を語った。「罪から離れ、キリストを神であり救世主であると受け入れた人間にとって、死は終わりではない」、「信仰者にとって墓の上に「希望」がある」、「リチャード・ニクソンはそのような希望を持ち、それは我々の希望でもある」[20]。

ニクソンとの関係、そしてウォーターゲート事件によってグラハムは「酔いがさめた」[21]。グラハムはジミー・カーターが「ボーン・アゲイン」のキリスト教徒を自称し登場したときも、「キリスト教徒が政治連合へと組織化されるのには反対である」と述べた[22]。またグラハムはニクソンの助言を受けつつ、ジェリー・ファルウェルに対しても距離を取ろうと試みてきた[23]。しかし、グラハムがブッシュ親子やクリントンら大統領との関係を拒絶しなかったことも事実である[24]。福音伝道者と政治権力との距離は付かず離れずといった有様だったのであろうか。

さて、グラハムは二〇一八年に亡くなった。彼はかつて「私は死を待ち望んでいる（…）彼［神］は福音を宣べ伝えるために私をほかの惑星のどこかに送るだろう。私自身もそれを望んでいる」[25]と述べた。彼が死後の世界をどのように過ごしたとしても、彼が残した遺産の精査は始まる。これから新たな資料が発見されたり開示されたりすることで、グラハム研究も進んでいくことだろう。その意味で本書は資料的な限界を持つ。新しい研究はどのようにグラハムを論じてくのだろうか。グラハムという人物は論じるに足る人間と捉えられ、彼の遺産は語られ続けていくのか。それともグラハムは無視され、後世の人間からその存在は忘れ去られていくのか。判断を待ちたい。

注

（1）ウェーバー『宗教社会学』六四－五頁。
（2）マクガイア『宗教社会学』三七五－六頁。
（3）Martin, *With God on Our Side*, p. 229.
（4）ベラー「アメリカの市民宗教」三六九－七一頁。ベラーが「市民宗教」という言葉を用いなくなったことも付記しておく。詳しくは以下を参照のこと。藤本龍児『アメリカの公共宗教――多元社会における精神性』（NTT出版、二〇〇九年）二〇三－九頁。
（5）ピラード、リンダー『アメリカの市民宗教と大統領』三四頁。
（6）森本『アメリカ・キリスト教史』五〇－一頁。
（7）Martin, *With God on Our Side*, p. 278.
（8）Graham, *Just as I Am*, pp. 456-7.
（9）Graham, *Just as I Am*, p. 458.
（10）Graham, *Just as I Am*, p. 468.
（11）Graham, *Just as I Am*, p. 458.
（12）Graham, *Just as I Am*, p. 466.
（13）Graham, *Just as I Am*, p. 467.
（14）Graham, *Just as I Am*, pp. 467-9.
（15）ウォーターゲートは一九七〇年代の福音派にインパクトを与えた。その後、福音派の政治行動は活発化する。ミラーによれば、ハットフィールドは預言者のように振舞い、ロバートソンは同時代の出来事を語るようになり、ジョン・アンダーソン（John Anderson）議員は福音主義のアクティヴズムを説いた。さらにミラーはスキャンダルに関わった人物、チャールズ・コルソン（Charles Colson）、レオン・ジャウォースキー（Leon Jaworski）の活動にも言及している。Miller, *The Age of Evangelicalism*, p. 13.

（16）Graham, *Just as I Am*, p. 462.
（17）Graham, *Just as I Am*, p. 455.
（18）"Excerpts from Billy Graham's Statement about Nixon Tape," *New York Times* (17 March, 2002); Martin, *A Prophet with Honor*, pp. 684-5.
（19）Graham, *Just as I Am*, p. 462.
（20）Graham, *Just as I Am*, p. 464.
（21）ウォーターゲート事件はグラハムの政治観に影響を与えた。カーティス・エヴァンスによれば、グラハムは政治おいても回心、キリスト教徒であることを第一に考えていたが、ウォーターゲート事件と世界中を旅する経験を経て、「グラハムは社会的、政治的改善における人間の努力により希望的な見方をするようになった」というのである。その一つの結果はグラハムの目が神の国が「すでに来た」ことに向けられていたことであるという。Curtis J. Evans, "A Politics of Conversion: Billy Graham's Political and Social Vision," in Finstuen, Willis, and Wacker ed., *Billy Graham*, pp. 143, 147, 155-6.
（22）Martin, *With God on Our Side*, p. 153.
（23）Graham, *Just as I Am*, p. 453.
（24）例えば、ブッシュ・ジュニアは一九八五年にブッシュ家に招かれたグラハムとの思い出を、自身の回心の体験とともに語る。「グラハムの話は深淵な概念であり、私はその場で完全に理解することはできなかった。だが、グラハムは種を蒔いてくれた」。ジョージ・W・ブッシュ（伏見威蕃訳）『決断のとき［上］』（日本経済新聞出版社、二〇一一年）五七頁。
（25）Frost, *Billy Graham*, p. 182.

参考文献一覧

・聖書の引用は日本聖書協会による「新共同訳聖書」を用いた。
・以下では参考にした翻訳も併記している。

主要な人物の著作

Graham, Billy. *Peace with God* (Garden City, New York: Doubleday, 1953)〔羽鳥明訳『神との平和』(いのちのことば社、一九五六年)〕

———. *Freedom from the Seven Deadly Sins* (Grand Rapids, Michigan: Zondervan Publishing House, 1967)〔いのちのことば社出版部訳『七つの恐るべき罪』(いのちのことば社、一九五七年)〕

———. *World Aflame* (Garden City, New York: Doubleday, 1965)〔松代幸太郎訳『世界は燃えている』(いのちのことば社、一九六六年)〕

———. *The Jesus Generation* (London: Hodder and Stoughton, 1972)〔湖浜馨訳『もう一つの革命』(いのちのことば社、一九七二年)〕

———. *The Holy Spirit* (Dallas, Texas: Word Publishing, 1988)〔島田礼子訳『聖霊』(いのちのことば社、一九七九年)〕

———. *Storm Warning* (Dallas, Texas: Word Publishing, 1992)〔湖浜馨訳『今よみがえる黙示録の預言』(いのちのことば社、一九九三年)〕

———. *Just as I Am: The Autobiography of Billy Graham*, Revised and Updated Edition (New York: HarperOne, 2007).

———. "Impressions of Moscow," *Christianity Today* (20 July, 1959), pp. 14-5.

———. “Evangelism: Message and Method,” *Christianity Today* (3 August, 1959), pp. 3-5.
———. “Why the Berlin Congress?” *Christianity Today* (11 November, 1966), pp. 3-7.
———. “The Marks of the Jesus Movement,” *Christianity Today* (5 November, 1971), pp. 4-5.
———. “Why the Lausanne?” *Christianity Today* (13 September, 1974), pp. 4-12.
Hatfield, Mark. *Between a Rock and a Hard Place* (Waco, Texas: Word Books, Publisher, 1976)［矢口以文訳『良心の服従――アメリカ上院議員の証し』（日本基督教団出版局、一九八七年）］
———. *Against the Grain: Reflections of a Rebel Republican*, as told to Diane N. Solomon (Ashland, Oregon: White Cloud Press, 2001).
McIntire, Carl. *Author of Liberty* (Collingswood, New Jersey: Christian Beacon Press, 1946).
———. *Twentieth Century Reformation* (New York: Garland Publishing, Inc., 1988).
Niebuhr, Reinhold. “Billy Graham’s Christianity and the World Crisis,” *Christianity and Society* (Spring 1955), pp. 3-5.
———. “Literalism, Individualism, and Billy Graham,” in Reinhold Niebuhr, *Essays in Applied Christianity*, D. B. Robertson ed. (New York: Meridian Books, 1959), pp .123-31.
———. “Proposal to Billy Graham,” in Reinhold Niebuhr, *Love and Justice: Selections from the Shorter Writings of Reinhold Niebuhr*, D. B. Robertson ed. (Cleveland, Ohio: The Word Publishing Company, 1967), pp. 154-8.
———. “The King’s Chapel and the King’s Court,” in Reinhold Niebuhr, *Reinhold Niebuhr: Theologian of Public Life*, Larry Rasmussen ed. (Minneapolis, Minnesota: Fortress Press, 1991), pp. 269-73.
———. *Pious and Secular America* (Eugene, Oregon: Wipf and Stock Publishers, 2001).
ニーバー、ラインホールド（高橋義文、柳田洋夫訳）『人間の運命――キリスト教的歴史解釈』（聖学院大学出版会、二〇一七年）。
Nixon, Richard M. *Six Crises* (Garden City, New York: Doubleday & Company, 1962).
———. *RN: The Memoirs of Richard Nixon* (New York: Grosset & Dunlap, 1978).
———. *In the Arena: A Memoir of Victory, Defeat, and Renewal* (New York: Simon & Schuster, 1990)［福島正光訳『ニ

クソン　わが生涯の戦い』（文藝春秋、一九九一年）〕
Peale, Norman Vincent. *Sin, Sex and Self-Control* (Garden City, New York: Doubleday & Company, 1965).
———. *The True Joy of Positive Living: An Autobiography*, Large Print Edition (New York: Phoenix Press, 1985).
———. *The Power of Positive Thinking* (New York: Pocket Books, 2013).

外国語文献

Aikman, David. *Billy Graham: His Life and Influence*, Large Print Edition (Detroit, Michigan: Gale Cengage Learning, 2010).

Bebbington, David. *Evangelicalism in Modern Britain: A History from the 1730s to the 1980s* (London: Unwin Hyman, 1989).

Cmiel, Kenneth. *Democratic Eloquence: The Fight for Popular Speech in Nineteenth-Century America* (Berkeley, California: University of California Press,1990).

Cochrane, Emily. "Billy Graham to Lie in Honor at the U.S. Capital," *New York Times* (22 February, 2018) https://www.nytimes.com/2018/02/22/us/politics/billy-graham-capitol-rotunda.html (accessed 1 October, 2021).

Cornwell, Patricia Daniels. *Time for Remembering: The Ruth Bell Graham Story* (San Francisco, California: Harper & Row, 1983).

———. *Ruth A Portrait: The Story of Ruth Bell Graham* (Colorado Springs, Colorado: WaterBrook Press,1997).

Dallek, Robert. *Flawed Giant: Lyndon Johnson and His Times, 1961-1973* (New York: Oxford University Press, 1998).

Dowland, Seth. "Billy Graham's New Evangelical Manhood," in Andrew Finstuen, Anne Blue Willis, and Grand Wacker ed., *Billy Graham: American Pilgrim* (New York: Oxford University, 2017), pp. 216-31.

Dochuk, Darren "'Heavenly Houston': Billy Graham and Corporate Civil Rights in Sunbelt Evangelicalism's 'Golden Buckle,'" in Andrew Finstuen, Anne Blue Willis, and Grand Wacker ed., *Billy Graham: American Pilgrim* (New York: Oxford University, 2017), pp. 161-94.

Eells, Robert and Bartell Nyberg. *Lonely Walk*: *The Life of Senator Mark Hatfield* (Chappaqua, New York: Christian Herald Books, 1979).

Eskridge, Larry. "'One Way': Billy Graham, the Jesus Generation, and the Idea of an Evangelical Youth Culture," *Church History*, Vol. 67, No.1 (1998), pp. 83–106.

———. *God's Forever Family*: *The Jesus People Movement in America* (New York: Oxford University Press, 2013).

Evans, Curtis J. "A Politics of Conversion: Billy Graham's Political and Social Vision," in Andrew Finstuen, Anne Blue Willis, and Grand Wacker ed., *Billy Graham*: *American Pilgrim* (New York: Oxford University, 2017), pp. 143-60.

Fea, John. "Carl McIntire: From Fundamentalist Presbyterian to Presbyterian Fundamentalist," *American Presbyterians*, Vol. 72, No.4, (1994), pp. 253-68.

Fendall, Lon. *Stand Alone or Come Home*: *Mark Hatfield as an Evangelical and a Progressive* (Newberg, Oregon: Barclay Press, 2008).

Finstuen, Andrew. *Original Sin and Everyday Protestants*: *The Theology of Reinhold Niebuhr*, *Billy Graham*, *and Paul Tillich in an Age of Anxiety* (Chapel Hill, North Carolina: University of North Carolina Press, 2009).

Frady, Marshall. *Billy Graham*: *A Parable of American Righteousness* (New York: Simon & Schuster, 2006).

Frost, David. *Billy Graham*: *Candid Conversations with a Public Man* (Colorado Springs, Colorado: David C Cook, 2014).

George, Carol V. R. *God's Salesman*: *Norman Vincent Peale and the Power of Positive Thinking* (New York: Oxford University Press, 1993).

Gibbs, Nancy and Michael Duffy. *The Preacher and the Presidents*: *Billy Graham in the White House* (New York: Center Street, 2007).

Goodstein, Laurie. "Billy Graham Warned Against Embracing a President. His Son Has Gone Another Way." *New York Times* (26 February, 2018) https://www.nytimes.com/2018/02/26/us/billy-graham-franklin-graham-trump.html (accessed 3 October, 2021).

Haldeman, H. R. *The Haldeman Diaries*: *Inside the Nixon White House* (New York: G.P. Putnam's Son, 1994).

Hamilton, Michael S. "From Desire to Decision: The Evangelistic Preaching of Billy Graham," in Andrew Finstuen, Anne Blue Willis, and Grand Wacker ed., *Billy Graham: American Pilgrim* (New York: Oxford University, 2017), pp. 43-63.

Hart, D. G. *From Billy Graham to Sarah Palin: Evangelicals and the Betrayal of American Conservatism* (Grand Rapids, Michigan: William B. Eerdmans Publishing Company, 2011).

Hendershot, Heather. "God's Angriest Man: Carl McIntire, Cold War Fundamentalism, and Right-Wing Broadcasting," *American Quarterly*, Vol. 59, No.2 (2007), pp. 373-96.

———. *What's Fair on the Air? Cold War Right-Wing Broadcasting and the Public Interest* (Chicago, Illinois: The University of Chicago Press, 2011).

High, Stanley. *Billy Graham: The Personal Story of the Man, His Message and His Mission* (New York: McGraw-Hill Book Company, Inc., 1956).

Higham, John. *Strangers in the Land: Patterns of American Nativism, 1860-1925* (New Brunswick, New Jersey: Rutgers University Press, 2011).

Hofstadter, Richard. "The Paranoid Style in American Politics," *Harper's Magazine* (November 1964) https://harpers.org/archive/1964/11/the-paranoid-style-in-american-politics/ (accessed 4 October, 2021).

Hoover, Herbert. *The Challenge to Liberty* (New York: Charles Scribner's Son, 1934).

Ingle, H. Larry. *Nixon's First Cover-up: The Religious Life of a Quaker President* (Columbia, Missouri: University of Missouri Press, 2015).

Johnston, Thomas Paul. *Examining Billy Graham's Theology of Evangelism* (Eugene, Oregon: Wipf and Stock Publishers, 2003).

King, David P. "Preaching Good News to the Poor: Billy Graham and Evangelical Humanitarianism," in Andrew Finstuen, Anne Blue Willis, and Grand Wacker ed., *Billy Graham: American Pilgrim* (New York: Oxford University, 2017), pp. 119-41.

Kruse, Kevin M. *One Nation under God: How Corporate America Invented Christian America* (New York: Basic Books,

2015).

———. "The King's Chapel and the King's Court: Richard Nixon, Billy Graham, and White House Church Services," *Religion and Politics* (7 July, 2015) http://religionandpolitics.org/2015/07/07/the-kings-chapel-and-the-kings-court-richard-nixon-billy-graham-and-white-house-church-services/ (accessed 4 October, 2021).

Lane, Christopher. *Surge of Piety: Norman Vincent Peale and the Remaking of American Religious Life*, (New Haven, Connecticut: Yale University Press, 2016).

Larsen, Timothy. "Defining and Locating Evangelism," in Timothy Larsen and Daniel J. Treier ed., *The Cambridge Companion to Evangelical Theology* (New York: Cambridge University Press, 2007), pp. 1-14.

Long, Michael G. *Billy Graham and the Beloved Community: America's Evangelist and the Dream of Martin Luther King, Jr.* (New York: Palgrave Macmillan, 2006).

Long, Michael G. ed., *The Legacy of Billy Graham: Critical Reflections on America's Greatest Evangelist* (Louisville, Kentucky: Westminster John Knox Press, 2008).

Marsden, George. *Understanding Fundamentalism and Evangelicalism* (Grand Rapids, Michigan: William B. Eerdmans Publishing Company, 1991).

Martin, William. *With God on Our Side: The Rise of the Religious Right in America*, Revised Version (New York: Broadway Books, 2005).

———. *A Prophet with Honor: The Billy Graham Story*, Updated Edition (Grand Rapids, Michigan: Zondervan, 2018).

Mason, Robert. *Richard Nixon and the Quest for a New Majority* (Capel Hill, North Carolina: The University of North Carolina Press, 2004).

McCarty, Nolan. Keith T. Poole, and Howard Rosenthal, *Polarized America: The Dance of Ideology and Unequal Riches*, Second Edition (Cambridge, Massachusetts: The MIT Press, 2016).

McLoughlin Jr, William Gerald. *Billy Graham: Revivalist in a Secular Age* (New York: The Ronald Press Company, 1960).

McKnight, Scot. "The Gospel," in Gerald R. McDermott ed., *The Oxford Handbook of Evangelical Theology* (New York:

Oxford University Press, 2010), pp. 195-208.

Miller, Steven P. *Billy Graham and the Rise of the Republican South* (Philadelphia, Pennsylvania: University of Pennsylvania Press, 2009).

———. *The Age of Evangelicalism: America's Born-Again Years* (New York: Oxford University Press, 2014).

Noll, Mark A. *American Evangelical Christianity: An Introduction* (Malden, Massachusetts: Blackwell Publishers, 2011).

Pierard, Richard V. "Billy Graham and the U.S. Presidency," *Journal of Church and State*, Vol. 22, No.1 (1980), pp. 107-27.

Pokki, Timo. *America's Preacher and His Message: Billy Graham's View of Conversion and Sanctification* (Lanham, Maryland: University Press of America, 1999).

Pollock, John. *The Billy Graham Story*, Revised and Updated Edition (Grand Rapids, Michigan: Zondervan, 2003).

Preston, Andrew. "Tempered by the Fires of War: Vietnam and the Transformation of the Evangelical Worldview," in Axel R. Schäfer ed., *American Evangelicals and the 1960s* (Madison, Wisconsin: University of Wisconsin Press, 2013), pp. 189-208.

Ruotsila, Markku. "Carl McIntire and the Fundamentalist Origins of the Christian Right," *Church History*, Vol. 81, No.2 (2012), pp. 378-407.

———. *Fighting Fundamentalist: Carl McIntire and the Politicization of American Fundamentalism* (New York: Oxford University Press, 2016).

Sherwood, Timothy H. *The Rhetorical Leadership of Fulton J. Sheen, Norman Vincent Peale, and Billy Graham in the Age of Extremes* (Lanham, Maryland: Lexington Books, 2013).

Swartz, David R. *Moral Minority: The Evangelical Left in an Age of the Conservatism* (Philadelphia, Pennsylvania: University of Pennsylvania Press, 2012).

Tanoue, Masanaru. "Where does God Act? Billy Graham and the Political Consciousness of American Evangelicals," in Yoshihisa Hagiwara ed., *Democracy and Governance for Civil Society* (Tokyo: Fukosha, 2010), pp. 215-24.

Troy, Gil. *The Reagan Revolution: A Very Short Introduction* (Oxford: Oxford University Press, 2009).

Turner, Laura. "The religious reasons Mike Pence won't eat alone with women don't add up," *Washington Post* (30 March, 2017), https://www.washingtonpost.com/news/acts-of-faith/wp/2017/03/30/the-religious-reasons-mike-pence-wont-eat-alone-with-women-dont-add-up/ (accessed 8 February, 2022).

Wacker, Grant. *America's Pastor: Billy Graham and the Shaping of a Nation* (Cambridge, Massachusetts: The Belknap Press of Harvard University Press, 2014).

——. *One Soul at a Time: The Story of Billy Graham* (Grand Rapids, Michigan: William Eerdmans Publishing Company, 2019).

Wallis, Jim. *Agenda for Biblical People: A New Focus for Developing a Life-style of Discipleship* (New York: Harper & Row, Publishers, 1976).

——. "Foreword: My Favorite Senator," in Lon Fendall, *Stand Alone or Come Home: Mark Hatfield as an Evangelical and a Progressive* (Newberg, Oregon: Barclay Press, 2008), pp. xiii-xv.

Weber, T. P. "Ecumenism," in Daniel J. Treier and Walter A. Elwell ed., *Evangelical Dictionary of Theology*, Third Edition (Grand Rapids, Michigan: Baker Academic, 2017), pp. 261-3.

——. "Evangelism," in Daniel J. Treier and Walter A. Elwell ed., *Evangelical Dictionary of Theology*, Third Edition (Grand Rapids, Michigan: Baker Academic, 2017), pp. 292-3.

Wills, Anne Blue. "'An Odd Kind of Cross to Bear': The Work of Mrs. Billy Graham, from 'Pretty Wife' to 'End of Construction,'" in Andrew Finstuen, Anne Blue Willis, and Grand Wacker ed., *Billy Graham: American Pilgrim* (New York: Oxford University, 2017), p. 232-60.

日本語文献

相川裕亮「冷たい戦争と魂の危機——大衆伝道者ビリー・グラハムの見た共産主義、自由、原罪」『アメリカ研究』五〇号（二〇一六年）一四九-六五頁。

——「大統領の会堂と法廷——福音伝道者ビリー・グラハムと大統領リチャード・ニクソンの関係を再考する」

『法学政治学論究』一一六号（二〇一八年）三七－六八頁。

青木保憲『アメリカ福音派の歴史――聖書信仰にみるアメリカ人のアイデンティティ』（明石書店、二〇一二年）。

アムスタッツ、マーク・R（加藤万里子訳）『エヴァンジェリカルズ――アメリカ外交を動かすキリスト教福音主義』（太田出版、二〇一四年）。

有賀夏紀『アメリカの二〇世紀［下］一九四五年－二〇〇〇年』（中央公論新社、二〇〇二年）。

アレント、ハンナ（志水速雄訳）『革命について』（筑摩書房、一九九五年）。

飯田文雄「平等」川崎修、杉田敦編『現代政治理論』（有斐閣、二〇〇六年）九七－一三五頁。

飯山雅史『アメリカ福音派の変容と政治――一九六〇年代からの政党再編成』（名古屋大学出版会、二〇一三年）。

井口治夫『誤解された大統領――フーヴァーと総合安全保障構想』（名古屋大学出版会、二〇一八年）。

井上弘貴『アメリカ保守主義の思想史』（青土社、二〇二〇年）。

岩井淳『千年王国を夢みた革命――一七世紀英米のピューリタン』（講談社、一九九五年）。

ウェーバー、マックス（安藤英治訳）「アメリカ合衆国における「教会」と「セクト」」『政治経済論叢』一六巻三号（一九六六年）一二六－五一頁。

――（武藤一雄、薗田宗人、薗田坦訳）『宗教社会学』（創文社、一九七六年）。

――（大塚久雄訳）『プロテスタンティズムの倫理と資本主義の精神』（岩波書店、一九八九年）。

――（濱嶋朗訳）『権力と支配』（講談社、二〇一二年）。

宇田進「アメリカ人の宗教意識、福音派、ビリー・グラハム」『福音主義キリスト教と福音派［増補版］』（いのちのことば社、一九九三年）一六七－七九頁。

――『総説　現代福音主義神学』（いのちのことば社、二〇〇二年）。

梅川健「イデオロギーと社会争点」岡山裕、西山隆行編『アメリカの政治』（弘文堂、二〇一九年）一三六－五八頁。

大嶽秀夫『ニクソンとキッシンジャー――現実主義外交とは何か』（中央公論新社、二〇一三年）。

大宮有博『アメリカのキリスト教がわかる――ピューリタンからブッシュまで［第二版］』（キリスト新聞社、二〇〇七年）。

岡山裕「アメリカ二大政党制の分極化は責任政党化につながるか」日本比較政治学会編『日本比較政治学年報』一七号（二〇一五年）二九―五五頁。

――『アメリカの政党政治――建国から二五〇年の軌跡』（中央公論新社、二〇二〇年）。

ガウスタッド、エドウィン・S（大西直樹訳）『アメリカの政教分離――植民地時代から今日まで』（みすず書房、二〇〇七年）。

ガディス、J・L（河合秀和、鈴木健人訳）『冷戦――その歴史と問題点』（彩流社、二〇〇七年）。

金田耕一「リベラリズムの展開」、「現代の自由論」川崎修、杉田敦編『現代政治理論』（有斐閣、二〇〇六年）四七―七四、七五―九六頁。

金原恭子「宗教と憲法」アメリカ学会編『アメリカ文化事典』（丸善出版、二〇一八年）一四二―三頁。

キャヴァノー、ウィリアム・T（東方敬信、田上雅徳訳）『政治神学の想像力――政治的実践としての典礼のために』（新教出版社、二〇二〇年）。

熊野義孝「日本キリスト神学思想史の意義」『熊野義孝全集〔第一二巻〕』（新教出版社、一九八二年）三―二六頁。

栗林輝夫『アメリカ大統領の信仰と政治――ワシントンからオバマで』（キリスト新聞社、二〇〇九年）。

クリントン、ビル（楡井浩一訳）『マイライフ――クリントンの回想〔上巻〕アメリカンドリーム』（朝日新聞社、二〇〇四年）。

黒崎真『マーティン・ルーサー・キング――非暴力の闘士』（岩波書店、二〇一八年）。

コルコ、ガブリエル（陸井三郎監訳）『ベトナム戦争全史――歴史的戦争の解剖』（社会思想社、二〇〇一年）。

近藤勝彦『伝道の神学――二一世紀キリスト教伝道のために』（教文館、二〇〇二年）。

――「伝道」東京神学大学神学会編『新キリスト教組織神学辞典』（教文館、二〇一八年）二七五―九頁。

斎藤眞、古矢旬『アメリカ政治外交史〔第二版〕』（東京大学出版会、二〇一二年）。

佐々木卓也『冷戦――アメリカの民主主義的生活様式を守る戦い』（有斐閣、二〇一一年）。

佐々木毅『アメリカの保守とリベラル』（講談社、一九九三年）。

佐々木弘通「政教分離」アメリカ学会編『アメリカ文化事典』（丸善出版、二〇一八年）二一六―七頁。

佐藤敏夫『キリスト教神学概論』（新教出版社、一九九四年）。

佐原彩子「非民主的政治外交の展開とその限界――リチャード・M・ニクソン、ジェラルド・R・フォード」青野利彦、倉科一希、宮田伊知郎編『現代アメリカ政治外交史――「アメリカの世紀」から「アメリカ第一主義」まで』（ミネルヴァ書房、二〇二〇年）一三三－六〇頁。

猿谷要「リトルロック」、荒このみ、岡田泰男、亀井俊介、久保文明、須藤功、阿部斉、金関寿夫、斎藤眞編『[新版] アメリカを知る事典』（平凡社、二〇一二年）六七六頁。

鈴木有郷『ラインホルド・ニーバーの人間観』（教文館、一九八二年）。

――『ラインホルド・ニーバーとアメリカ』（新教出版社、一九九八年）。

竹林修一『カウンターカルチャーのアメリカ――希望と失望の一九六〇年代 [第二版]』（大学教育出版、二〇一九年）。

田上雅徳「ビリー・グラハムとアメリカ」『三色旗』第六九六号（二〇〇六年）一六－二一頁。

――『入門講義 キリスト教と政治』（慶應義塾大学出版会、二〇一五年）。

中野勝郎『アメリカ連邦体制の確立――ハミルトンと共和政』（東京大学出版会、一九九三年）。

――「自由主義（リベラリズム）」アメリカ学会編『アメリカ文化事典』（丸善出版、二〇一八年）二七二－三頁。

仲正昌樹『集中講義！アメリカ現代思想――リベラリズムの冒険』（NHK出版、二〇〇八年）。

中山俊宏『アメリカン・イデオロギー――保守主義運動と政治的分断』（勁草書房、二〇一三年）。

ナッシュ、ジョージ「編者序文 ハーバード・フーバーのミステリアスな「大事業」」ハーバード・フーバー（ジョージ・H・ナッシュ編、渡辺惣樹訳）『裏切られた自由――フーバー大統領が語る第二次世界大戦の隠された歴史とその後遺症 [上]』（草思社、二〇一七年）一九－一四七頁。

西川賢『分極化するアメリカとその起源――共和党中道路線の盛衰』（千倉書房、二〇一五年）。

バーガー、ピーター（森下伸也訳）『退屈させずに世界を説明する方法――バーガー社会学自伝』（新曜社、二〇一五年）。

蓮見博昭『宗教に揺れるアメリカ――民主政治の背後にあるもの』（日本評論社、二〇〇二年）。

ハーツ、ルイス（有賀貞訳）『アメリカ自由主義の伝統』（講談社、一九九四年）。

バード、J・P（森本あんり訳）『はじめてのジョナサン・エドワーズ』（教文館、二〇一一年）。

樋口映美「解説「文化戦争」の概念と理念」トッド・ギトリン（疋田三良、向井俊二訳）『アメリカの文化戦争——たそがれゆく共通の夢』（彩流社、二〇〇一年）二七七－三二五頁。

ピラード、リチャード・V、ロバート・D・リンダー（堀内一史、犬飼孝夫、日影尚之訳）『アメリカの市民宗教と大統領』（麗澤大学出版会、二〇〇三年）。

ビリー・グラハム伝道協会『Messengers of Hope——日本に希望の福音を』（いのちのことば社、二〇一四年）。

フォーナー、エリック（横山良、竹田有、常松洋、肥後本芳男訳）『アメリカ自由の物語——植民地時代から現代まで［上・下］』（岩波書店、二〇〇八年）。

藤本博『ヴェトナム戦争研究——「アメリカの戦争」の実相と戦争の克服』（法律文化社、二〇一四年）。

藤本満『聖書信仰——その歴史と可能性』（いのちのことば社、二〇一五年）。

藤本龍児『アメリカの公共宗教——多元社会における精神性』（NTT出版、二〇〇九年）。

——「「進化論」論争に見るアメリカの基盤——トランプ政策に煽られる文化戦争」『シノドス』（二〇一九年四月一日）https://synodos.jp/international/22373（二〇二一年一〇月一日参照）。

——『「ポスト・アメリカニズム」の世紀——転換期のキリスト教文明』（筑摩書房、二〇二一年）。

ブッシュ、エーバーハルト（小川圭治訳）『カール・バルトの生涯、一八八六－一九六八［第二版］』（新教出版社、一九九五年）。

ブッシュ、ジョージ・W（伏見威蕃訳）『決断のとき［上］』（日本経済新聞出版社、二〇一一年）。

古矢旬『アメリカニズム——「普遍国家」のナショナリズム』（東京大学出版会、二〇〇二年）。

古屋安雄「ピールとグラーム」『キリスト教国アメリカ——その現実と問題』（新教出版社、一九六七年）七四－八九頁。

ペイス、S・R（佐柳文男訳）『はじめてのニーバー兄弟』（教文館、二〇一五年）。

ベラー、R・N（河合秀和訳）「アメリカの市民宗教」『社会変革と宗教倫理』（未来社、一九七三年）三四三－七五頁。

ベル、ダンカン（馬路智仁、古田拓也、上村剛訳）「リベラリズムとは何か」『思想』（二〇二一年四月号）七－四六頁。

ホーフスタッター、リチャード（田村哲夫訳）『アメリカの反知性主義』（みすず書房、二〇〇三年）。

ポラック、ジョン（清水氾訳）『ビリー・グラハム［上］［下］』（みくに書店、一九六七年）。

堀内一史『アメリカと宗教――保守化と政治家のゆくえ』（中央公論新社、二〇一〇年）。

マクガイア、メレディス・B（山中弘、伊藤雅之、岡本亮輔訳）『宗教社会学――宗教と社会のダイナミックス』（明石書店、二〇〇八年）。

マクグラス、A・E（神代真砂実訳）『キリスト教神学入門』（教文館、二〇〇二年）。

――（佐柳文男訳）『プロテスタント思想文化史――一六世紀から二一世紀まで』（教文館、二〇〇九年）。

――（芳賀力訳）『神学のよろこび――はじめての人のための「キリスト教神学」ガイド［新装増補改訂版］』（キリスト新聞社、二〇一七年）。

マクマン、ロバート（平井和也訳）『冷戦史』（勁草書房、二〇一八年）。

増井志津代「ピューリタン回心体験ナラティヴ――『ケンブリッジ教会信仰告白』」遠藤泰生編『史料で読むアメリカ文化史①植民地時代　一五世紀末－一七七〇年代』（東京大学出版会、二〇〇五年）二六四－七五頁。

待鳥聡史『アメリカ大統領制の現在――権限の弱さをどう乗り越えるか』（NHK出版、二〇一六年）。

松岡完『ベトナム戦争――誤算と誤解の戦場』（中央公論新社、二〇〇一年）。

メイチェン、J・G（吉岡繁訳）『キリスト教とは何か――リベラリズムとの対決』（いのちのことば社、一九七六年）。

森本あんり『アメリカ・キリスト教史――理念によって建てられた国の軌跡』（新教出版社、二〇〇六年）。

――『反知性主義――アメリカが生んだ「熱病」の正体』（新潮社、二〇一五年）。

――「トランプが心酔した「自己啓発の元祖」そのあまりに単純な思想」『現代ビジネス』（二〇一七年一月二〇日）http://gendai.ismedia.jp/articles/-/50698（二〇二一年一〇月三日参照）。

山本貴裕「福音主義的自由のために――ある長老主義者のリベラリズムおよび功利主義的国家との戦い」『アメリカ史研究』四三号（二〇二〇年）三九－五七頁。

ラウシェンブッシュ、ポール・ブランダイス「まえがき」ウォルター・ラウシェンブッシュ（ポール・ラウシエンブッシュ編、山下慶親訳）『キリスト教と社会の危機――教会を覚醒させた社会的福音』（新教出版社、二〇一三年）三－一三頁。

ラフィーバー、ウォルター（平田雅己、伊藤裕子監訳）『アメリカVSロシア――冷戦時代とその遺産』（芦書房、二〇一二年）。

リヴィングストン、E・A編（木寺廉太訳）『オックスフォードキリスト教辞典』（教文館、二〇一七年）。

その他

"President Is Designated as Churchman of Year," *New York Times* (16 May, 1970).

"The Preaching and the Power," *Newsweek* (20 July, 1970), pp. 50-5.

"Billy Graham: The Unfinished Dream," *Christianity Today* (31 July, 1970), pp. 20-1.

"From Pulpit, Sen. Hatfield Calls on Nation to Repent," *Washington Post* (3 May, 1974).

"Watergate," *Christianity Today* (4 January, 1974), pp. 8-18.

"Excerpts from Billy Graham's Statement about Nixon Tape," *New York Times* (17 March, 2002).

"Billy Graham," Billy Graham Evangelistic Association, https://billygraham.org/about/biographies/billy-graham/ (accessed 4 October, 2021).

"Religious Landscape Study," Pew Research Center, https://www.pewforum.org/religious-landscape-study/ (accessed 4 October, 2021).

"The Carl [Charles Curtis, Jr.] McIntire Manuscript Collection," Princeton Theological Seminary, https://princetonseminaryarchives.libraryhost.com/repositories/2/resources/798 (accessed 3 October, 2021).

"10 Things to Know about Norman Vincent Peale," *Guideposts*, https://www.guideposts.org/better-living/positive-living/positive-thinking/10-things-to-know-about-norman-vincent-peale (accessed 4 October, 2021).

"Individuals Who Have Lain in State or in Honor," History, Art & Archives, https://history.house.gov/Institution/Lie-In-State/Lie-In-State-Honor/(accessed 1 October, 2021).

土井真一訳「アメリカ合衆国憲法」高橋和之編『世界憲法集［新版］』（岩波書店、二〇〇七年）四五－九一頁。

あとがき

本書は、二〇二〇年一月に慶應義塾大学大学院法学研究科に提出した博士論文「ビリー・グラハムと「神の下の国」アメリカ」を大幅に加筆修正したものである。本書の内容の一部は次の論文をもとにしている。

「冷たい戦争と魂の危機――大衆伝道者ビリー・グラハムの見た共産主義、自由、原罪」『アメリカ研究』五〇号（二〇一六年）一四九―六五頁

「大統領の会堂と法廷――福音伝道者ビリー・グラハムと大統領リチャード・ニクソンの関係を再考する」『法学政治学論究』一一六号（二〇一八年）三六―六八頁

本書はアメリカ合衆国の政治とキリスト教の関係についての研究である。このテーマは、筆者が学問の面白さに気づき、大学院進学を決意したきっかけでもある。二〇一〇年、学問分野への興味よりも先生の人柄に惹かれて田上雅徳先生のゼミに入会した筆者は、近現代のプロテスタントの思想と行動に関する著作を読む中で、宗教的視点から政治に関わる人々に関心を抱くようになっていった。その年はアメリカの中間選挙の年であったこともあり、学部三年生であった筆者に課された「学祭論

文」では、アメリカの宗教政策を取り上げるのが時期に適っていると思い、ジョージ・ブッシュの二〇〇四年の宗教政策についてまとめた。その時に出会ったのが、ビリー・グラハムである。本書で論じたとおり、グラハムは政教関係や神学的な未熟さを批判されていたが、彼のアメリカ社会への影響は計り知れないものだった。

しかし、グラハム研究は茨の道であった。研究を志した当初は、ビリー・グラハムは存命の人物であり、同時代の人物として扱われていた彼の歴史的評価はまだ定まっていなかった。そのこともあり、彼の「思想」がどこまで研究に値するのかという問題に突き当たったのである。その問題に苛まれつつ結実したのが本書である。グラハムを研究する意義を、一般の読者、アメリカ政治史や政治思想史、キリスト教史を学ぶ読者諸氏に伝えられたのであれば本望である。

さて、本書の公刊までに多くの方にお世話になった。

まず、指導教授の田上雅徳先生は、学部三年生でゼミに入って以来、筆者を教室・居酒屋・ファミレスなどあらゆる場所で叱咤激励し続けてくれた。田上先生がいなければ博士論文が完成することはなく、それどころか研究者を志望することすらなかっただろう。改めて感謝を申し上げたい。

岡山裕先生には大学院ゼミを通して、アカデミックなマナーの基礎を教えていただき、博士論文の副査も引き受けていただいた。また岡山先生の研究に対する熱い姿勢を見て、研究者としてのあるべき姿を学ぶことができた。

また、学外から副査を引き受けていただいた国際基督教大学の森本あんり先生にも感謝を申し上げる。アメリカのキリスト教研究の先達である森本先生の審査を受けられたことは、筆者にとって僥倖であった。

一二年間学んだ慶應義塾大学では思想部門をはじめ多くの先生方にお世話になった。鷲見誠一先生はキリスト教の知識の浅い筆者を新宿での勉強会に招いてくださった。萩原能久先生はプロジェクト科目やドイツ語の文献講読でご指導いただいた。堤林剣先生は筆者の議論の弱さを鋭くかつユーモアを交えつつご指摘くださった。大久保健晴先生は兄貴分として院生生活の悩み相談に乗っていただいた。山岡龍一先生は、思想史の分野ではまだ知名度の低いアメリカの福音派を研究する筆者を鼓舞してくださった。山本信人先生はお会いする度に発破をかけてくださった。沼尾恵先生は英語報告におけるユーモアがいかに大切なのかを教えてくださった。

大学院では、多くの先輩・同期・後輩にお世話になった。川上洋平、高橋義彦、古田拓也、梅澤佑介、長野晃、寺井彩菜、宗岡宏之、伊藤頌文、谷一巳、林嵩文、松田俊一、李環誠、長島皓平、板倉圭佑の各氏に感謝申し上げる。安居酒屋で日付が変わるまで議論した三田の日々が懐かしい。

三田に籠っていた筆者がアメリカ政治史の専門家の知己を得たのは、富良野での合宿であった。古矢旬先生、松本礼二先生、中野勝郎先生、菅原和行先生をはじめ多くの先生方から叱咤激励を賜った。また合宿で出会った、戸田山祐、下斗米秀之、遠藤寛文の諸先輩方は様々な場面で筆者を励ましてくれている。

研究者を志す中で学会や研究会を通して多くの方に出会った。アメリカの政治史や思想の分野における先達、藤本龍児先生、石川敬史先生、井上弘貴先生、宮田智之先生、そして、アメリカ研究の若手の先生方、小田悠生、三牧聖子、鰐淵秀一、上英明、藤田怜史、上村剛の各氏には何かと気にかけていただいている。

そして、紙幅の都合上ここには書ききれなかった多くの先生方、先輩方、同期諸君、後輩諸君との出会いがあったことが、本書の上梓に欠かせなかったことは言うまでもない。

さて、筆者は二〇二一年四月より広島大学大学院人間社会科学研究科に奉職している。永山博之先生をはじめ諸先生方にはなれない事務作業や授業準備を含めて大学業務を教えていただいている。また本書は広島大学法学部から助成を受け、「広島大学社会科学研究叢書２」として出版された。感謝を申し上げる。

出版に際しては、新教出版社の小林望さんにお世話になった。小林さんは博士論文の修正が遅々として進まない筆者を辛抱強く待ってくださった。感謝を申し上げる。

本書は家族の支援がなければ完成しなかった。東京の大学に一〇年以上も通わせてくれた父・浩、母・恵美、弟・哲紀に感謝したい。そして、自身の論文を書きながら筆者を支えてくれた妻・文に感謝する。

相川裕亮

欧文略記

マ　行

ヤ・ラ　行

ハ　行

タ　行

ナ　行

サ　行

人名事項索引

ア　行

著者略歴
相川裕亮（あいかわ・ゆうすけ）

1988年生まれ。慶應義塾大学大学院法学研究科後期博士課程単位取得退学。博士（法学）。現在、広島大学大学院人間社会科学研究科助教。専門は、アメリカ合衆国の政治史、政治思想史、キリスト教史。
主要論文に「冷たい戦争と魂の危機——大衆伝道者ビリー・グラハムの見た共産主義、自由、原罪」『アメリカ研究』50号（2016年）、共訳書にマイケル・ウォルツァー『アメリカ左派の外交政策』（風行社、2018年）などがある。

ビリー・グラハムと「神の下《もと》の国家」アメリカ
福音伝道者の政治性

広島大学社会科学研究叢書 2

2022年3月15日　第1版第1刷発行

著　者……相川裕亮

発行者……小林　望
発行所……株式会社新教出版社
〒162-0814 東京都新宿区新小川町 9-1
電話（代表）03 (3260) 6148
振替 00180-1-9991
印刷・製本……モリモト印刷株式会社

ISBN 978-4-400-21333-8　C1016